∫Stb

CAROLINA HEHENKAMP wurde 1947 in Holland geboren, wo sie bis 1966 lebte. Nach der Schule zog sie nach Paris, wo sie Mode-Design studierte. Als Designerin, Redakteurin und Journalistin lebte und arbeitete sie viele Jahre in Spanien, Frankreich und Deutschland. 1989 hat sie ihr Leben als Designerin abgeschlossen, um sich dem inneren spirituellen Weg zu widmen. Anfang der 90er Jahre lernte sie Aura-Soma kennen und wurde eine begeisterte Aura-Soma-Lehrerin und -Beraterin. Seitdem ist sie als Lehrerin, Heilerin und Therapeutin u.a. im Bereich der Lichtkörperarbeit und Farb- & Kristalltherapie tätig. Im Herbst 1999 gründete sie das internationale Netzwerk »Der Indigo-Kinder-Lichtring«, für das sie zuständig und verantwortlich ist und das sowohl Eltern als auch Indigo-Kinder unterstützt.

Im dritten Buch der Indigo-Reihe kommen die Kinder und Jugendlichen selbst zu Wort. Anrührende, ehrliche Erfahrungsberichte und Geschichten geben den betroffenen Eltern und Kindern Unterstützung bei den ganz besonderen Themen und Aufgaben. Das wichtigste Anliegen des Buches ist, das Gefühl zu vermitteln, daß niemand allein dasteht.

Carolina Hehenkamp

Indigos öffnen ihre Seele

Berichte aus der Neuen Zeit

Schirner Taschenbuch

Hinweis

Das vorliegende Buch basiert auf einer laufenden Studie über das Indigo-Phänomen, die ich im Sommer 1999 auf meiner Website www.indigokinder.de begonnen habe. Mit dem Ausfüllen der Fragebögen auf meiner Website, haben die Personen ihr Einverständnis für die Veröffentlichung ihrer Erfahrungen gegeben.

ISBN 3-89767-473-4

ISBN ab 2007: 978-3-89767-473-4

2. Auflage 2006
© 2005 Schirner Verlag, Darmstadt
Alle Rechte vorbehalten

Umschlaggestaltung: Murat Karaçay
Redaktion und Satz: Elke Truckses
Herstellung: Reyhani Druck und Verlag, Darmstadt

www.schirner.com

Inhaltsverzeichnis

Ich hatte mein ganzes Leben lang das Gefühl, daß ich etwas Besonderes sei, daß ich es wirklich verdient habe, auf der Welt zu sein.

Wie ich unsere Welt sehe und was ich mir wünsche?

Liebe Liebe

S., Jugendliche, Schweiz

Einführung

*Wir sind Bürger zweier Welten,
wir sind Kinder sowohl des
Lichtes als auch der Erde.
Das Verbinden dieser beiden
Seiten ist eine der ur-
sprünglichsten Aufgaben und
Aufträge unseres Menschseins.*

Geschichten von jungen Menschen des Neuen Zeitalters

In den letzten fünf Jahren habe ich mich intensiv mit dem Thema »Indigo-Kinder« beschäftigt. Ich habe täglich Briefe und E-Mails von älteren Indigos bekommen. Sie schreiben, wie glücklich und erleichtert sie sind, zu hören, daß sie nicht »verrückt«, sondern ganz »normal« sind und daß es viele Jugendliche, Teenager und Erwachsene ihrer Art gibt. Das Gefühl, mit ihrem besonderen Verhalten nicht allein zu sein, ist Balsam für ihre Seelen.

Folgende E-Mails drücken aus, was viele »Betroffene« sich wünschen. An dieser Stelle möchte ich die Wünsche gerne mit Ihnen teilen.

»Hallo, liebes Lichtring-Team, ich bin auf Eurer Webseite gelandet und habe sowohl die Fragen der Eltern und, diese noch lieber, die Antworten der Jugendlichen und ihre Sorgen, richtig verschlungen! Auch den Dialog zwischen Carolina Hehenkamp und Kiriako habe ich genossen, und mir kamen Freudentränen, als ich merkte, wo ich hier landete! Ich vermisse noch mehr solcher Dialoge, Briefe von Kindern, Jugendlichen und Eltern! Berichte über ihre Erlebnisse und ihre Sorgen. Wo finde ich diese? Ich bin jetzt 26 Jahre alt und lese heute lieber denn je Berichte über Kinder und Jugendliche, die um Hilfe bitten. Ich lese auch mit Begeisterung die Antworten der jeweiligen für Seelsorge zuständigen Person. Ich fühle ihre Sorge und ihre Freude. Ich möchte gerne mehr dieser Briefe an Euch lesen, oder solche Dialoge wie von Carolina und Kiriako! Ist das nicht für alle möglich? Irgendwie habt Ihr Appetit gemacht auf mehr Berichte, aber wo finde ich diese?«

C., 26 Jahre, Deutschland

»Wie viele Jahre hat man versucht, mich (besonders bis ich 18/20 Jahre alt war) in eine ›Backform zu gießen‹. Ich wollte mich nicht in einen ›Bilderrahmen‹ einpassen. Als ich von dem Thema hörte, war der Drang so stark da, etwas darüber zu lesen, daß ich mich sofort auf die Suche machte. Ich rief am selben Tag alle Buchhandlungen in Karlsruhe und Umgebung an, war kurz davor, zu verzweifeln, und dann fiel mir ein esoterisches Geschäft (da könnte ich eigentlich Stunden verbringen!) in Baden-Baden ein, in dem ich schließlich fündig wurde! Ich kaufte also ›Das Indigo-Phänomen‹ und ›Die Indigo-Kinder erzählen‹. Es war am 7. Juni, an einem Freitag, und an diesem Wochenende wurde ich neu geboren. Ihr Buch habe ich innerhalb von 24 Stunden sehnsüchtig gelesen. Ich lachte viel, weinte auch (sehr) und war dankbar, daß ich mich irgendwo einordnen konnte, und verstand nun eine Menge über diese schwierigen Jahre. Es war eine echte Erleichterung. (Die erste Reaktion meiner Mutter, als ich ihr davon erzählte, war eine Verneinung, was ich nicht richtig begreifen konnte, da sie das Buch ›Die Indigo-Kinder erzählen‹ auch gelesen hatte. Mittlerweile geht sie besser damit um, aber wir hatten noch nicht die Möglichkeit, uns darüber auszutauschen.) Auf einmal hatte ich das Gefühl, normal zu sein, nicht mehr alleine zu sein und vor allem ›ich habe doch richtig empfunden, obwohl man mich jahrelang als Außenseiterin abgestempelt hatte‹. Und ich wollte einfach nur ›meinen Job machen‹! Danke für alle Indigos, die schon geboren sind, und für die nächsten, die geboren werden.«

N., 29 Jahre, Deutschland

Mir war vor allem durch meinen eigenen Schmerz und meine Heilung* immer bewußt, wie sehr ein junger Mensch leidet, wenn er nicht angenommen wird »so, wie er ist«. Wie er leidet, wenn er nicht gehört wird, nicht verstanden wird und die meisten Menschen sich nicht mal die Mühe machen, ihn zu verstehen. Während des Schreibens meines ersten Buches »Das Indigo Phänomen« war ich gefordert, nochmals alle Gefühle von Geburt, Kindheit und Adoleszenz zu durchleben, was purer Schmerz war und auf allen Ebenen richtig weh tat.

Die mit * markierten Begriffe werden ab S. 377 im Glossar erläutert

Das vorliegende Buch basiert auf einer laufenden Studie über das Indigo-Phänomen, die ich im Sommer 1999 auf meiner Website www.indigokinder.de begonnen habe. Dort finden Sie heute noch die ursprünglichen Fragebögen von 1999. Mit dem Ausfüllen der Fragebögen auf meiner Website, haben die Personen ihr Einverständnis für die Veröffentlichung ihrer Erfahrungen gegeben.

Bis Sommer 2004 haben circa 7500 Menschen aus aller Welt meine Fragebögen beantwortet.

Diese Studie über das Indigo-Phänomen habe ich auf der Basis dieser bestimmten Fragestellungen gemacht und damit viele Daten gesammelt. Das Ergebnis dieser Forschungsarbeit stimmt nachdenklich. Es zeigt, daß das Hauptproblem vieler Indigos ist, nicht erkannt, anerkannt und akzeptiert zu werden, und daß man ihnen nicht zuhört. Daraus resultieren oft Einsamkeit, Depressionen, Drogenkonsum, Aggressionen und Autoaggressionen.

Beim Zusammenstellen des Buches habe ich mich bewußt auf die Beiträge aus dem deutschsprachigen Raum beschränkt. Die einzigen Korrekturen, die ich vornahm, waren grammatikalischer und sprachlicher Natur. Ich habe Beiträge ausgewählt, die meiner Meinung nach in ihren Inhalten für die meisten anderen stehen. Wesentlich für die Auswahl war aber auch die Vielfalt der Beiträge, um ein möglichst breit gefächertes Bild zu präsentieren. Namen, Ortsangaben und andere Daten wurden so abgekürzt oder geändert, daß die Anonymität der Einsender gesichert ist. Es war eine große Herausforderung, aus dem gesamten Material einen repräsentativen Querschnitt zu finden. Ich glaube, daß dies ziemlich gut gelungen ist.

Meines Wissens hat es noch nie eine Studie in dieser Größe über das Indigo-Phänomen gegeben. Meine Studie

– und damit auch dieses Buch – ist nicht als wissenschaftlich einzustufen, weil dafür einige prinzipielle Anforderungen nicht erfüllt sind. Es gab keine präzise umschriebene Studiengruppe, und es gab keine Kontrollgruppe. Vor allem aber haben die Menschen, die auf meine Fragebögen geantwortet haben, dies nicht gemacht, weil sie von vornherein zu dieser Studie eingeladen waren, sondern weil sie selbst das Bedürfnis hatten, sich mitzuteilen und endlich mit ihrem Wissen, ihren Problemen, Ängsten und Unsicherheiten an die Öffentlichkeit zu gehen.

Mit meiner Studie wurde eine Basis geschaffen, aus der qualitative Schlüsse gezogen werden können, die sicherlich auch einen wissenschaftlichen Wert haben.

Ich habe folgende interessante Schlußfolgerungen gezogen:

- Das Indigo-Phänomen ist kein »esoterisches Hirngespinst«, sondern es existiert.
- Menschen, die selbst Indigos sind oder direkt mit Indigos zu tun haben, erleben dieses Phänomen ähnlich oder gehen auf ähnliche Weise damit um.
- Unsere heutige Gesellschaft hat große Probleme im Umgang mit dem Indigo-Phänomen.
- Die Akzeptanz des Phänomens durch das Umfeld führt sowohl für die Indigos selbst als auch für das Umfeld der Indigos zu einer Harmonie, die wir alle wünschen und suchen.
- Das Indigo-Phänomen selbst ist nicht das Problem, sondern die soziale Weigerung, das Phänomen zu erkennen.

»Ein Problem zu erkennen ist der Anfang der Lösung«

Das Ergebnis meiner Studie ist nicht unbedingt angenehm. Sie deckt auf, daß Einsamkeit, Selbstakzeptanz, Depression, Drogen, »Normalsein« und Paranormalität* reale und ernstzunehmende Probleme der jüngeren Generation sind. Sie macht klar, daß wir nicht länger über diese Probleme hinwegsehen dürfen. Gerade weil bei der Verarbeitung der Beiträge immer auffälliger wurde, daß *nicht ich die Studiengruppe ausgewählt habe, sondern sie sich selbst ausgewählt hat«*, ist meine Arbeit zu einer Art Pilotstudie geworden.

Dieses Buch kann Therapeuten, Lehrer, Eltern u.a. helfen, die Probleme zu erkennen und bessere Lösungen zu finden. Vieles könnte sich dadurch verändern.

Obwohl ich selbst kein Liebhaber von Studien und Schubladendenken bin, ist es hier situationsgerecht. Das Infomaterial der gesamten Studie könnte als Ausgangspunkt für wissenschaftliche Forschungen dienen. Wer die von mir gesammelten Unterlagen und Fragebögen für wissenschaftliche Zwecke einsehen möchte, den lade ich ein, Kontakt mit mir aufzunehmen.

Das Buch kann auch zu einem aktiven Erfahrungsbuch für jeden Leser werden, der sich mit den Fragebögen und deren Beantwortung auseinandersetzt.

In diesem Buch möchte ich Ihnen Geschichten vorstellen, die Ihr Herz vielleicht schneller schlagen lassen. Ich möchte Sie einladen zu spüren, bei welcher Geschichte es schlägt. Das wäre ein Zeichen dafür, daß Sie in Resonanz mit dem Geschriebenen sind. In der jeweiligen Geschichte finden Sie eine Verbindung zu Ihrem eigenen Thema. Lesen Sie die Geschichte mehrmals. Denken Sie ein paar

Tage über das Gelesene nach und achten Sie darauf, wie Sie sich fühlen. Die Lösung wird sich dann von allein bei Ihnen melden. Die Geschichten von Eltern habe ich mit einem kleinen Symbol für Sie markiert.

Ich hoffe, daß dieses Buch die Notwendigkeit zum Handeln verdeutlicht und daß es vielen Indigos, deren Eltern und Begleitpersonen hilft, neue Wege zu finden. Um diese gehen zu können, brauchen sie auch Ihren Mut! Die Indigos brauchen uns. Sie brauchen uns dringend jetzt, nicht erst später, nicht erst in der Zukunft! Sie brauchen unsere Aufmerksamkeit, unsere Zeit und unser offenes Herz – und das bedingungslos!

In Liebe
Carolina Hehenkamp
22. November 2004

Was ist ein Indigo-Kind?

Seit zehn Jahren entdecken Menschen überall auf der Welt, daß es immer mehr Kinder gibt, die sich auffallend anders verhalten und sich nicht mehr so leicht wie Generationen vor ihnen an die allgemeine Norm anpassen. Diese Kinder werden auch die »Neuen Kinder« oder »die Kinder der neuen Zeit« oder »Kinder des Neuen Zeitalters« genannt. Weitere Bezeichnungen sind: »Indigo-Kinder«, »Regenbogenkinder«, »Kristallkinder« und »Sternenkinder«. Mein Buch »Das Indigo-Phänomen« informiert ausführlich über diese neue Generation.

Das Kind der Neuen Zeit hat neue, für uns ungewohnte, teilweise schwierige Persönlichkeits- und Charaktereigenschaften, die für unsere Gesellschaft nicht leicht zu bewältigen sind. Eltern und Lehrer sind daher in den letzten Jahren stark gefordert, umzudenken und mit den ihnen anvertrauten Kindern in neuer Weise umzugehen. Es gibt viele Anzeichen in Schulen und Kindergärten, die deutlich machen, daß etwas »völlig anders« ist mit der neuen Generation.

Einige allgemeine Persönlichkeitsmerkmale der Kinder:

- inneres Gewahrsein über die Wahrheit des Lebens
- leben nach höheren Prinzipien
- sie wissen, daß wir in Kooperation mit uns und unserer Umwelt leben sollten
- männliche & weibliche Aspekte sind oft nicht so differenziert (Androgyntypen)
- sie wissen, daß mehr existiert als das, was wir sehen
- sie glauben, daß die Materie und das physische Leben Illusionen sind

- sie wissen, daß alle Dinge im Universum miteinander verbunden ist
- sie verstehen spirituelle Konzepte besser als physische
- sie lassen sich nicht durch überalterte Ideale oder Glaubenssätze eingrenzen
- sie können nicht gezwungen werden, etwas zu tun, woran sie nicht glauben
- sie akzeptieren keine Führung von Menschen, die nicht die gleichen ethischen Ansichten haben wie sie selbst
- sogar sozialer Druck zwingt sie nicht zur Unterordnung
- sie glauben nicht an Schuld- oder Strafkonzepte, lassen sich schwer bestrafen (ohne Resultat)
- sie möchten nicht in irgendeine Form oder Schublade hineingezwängt werden
- sie müssen nach den höchsten Prinzipien orientiert leben können, so wie sie sie verstehen, sonst werden sie depressiv, selbstzerstörerisch, ängstlich
- sie sind ehrlich, aufrichtig und unabhängig
- sie haben oft kein richtiges Körpergefühl
- ihre fünf Sinne sind sehr verfeinert, dadurch können sie leicht überreizt und überfordert sein
- sie sind überempfindlich gegenüber Nahrung
- sie kommunizieren ohne Schwierigkeiten mit Tieren, Pflanzen und mit der Natur
- man erlebt sie oft, wenn sie mit »unsichtbaren« Freunden sprechen; sie werden darum oft als Kinder mit einer zu lebendigen Phantasie oder sogar als »psychisch auffällig« eingestuft
- da sie Leben in allen Dingen spüren, können sie sich nur schwer von ihnen trennen

- sie können ihre Konzepte schwer in Worten ausdrük-
  ken, denn die Sprache ist oft zu begrenzend
- sie sehen keine Grenzen zwischen Spiel, Erziehung,
  Beziehungen und Arbeit; all diese Aspekte des Lebens fügen sich zu einer ganzheitlichen Erfahrung
- sie sind extrem sensitiv
- sie tendieren zum Einzelgängertum, da sie selten verstanden oder akzeptiert werden
- sie haben ein gutes Gespür dafür, was richtig ist und
  was nicht, und brauchen keine Disziplin; was sie
  wohl brauchen, sind klare Strukturen
- sie sind sehr wißbegierig und möchten und können
  keine schnellen, einfachen Antworten annehmen,
  nur weil es die traditionellen Antworten der Vergangenheit sind; die Antworten müssen sich »wahr« an-
  fühlen
- sie können sich nur schwer mit den traditionellen
  Themen, die in den Schulen gelehrt werden, identifizieren; meistens können sie keine Verbindung sehen
  zwischen diesen Themen und dem spirituellen Leben
- sie haben einen ausgeprägten Gerechtigkeitssinn

Sie können sich ausführlich über dieses Phänomen in
meinen Büchern »Das Indigo-Phänomen« und »Der Indigo-Ratgeber« (erschienen im Schirner Verlag) informieren.

Fragebögen

Fragebogen Indigo-Kind:

Frage 1:
Wann hast du gewußt, daß du ein Indigo-Kind bist? Wie bist du darauf gekommen?

Frage 2:
Welche Eigenschaften hast du, die anders sind als die von anderen Kindern?

Frage 3:
Wie ist es für dich, ein Kind der Neuen Zeit zu sein?

Frage 4:
Kannst du von deinem Leben erzählen? Wie erfährst du es?

Frage 5:
Kennst du andere Indigo-Kinder? Wo? Seid ihr befreundet?

Frage 6:
Was weißt du über deine Lebensaufgabe? Warum bist du auf der Erde?

Frage 7:
Hast du Schwierigkeiten in der Schule? Wenn ja, beschreibe sie und wie du damit umgehst. Welche Schulreform wünschst du dir?

Frage 8:
Welche Ratschläge würdest du Menschen (Eltern, Lehrer) geben, die für dich sorgen? Wie können andere dich am besten unterstützen?

Frage 9:
Erzähle von deiner intuitiven Wahrnehmung. Kennst du deinen Engel? Lichtwesen? Herkunft?

Frage 10:
Wie siehst du unsere Welt, und was wünschst du dir?

Fragebogen Eltern:

Frage 1:
Wie alt ist Ihr Indigo-Kind? Wann wußten Sie, daß Sie ein Indigo-Kind haben?

Frage 2:
Wie ist es für Sie, ein Indigo-Kind in der Familie zu haben?

Frage 3:
Welche Eigenschaften und Verhaltensweisen beschreiben am besten Ihr Kind (Kinder), welche auch auf Indigo-Kinder zutreffen?

Frage 4:
Wie empfinden Sie seinen Unabhängigkeitsdrang?

Frage 5:
Welche Struktur- und Disziplinmaßnahmen funktionieren für Sie am besten mit Ihrem Indigo-Kind?

Frage 6:

Haben Sie Verbindungen zwischen Indigo-Kindern und Hyperaktivität, Aufmerksamkeitsstörungen, Hochbegabung oder erhöhter Sensitivität feststellen können?

Frage 7:

Wenn Ihr Kind diese Symptome hat, wie gehen Sie damit um? Welche Therapien haben Sie gewählt? Waren Sie erfolgreich? (Wenn nicht, warum nicht?)

Frage 8:

Was wünschen Sie sich für Ihr Kind, wenn es erwachsen ist?

Frage 9:

Welche Schulreform wünschen Sie sich?

Frage 10:

Welche Eigenschaften von Indigo-Kindern mögen Sie? Was machen sie anders als andere Kinder?

Indigos berichten

> *Was ist Liebe?*
> *Liebe ist, die Gelegenheit des Lebens*
> *(zu) spüren.*
> *Die Gelegenheit, zu erkennen, wer wir sind.*
> *Zu erkennen, daß wir die Liebe sind.*
> *Die Liebe, die es uns erlaubt, frei zu sein,*
> *frei von Verpflichtungen,*
> *um in jeder Gelegenheit entscheiden zu können,*
> *uns selbst zu sehen.*
> *Zu sehen, daß wir kein Abbild sind,*
> *sondern die Liebe selbst.*
>
> A., 20 Jahre, (w), Österreich

1. Wärmewellen

Der Begriff »Indigo« ist mir erst seit kurzem bekannt. Jedoch wußte ich immer, daß ich »anders« war als die anderen. Wenn mir Menschen gegenüberstehen, »lese« ich ihre Gefühle wie in einem Buch. Ich spüre sofort, ob mir jemand gut oder schlecht gesinnt ist, ob er lügt oder die Wahrheit sagt. Meistens gelingt es mir, diesen Menschen konkret zu sagen, wo ihre Stärken, Schwächen oder Ängste liegen, so daß mich jene oft nur noch verblüfft ansehen. Die meisten Menschen mögen es jedoch nicht, wenn sie so »entwaffnet« und »durchschaut« werden, weswegen ich es unterlasse, ihnen zu sagen, wer sie sind. Zudem habe ich anscheinend hellseherische Fähigkeiten. Es kam schon vermehrt vor, daß ich im voraus wußte, was passiert – dazu aber später.

Schon als 10jähriger hatte ich oft (Alp-)Träume von einer gleißenden Lichtgestalt – umhüllt vom Nichts –, die auf mich zukam. Ich kann Menschen spüren, ohne sie zu sehen; ich denke, daß ich ihre Aura* spüren kann. Mit meiner Mutter hatte ich schon eine telepathische Kommunikation über mehrere hundert Kilometer Entfernung. Zudem möchte ich noch anmerken, daß auch ich in Bildern und Gefühlen denke, und es ist wirklich so, daß ich oftmals so schnell und komplex denke, daß die Sprache nur ein unzureichendes Mittel ist, etwas auszudrücken.

Ich würde mich nicht als Kind der »Neuen Zeit« betiteln. Ich war und bin nicht gerade glücklich über die Tatsache, daß ich so anders bin als die anderen, denn es bereitet mir Probleme. Ich habe einen IQ von 143 und leide unter ADS*. Es ist für mich immer noch ein großes Problem, mich bei größeren Menschenansammlungen zu konzentrieren, weil so viele Gefühle und Gedanken der anderen auf mich einströmen.

Ich bin ein Mensch, der nach ganzheitlicher Harmonie strebt. Manche würden mich auch als hoffnungslosen Idealisten bezeichnen. Ich habe mich schon immer stark für Philosophie und Psychologie interessiert, wahrscheinlich um herauszufinden, was in mir vorgeht, und um mich selber kennenzulernen.

Mich schmerzt all die negative Energie, die mich oft umgibt, wie beispielsweise destruktive, infame, nazistische Gedanken. Dabei müßte doch jeder einsehen, daß eine Gesellschaft nur in Frieden und Harmonie leben kann, wenn jeder einzelne mit sich selbst im reinen ist. Oder anders herum gesagt: Nur wer mit sich selbst im reinen ist, kann auch in Harmonie mit anderen und dem Universum leben. Doch leider wird dies auf ewig – wie ich fürchte – ein Wunschtraum bleiben. Denn es genügt schon eine Person mit vergifteten Gedanken, um 1 Million anderer zu vergiften. Es verbreitet sich wie ein Virus. Nur wer stark genug und mit sich selbst im reinen ist, kann dieser »Krankheit« widerstehen.

Meine Lebensaufgabe sehe ich darin, mich selbst zu besiegen, ein guter Mensch zu sein und dies in Wort und Tat vorzuleben.

In der Schule war ich zumeist unterfordert. Ich habe irgendwann nicht mehr aufgezeigt, wenn der Lehrer etwas fragte, denn ich hätte mich fast die ganze Schulstunde lang melden können. Dies schien mir aber zu blöd. Zudem war ich so nach innen gekehrt und schüchtern, daß ich mich kaum jemandem mitteilte.

Ich würde mir grundsätzliche Begabungstests für alle Schüler wünschen, denn es ist wichtig, spezielle Begabungen zu fördern. Ein besonderes Augenmerk sollte man auf die verschlossenen Kinder haben, da in ihnen die höchsten inneren Kräfte liegen. Man benötigt nur den richtigen Schlüssel, mit dem das Tor zu ihrer inneren Welt geöffnet werden kann. Dies mag langwierig und kräftezehrend sein; doch gelingt es, so findet man oftmals einen »ungeschliffenen Diamanten« vor, der nur noch geformt werden muß.

Leider bin ich als Kind nicht sonderlich gefördert worden, weil man mein Potential nicht erkannte. Dies mag sich schlimm anhören, aber meine Eltern hatten nicht den geistigen Horizont, um zu verstehen, was ich ihnen mitzuteilen versuchte. Sie verstanden mich einfach nicht – zudem war ich für sie doch nur ein Kind. Wie kann ein

Kind einem Erwachsenen sagen, was richtig und was falsch ist? Wenn ich mit meinen Eltern sprechen wollte, so hörte ich sie nur sagen: »Ich diskutiere nicht mit dir (dem Kind).« Mein Vater war recht autoritär. Jeder meiner Versuche, ihm mitzuteilen, wie sehr seine Worte von seinen Taten abwichen, wurde im Keim erstickt. Bis ich gar nicht mehr mit ihnen sprach und sich meine Introvertiertheit nur noch verstärkte.

Eltern und Lehrern kann ich nur raten, mit der nötigen Aufmerksamkeit zu verfolgen, *was* ein Kind sagt. Eltern und Lehrer dürfen nicht den Standpunkt vertreten: »Du bist doch nur ein Kind; werde erst einmal erwachsen«, da sie so jede freie Kommunikation unterdrücken. Sie müssen sich bewußt sein, daß sie zwar älter, aber dennoch nicht perfekt sind. Das bloße Alter berechtigt einen nicht zur Unterdrückung Jüngerer. Liebe Eltern und Lehrer: Eigene Verhaltensweisen überdenken, Kinder ermutigen, aufmerksam zuhören, Stärken fördern und vorleben. Wenn Eure Worte und Taten auseinanderdriften, habt Ihr ein Problem und nicht die anderen.

Als Jugendlicher hatte ich oftmals die gleichen Träume. Ich sah Bilder (Orte/Räume/Einrichtungen), die ich nicht deuten konnte. Jahre später sah ich diese Bilder wieder, jedoch nicht im Traum, sondern in der Realität; es waren unbedeutende Bilder, aber es waren dieselben. Kritiker mögen sagen, daß ich nur meine, die gleichen Bilder gesehen zu haben. Nun, schon möglich. Ebenfalls erlebte ich bislang etwa fünfmal folgendes: Ich saß am Tisch bei meinen Eltern. Plötzlich und aus heiterem Himmel durchfuhr es mich wie ein Blitz vom Kopf bis zu den Füßen und wieder zurück. Ich verfiel regelrecht in Starre. Plötzlich wußte ich ganz einfach, daß sich ein bestimmter Dia-

log zwischen zwei Personen (die anwesend waren) ab-
spielen und dann das Telefon klingeln und jemand nach
meiner Mutter fragen würde. Und so kam es auch eine
Sekunde später.

Der Dialog, der aus insgesamt fünf Sätzen bestand,
fand *wortwörtlich* so statt, *und* das Telefon klingelte danach, und jemand fragte nach meiner Mutter! Ich denke,
das kann kein Zufall sein. Das einzige, was mich wundert,
ist der Nonsens des Dialogs und des Telefonats. Solche
Dinge kann ich nicht kontrollieren oder beeinflussen. Sie
kommen ganz einfach.

Ein anderes Mal war ich bei einem Bekannten, ca. 280
Kilometer von zu Hause entfernt. Ich war 17 Jahre alt.
Mein Bekannter interessierte sich für Esoterik und Astralreisen*. Er erzählte mir etwas über Astralreisen, und forderte mich plötzlich auf, die Augen zu schließen, da er
etwas ausprobieren wolle. Ich schloß also meine Augen.
Auf einmal spürte ich einen stärker werdenden »Energie-
strahl« auf meiner Stirn, der so stark wurde, daß ich er-
schrocken zurückwich und die Augen aufriß. Ich fragte
ihn: »Was hast du gemacht, das tat ja schon fast weh.« Er
sagte mir dann, daß er nur seinen Zeigefinger langsam in
Richtung meines »Dritten Auges*« bewegt habe; bis ich
die Augen aufriß. Dann sagte er zu mir, daß ich wohl
über hohe mediale Kräfte verfügte. Für mich war dies
eine weitere Bestätigung für meine Vermutung, daß ich
wirklich anders bin. Am selben Abend erklärte er mir
noch, wie so eine Astralreise funktioniert, und ich versuchte später, als ich im Bett lag, das geschilderte Pro-
zedere durchzuführen. Es war ein unglaubliches und
noch nie dagewesenes Gefühlserlebnis. Es war ca. 23.30
Uhr. Ich fühlte starke »Wärmewellen«, die meinen Körper
durchfluteten. Ich versuchte mich, wie geschildert, von
meinem physischen Körper zu trennen. Als ich wirklich

meinte, dies vollbracht zu haben, und mich selber von der Decke des Zimmers aus im Bett liegen sah, überlegte ich, wohin ich jetzt reisen könnte, und beschloß, nach Hause zu reisen. Ich sah mich also unsere Straße wie in der Realität entlanggehen. An unserem Haus angekommen, hörte ich meinen Vater aus dem Schlafzimmer heraus schnarchen. Da meine Eltern schon schliefen, wollte ich nicht klingeln, sondern ich rief nur ein paarmal nach meiner Mutter. Als sie nicht reagierte, beschloß ich, wieder zurückzureisen, da mir mein Bekannter auch sagte, daß es gefährlich werden könne, wenn man zu weit reise. Wieder in meinem Bett angekommen, grübelte ich noch etwas über das Geschehene und schlief dann auch bald ein.

Als ich dann einen Tag später wieder bei meinen Eltern war, erzählte mein Vater unvermittelt, daß meine Mutter ihn in der vergangenen Nacht aufgeregt geweckt habe, da sie mich unten vor der Haustür mehrmals hat rufen hören. Als ich dies geschockt zur Kenntnis nahm, ging ich auf mein Zimmer und mußte weinen. Ich hatte Angst vor mir und vor dem, was ich erlebt hatte. Ich war mir selbst nicht mehr geheuer.

Seit diesem Tag versuche ich, meine »Fähigkeiten«, an denen ich mittlerweile kaum noch zweifeln kann, zu unterdrücken. Mittlerweile ist meine transzendente Geisteshaltung immer mehr einer rationalen gewichen, da ich immer mehr an meinem Verstand gezweifelt hatte. Doch diese Erfahrung läßt mich nicht los. Ich spüre, daß noch starke »Kräfte« in mir verborgen sind. Dies zeigt sich beispielsweise immer dann, wenn ich das Gefühl habe, daß mich jemand beobachtet; drehe ich mich um, schaue ich ihm wirklich direkt in die Augen. Die Person schaut dann meist überrascht schnell in eine andere Richtung.

T., Jugendliche, Deutschland

2. Ich wußte schon immer, daß ich anders bin

Ich wußte schon immer, daß ich anders bin. Aber ich dachte, das sei normal. Ich habe mich schon immer sehr von anderen Kindern unterschieden. Da ich mich auch schon immer für Spiritualität*, Esoterik*, Ufos und das Außergewöhnliche interessiert habe, wurde ich auf das Thema »Indigo-Kinder« aufmerksam. Ich hatte zuerst gedacht, ich könnte eins sein, aber ich war mir nicht sicher und hatte irgendwie auch Angst, eines zu sein, weil ich Angst davor hatte, meiner Aufgabe nicht gerecht zu werden und zu versagen. Aber dann, als ich immer mehr Fakten darüber las und immer mehr davon zutrafen, dachte ich mir, daß ich ja vielleicht doch ein Indigo-Kind bin. Ich wurde am 1.11. geboren, das ist Allerheiligen, ist das nur ein Zufall?

Ich bin sehr tiefgründig, einfühlsam, eigensinnig, friedliebend und manchmal ziemlich dickköpfig. Als kreativ würde ich mich auch bezeichnen, musikalisch bin ich ebenfalls (es wurde mir schon mehrmals von Musiklehrern gesagt, daß ich ein musikalisches Gehör habe). Zudem bin ich meiner Selbsteinschätzung nach manisch depressiv, und ich kann manchmal wirklich gute Texte schreiben (in Foren und Gästebüchern im Internet); sie sind tiefsinnig, und manch einer weiß sie zu schätzen, aber viele verstehen sie nicht. Manchmal überrascht mich selber, was ich da so geschrieben habe. Es sprudelt einfach aus mir heraus, aber ich glaube nicht, daß es eine Art Channeling ist.

Auf der einen Seite ist es sehr schön, mit einem solchen Bewußtsein und einer solchen Wahrnehmung zu leben, denn ich kann mir vieles erklären, was der materialistisch denkende Mensch nicht sehen kann oder, besser gesagt, nicht sehen will. Ich bin somit glücklicher. Man kann auch immer anderen Menschen helfen, was sehr schön ist, aber es gibt natürlich auch Schattenseiten. Die Einsamkeit, das Nicht-verstanden-Werden, Beleidigungen und Verspottungen, das Gefühl, nicht helfen zu können, weil Hilfe manchmal nicht erkannt oder angenommen wird. Wenn ich ein solches Kind sein sollte, dann habe ich versagt; ich flüchte vor meinen Problemen, aber manchmal stelle ich mich ihnen auch – ich weiß nicht genau – ich kann mich nicht an alles erinnern, oder vielleicht will ich es nicht.

Ich hab sehr selten wirkliche Liebe zu spüren bekommen, wurde selten akzeptiert, wie ich bin, und ich habe keine Kraft mehr, was bestimmt damit zu tun hat, daß ich meinen Problemen, die mir die Kraft aussaugen, nicht wirklich Aufmerksamkeit schenke. Ich flüchte vor ihnen.

Ich möchte eigentlich meditieren, aber es geht nicht. Meine Eltern sind die ganze Zeit zu Hause, und ich habe kein gutes Verhältnis zu ihnen. Sie stören mich einfach. Es gab einmal einen Wald bei uns in der Nähe, den kannte ich, schon seit ich ein Kind war. Ich liebte diesen Wald, dort habe ich früher immer gespielt; später habe ich dort auch mit Freunden gekifft und halluzinogene Drogen konsumiert. Manchmal, wenn es mir schlechtging, hab ich mich in diesen Wald zurückgezogen. Es war mein »place to hide« (Versteck) wo ich *ich* sein konnte und Ruhe fand. Aber an diesen Platz kann ich auch nicht mehr. Als ich mich vor ein paar Wochen dorthin begab, war der Wald verschwunden – er war grausam abgeholzt worden. Das hat mich geschockt, und mir wurde wieder mal bewußt, daß alles vergänglich ist und daß man jeden Augenblick voll und ganz auskosten muß.

In der Theorie klappt das mit meinen angeeigneten

Weisheiten immer ganz gut, aber in der Praxis schaffe ich das irgendwie nicht; mir fehlt die Kraft, die Liebe. Ich werde mir demnächst einen Ort suchen, an dem ich allein sein und Energie auftanken kann.

Was gibt's noch zu erzählen? Mittlerweile habe ich fast keine Freunde mehr. Alle haben sich in andere Richtungen entwickelt, nur ich blieb stehen, so wie ich war. Natürlich habe ich mich auch entwickelt und verändert, aber anders. Früher, als wir noch Kinder waren, war alles besser. Jetzt sind meine Freunde erwachsen geworden, und ich bin immer noch ein Kind. Ich finde das sehr schade, aber vielleicht werden auch sie irgendwann einmal ihr inneres Kind wiederfinden. Ich habe Probleme, eine Arbeit zu finden, denn das, was mich interessiert, kann ich nicht machen, weil die Ausbildung nicht vom Staat finanziert wird oder weil man dafür das Abitur braucht.

Mein Anderssein drückt sich auch durch mein Aussehen aus. Ich habe langes verfilztes Haar (Dreadlocks*), und das mögen manche Chefs nicht so. Abschneiden werde ich mir meine Haare niemals, außer wenn *ich* es will. Ich würde gerne Heilpraktiker werden (am liebsten im Bereich Reiki* und Phytotherapie) oder irgendwas anderes Kreatives und Abwechslungsreiches machen.

Ich kenne eine Indigo. Ich hab sie vor ungefähr einem Monat in einem Internetforum kennengelernt, und ich verstehe mich eigentlich recht gut mir ihr. Sie kann sehr gut zeichnen und Dinge sehen, die andere nicht sehen können. Sie hatte, als sie sieben Jahre alt war, ein Kind über die Straße laufen sehen, welches dann vor ein Auto rannte; aber als das Auto weg war, war das Kind verschwunden. Neuerdings sieht sie dauernd jemanden in ihr Zimmer kommen, der sich auf ihre Couch setzt und sie beobachtet. Sie hat auch keine Freunde, ist depressiv und einfühlsam. Sie ritzt sich gelegentlich in den Arm, vermutlich weil sie vor ihren inneren Schmerzen davonläuft und diese sie immer wieder einholen. Ich habe ihr empfohlen zu meditieren, aber sie mag das nicht. Ich glaube, sie fürchtet sich vor der Angst. Ich weiß nicht, was meine Aufgabe ist, aber ich glaube, ich soll andere einfach ein wenig inspirieren. Ich habe das Gefühl, daß ich im wahrsten Sinne des Wortes ein Schleimer bin. Wenn zum Beispiel zwei Leute zerstritten sind, möchte ich sie wieder zusammenbringen. Ich höre mir ihre Meinungen an und versuche ihnen auf nette Art und Weise ihre Probleme aufzuzeigen. Aber ich schleime nicht wirklich, ich schmiere den Leuten keinen Honig ums Maul, ich sage ihnen ehrlich, was ich denke, aber durch die Blume.

Als Schüler hatte ich schon so meine Probleme. Ich bin von der zweiten Klasse in die erste versetzt worden, weil ich total eigensinnig war. Ich war der Klassenkasper und brauchte wahrscheinlich Aufmerksamkeit. Bei Mathearbeiten hab ich, anstatt die Aufgaben zu berechnen, lieber die lustigen Graphiken auf dem Arbeitsblatt angemalt. Im Zeugnis der ersten Klasse stand auch, daß ich häufig geistesabwesend sei und in meiner eigenen Phantasiewelt lebte. Dann besuchte ich die Realschule und blieb dort in der siebten Klasse wieder sitzen. Ich habe nie großartig gelernt, aber Hausaufgaben habe ich doch meistens gemacht, auch wenn sie mir überhaupt keinen Spaß machten und ich überlange dafür brauchte, weil ich trödelte und abgelenkt war. Obwohl ich nie wirklich gelernt oder mich angestrengt habe, schaffte ich trotzdem meinen Realschulabschluß mit einem glatten Dreierdurchschnitt.

Wahrscheinlich nur wegen der mündlichen Beteiligung, die nämlich bei uns 60% zählte. Mir war es zu doof, immer das nachzuplappern, was der Lehrer fünf Minuten vorher gesagt hatte. Ich finde das Schulmodell in Schweden sehr schön. Die Kinder dort haben mehr Freiheit, zu entscheiden, was sie lernen wollen, und soweit ich weiß, bezieht sich das nicht nur auf Fächer, sondern auch auf Themenbereiche. Ich finde es einfach dämlich, daß man alles mögliche lernen muß, obwohl man doch weiß, daß man das meiste davon nie brauchen wird. Es ist so eine Verschwendung der Energie. Die Kinder lernen etwas, was sie nicht interessiert und was sie deshalb nicht völlig ausschöpft. Mit dieser Energie hätten sie etwas lernen können, was sie gebrauchen können, was ihnen Spaß macht und sie fördert, damit sie ihre Stärken entfalten und ausbauen können.

Mein Rat an die Erwachsenen ist: Immer Ruhe bewahren und nicht so hektisch sein. Es heißt ja nicht umsonst: »In der Ruhe liegt die Kraft«, und das bezieht sich auch auf die Kraft der mentalen Ebene. Sie sollen die Kinder so akzeptieren, wie sie sind, sie sollen anfangen zu lieben. Kinder sollen so sein, wie sie sind, und nicht so, wie andere sie haben wollen. Man sollte erst in Ruhe und in Liebe nachfragen, wenn man etwas nicht versteht oder anders sieht. Dann sollte man auf jeden Fall zuhören und diskutieren und nicht gleich herummeckern und Streß machen. Man kann ja gerne Tips und Anregungen geben, aber man sollte niemandem irgend etwas aufzwängen: Inspiration statt Manipulation!

Wenn ich die Welt mit meinen bloßen Augen betrachte, dann sehe ich eine traurige, heruntergekommene Welt. Aber da ich ja den »Multidimensionalen Kosmos« von Armin Risi gelesen habe, was mir die wirklichen

Augen geöffnet hat, kann ich sehen, daß alles gut ist. Ich weiß von Reinkarnation*, von Karma*, vom Ursprung des »Bösen« – alles ist verständlich, logisch und fair, auch wenn es manchmal nicht so scheint.

Ich wünsche mir mehr Licht, mehr Liebe und mehr Glück, aber ich weiß eigentlich, daß ich mir das nicht zu wünschen brauche, da es sowieso eintrifft. Es ist Gottes Natur, zu wachsen.

B., 19 Jahre, Deutschland

3. Wahrheit in meinem Herzen

Während ich das schreibe, lasse ich mich führen von meinen lieben Freunden im Licht, den vielen Erzengeln, Engeln, aufgestiegenen Meistern*, aber auch Freunden von anderen Planeten und fernen Galaxien, aus anderen Dimensionen und, nicht zu vergessen, von der göttlichen Liebe, dem Christuslicht und der Einheit.

Aufgewachsen bin ich bis zu meinem vierten Lebensjahr auf dem Hof meiner Großeltern, in einem kleinen Dorf im Süden Polens. Dort verbrachte ich die ganze Zeit damit, mich – daran kann ich mich nur in Bruchteilen erinnern – unter die Tiere zu mischen, bei ihnen zu sein. Das abenteuerliche Leben auf einem Bauernhof gefiel mir sehr, da ich dort die Freiheit hatte, in die tiefsten Winkel des Hühnerstalls einzudringen oder mich im Heu zu verstecken. Die Felder waren weitläufig, und wenn ich vereinzelt noch Bilder davon vor Augen habe, kommen Gefühle von Sehnsucht und Leidenschaft in mir hoch. Schon als Kind fühlte ich mich dem Leben dort sehr verbunden.

Ich lebte in meiner eigenen kleinen Welt in Einheit mit der Natur und den Tieren. Immer wieder sehe ich das Bild einer unendlichen großen Wiese vor meinen Augen. Der Wind weht durch die Gräser, und der Himmel strahlt in seinem herrlichsten Blau – ja, die Sonne liebte mich, und ich war glücklich dort, wo ich war.

Die Welt veränderte sich schlagartig, als drei Jahre nach mir meine Schwester geboren wurde und wir meine Oma, die ich sehr liebte, mit meiner Mutter verlassen mußten. Dabei denke ich an das Video, welches meine Tante aufnahm, als wir mit dem Zug von Polen nach Deutschland kamen, um dort zu meinem Vater zu ziehen. Ich habe nicht wirklich verstanden, was da geschah. Vielleicht dachte ich, daß es nur ein Besuch sei. Ich weiß nicht, ob man es mir mitteilte und ob ich es verstand, denn ich lebte in meiner eigenen Welt der Dinge.

Mit Besuch des Kindergartens, mit der Konfrontation mit anderen Kindern, begannen aufgrund der Eigenarten meines Charakters als Indigo-Kind die Schwierigkeiten. Ich fühlte mich oft allein und war eine Art Außenseiter, der sich durch sein Verhalten selbst zum Außenseiter machte. Ich war Zielscheibe für die fiesen Sprüche der Mitschüler. Denn obwohl ich nie dick war, hieß ich doch immer »Annette, die Fette«.

Es war damals nicht einfach für mich, daran kann ich mich gut erinnern, und es hinterließ auch in den folgenden zehn Jahren tiefe Narben.

Meine Schwester liebte mich heiß und innig, und ich war, bis zu ihrem dreizehnten Geburtstag, ihr Vorbild. Es ist schwierig, über das eigene Leben zu schreiben, wenn man Bilder und Gefühle vor Augen hat von Zeiten, in denen sich noch nichts um das Thema Gott drehte. Damals war die Welt einfach nur die Welt, die sie war. Die Kindheit war abenteuerlich. Ich verbrachte auch hier sehr viel Zeit in der Natur, im Freien, auf dem Spielplatz oder im Schwimmbad, wo auch immer es mich hinzog. Das Thema Schule war ein Thema für sich. Ich liebte Mathematik, Deutsch, Englisch, Kunst und Musik sehr, bis zur sechsten Klasse, doch viele andere Fächer interessierten mich nicht. Selten habe ich wirklich gelernt; nur dann, wenn mich die Dinge interessiert haben. Doch ich schaffte es ohne Aufnahmeprüfung in die Realschule und freute mich sehr über den kommenden Schritt.

Was meine Gefühlswelt bis zum Eintritt in die siebte Klasse betraf, so kann ich mich daran erinnern, daß ich nicht sonderlich glücklich über mich selbst war. Ich war ein wirklich hübsches Mädchen mit langen blonden Haaren, ein Engelchen eben. Ich spielte als einziges Mädchen mit den Jungs aus der Nachbarschaft Fußball und war auch in einen Jungen sehr lange verliebt, der die Sehnsucht nach Liebe in mir wachrüttelte. Ich sehe noch heute sein engelhaftes Gesicht vor mir, während sich im Hintergrund die Sonne dem Horizont entgegenneigt und die Wolken in den herrlichsten Farben bescheint. Ich bin lange Zeit nicht von dieser Sehnsucht nach ihm losgekommen, obwohl wir keinerlei Kontakt hatten. Immer wieder zitterten meine Hände und klopfte mein Herz erwartungsvoll, wenn ich ihm begegnete.

Meine Eltern und fremde Kinder verletzten mich damals sehr, indem sie mir einredeten, ich sei fett und häßlich. Im Alter von zwölf Jahren war ich schon sehr frühreif und hatte bereits eine gestandene Größe erreicht und weibliche Kurven angenommen, während andere Mädchen noch keine Anzeichen zeigten, zur Frau werden zu wollen. Dies bescherte mir viele unangenehme und peinliche Situationen, in denen mir Kinder böse hinterherriefen oder mich ablehnten. Andererseits gab es auch Seelen*, die mir immer wieder sagten, wie schön ich bereits für mein Alter war, und Jungs stritten sich um mich, obwohl ich das damals nicht sehen wollte und es mich nicht stärkte. Das war der Anfang des perfekten Chaos in meiner Welt, die Pubertät schlich sich in mein Leben. Die Realschulzeit war die schlimmste Zeit meines bisherigen Lebens. Ich machte viele Erfahrungen und erhielt neue Einsichten über das Leben und mich.

Es begann damit, daß ich im Alter von zwölf oder dreizehn Jahren durch eine Freundin M. kennenlernte. Er war gut einen Kopf kleiner als ich, drei Jahre älter und der erste reife Mensch, dem ich begegnete. Für über ein Jahr waren wir beste Freunde, aber ich sehnte mich nach Zuneigung, Liebe und Zärtlichkeiten. Zum ersten Mal konnte ich einem anderen Menschen ansatzweise mein wahres Gesicht zeigen, obwohl ich noch nicht wußte, wie mein wahres Gesicht wirklich aussah. Diese Begegnung, die gemeinsame Zeit, die gemeinsamen Abenteuer und die Offenheit beeinflußten mich stark.

Während dieser Freundschaft wurde in mir das Gefühl geweckt, etwas »Besonderes« zu sein, womit ich aber nichts anzufangen wußte. Als sich diese Freundschaft dem Ende neigte, wollte ich das Leben verlassen. Ich hatte diesen wundervollen Menschen verloren, dem ich nicht mehr wichtig war.

Zudem hatte ich damals schon extreme Schwierigkeiten mit meinen Eltern. Ich widersetzte mich Abmachungen, kam Stunden zu spät, lernte nicht für die Schule und hätte beinahe das Schuljahr und die Probezeit nicht bestanden, was mein Aus bedeutet hätte. Für schlechtes Benehmen wurde ich damals handgreiflich bestraft, und der psychische Terror wurde mir damals zuviel, so daß ich die schöne Erde verlassen wollte. Eigentlich wollte ich nur geliebt und anerkannt werden. Ich wollte eine harmonische Welt, wie ich sie bereits kennengelernt hatte. Ich wollte Freiheit und offene Eltern.

Meine Versuche, von der Erde zu gehen, mißrieten, denn eine leise Stimme in meinem Kopf wiederholte sehr oft die Worte: »Bleib hier, du hast deine Aufgabe noch nicht erledigt. Auf dich wartet mehr, als du es jetzt glauben kannst. Du bist für etwas Großes hergekommen. Nimm dir noch mehr Zeit, und warte mit dem Zurückkehren bis zu einem anderen Augenblick.« Das weckte mein Vertrauen in eine andere Macht. Tief in mir wußte ich, daß diese Stimme recht hatte. Ich schwor mir, durch die Miseren des Lebens zu schreiten und abzuwarten, was geschehen würde – Zeit zu gehen bliebe mir später immer noch.

Die folgenden zwei Jahre verbrachte ich damit, über M. hinwegzukommen und mich meinen Eltern noch mehr zu widersetzen. In meinem Herzen schrie es nach Änderung, ich weinte oft in den Nächten und bat diese unbekannte Macht um Auflösung. Zweimal brach ich von daheim aus, aber sie holten mich jedesmal zurück.

In der Schule konnte ich mich nicht konzentrieren, und meine Noten waren schlecht. Ich wurde trotzdem Klassensprecherin, da ich gelernt hatte, mir Freunde zu verschaffen. Ich hatte im Laufe der Zeit gelernt, wie man sich mit anderen unterhält, wie man Vertrauen schafft, und ich fühlte mich mit vielen Mädchen durch ihre eigene Lebensgeschichte verbunden. Viele Freundschaften begannen, bis ich »meine Mädchen« – sie waren um die zwölf, alles beste Freundinnen in meinem Leben – liebgewonnen hatte. Diese Freundschaften erweiterten und intensivierten sich so weit, daß ich lernte, in ihre Seelen zu blicken. Ich fühlte ihren Schmerz, fühlte ihre Probleme und fing an, ihnen zu helfen und sie zu beraten. Dabei hatte ich immer das Gefühl, mich wirklich so sehr in diese Person hineinversetzen zu können, als ob ich sie wäre. Ich spürte jede einzelne Pore meines Gegenübers und fühlte neben meinem inneren Schmerz und Chaos auch noch ihr Chaos und nahm den Schmerz jeder einzelnen in mir auf.

Während der Pubertät bekam ich fürchterliche Akne und nahm immer mehr an Gewicht zu. Meinen Eltern gegenüber entwickelte ich tiefsten Haß und tiefste Verabscheuung, vor allem meinem Vater gegenüber.

Ich entdeckte die Leidenschaft für japanische Zeichentrickfilme, und Musik war mein Leben. Bereits im Kindesalter nahm ich Keyboardunterricht in einer Musikschule.

Mit 15 lernte ich durch eine Anzeige in einer Fanzeitung für japanische Comics eine fünf Jahre ältere Frau kennen. Sie war Inderin, hatte knielanges Haar und verkaufte mir Bilder. Unser Briefaustausch entwickelte sich zu einer innigen Freundschaft und schließlich zu Liebe. Als sie mich zu meinem 16. Geburtstag besuchte, verliebten wir uns ineinander. Uns verband eine Tiefe, die mich so sehr in meinem Herzen traf und an sie zog, daß es mir unmöglich war, auch nur einen Augenblick lang nicht an sie zu denken oder bei ihr zu sein. Niemand bemerkte unsere Beziehung. Da meine Eltern gegen Homosexualität waren und ich ihnen damit noch einen Grund mehr gegeben hätte, mich fertigzumachen, schwieg ich. Diese Liebe hielt über ein Jahr, da sie ihr Heim verließ und in die Nachbarstadt umzog. Sie begann hier ihre Ausbildung und ein neues Leben, leider kein glückliches, wie sich herausstellte.

Trotz dieser tiefen Liebe fühlte ich mich damals schon sehr eingeengt von ihrer Zuneigung. Sie klebte an meinem Körper und schwärmte immer von meiner Schönheit, träumte von einer gemeinsamen Zukunft in Zweisamkeit und beanspruchte mich Tag und Nacht, um ihre Sehnsucht nach mir zu stillen. Ich dagegen wurde immer verzweifelter, da ich sehr mit mir selbst zu kämpfen hatte. Zum einen war da die Tatsache, daß ich eine Frau und keinen Mann liebte. Das bedeutete Unfreiheit für mich, und ich wollte endlich Freiheit und Harmonie. Diese Beziehung engte mich dagegen durch diese Art von Liebe nur noch mehr ein. Ich begann um meine Freiheit zu kämpfen, besuchte sie immer seltener und ließ immer weniger von mir hören. Das jedoch hinderte sie nicht daran, mich weiterhin besitzen zu wollen. Etwas in mir wehrte sich so sehr gegen diese Liebe, die so unfrei und versteckt war, daß es mir wichtig war, auch diese Freundin in Freiheit und Harmonie verlassen zu können. Ich wollte nicht, daß sie sich wegen mir das Leben nimmt. Ich redete viele Stunden mit ihr und erklärte ihr offen und ehrlich, wie es um meine Gefühlswelt stand. Sie verstand mich nicht. Als sie registrierte, daß sie mich bereits verloren hatte, wußte sie sich nicht anders zu helfen und sperrte mich ein. Lange Zeit lief sie mir noch nach, was mir sehr leid tat. Ich weinte und schrie oft in den Himmel hinein. Ich verstand nicht, wieso ich für die Liebe und für die Sehnsucht, die ich empfand, bestraft wurde.

Ein bestimmtes Erlebnis veränderte mein Denken vollkommen. Ich lag mit verheulten Augen im Bett und wollte sterben; ich flehte Gott an – ich glaubte zu dem Zeitpunkt an seine Existenz –, mich wieder zu sich zu nehmen, da ich keine Kraft mehr hatte, diese Situation noch länger durchzustehen. Ich wollte wirklich nicht mehr so weitermachen wie bisher. Ich wollte nicht mehr geschlagen, mißachtet und dafür bestraft werden, daß ich so war, wie ich war. Plötzlich kam langsam von meinen

Füßen her eine unglaublich starke Kraft meinen Körper hoch, die mich so sehr mit Liebe und Wärme, Kraft und Mut auftankte, daß ich Angst bekam und sie, als sie beim Hals angekommen war, wieder abschüttelte. Mit dieser Kraft waren auch mein verweintes Gesicht und meine vollkommen verstopfte Nase wieder verschwunden. Damals nahm ich dieses Erlebnis dankbar als eine Antwort an und schlief mit einem warmen Gefühl der Liebe in meinem Herzen ein.

Am nächsten Tag, daran kann ich mich noch gut erinnern, hatte ich durch dieses einschlagende Erlebnis neuen Lebensmut geschöpft. Zudem gewann ich an Selbstsicherheit und an Wissen, daß ich tatsächlich etwas Besonderes sein müßte, wenn ich eine solche Erfahrung machte, derentwegen mich wohl viele Menschen für verrückt erklären würden.

Es waren gerade Ferien, und ich schaltete den Fernseher an. Auf dem Bildschirm erschien eine Frau, die auf eine so natürliche Art und Weise über Engel und geistige Helfer redete, daß ich ihre gesamten Worte wie ein Schwamm aufsog. Zu meiner Überraschung lud sie das Publikum zu einer kurzen Meditation ein, und ich folgte der Einladung. Die Frau gab einen kurzen, sehr hohen Ton von sich und leitete uns dazu an, uns gewisse Dinge vorzustellen.

Aus einem wunderschönen Wald mitten auf einer großen weiten Wiese kam ein sehr alter, weiser Mann mit grauem Bart und leuchtender Kleidung auf mich zu und blickte mir tief in die Augen. In meinem Herzen geschah ein kleines Wunder: Ich fühle mich geliebt, so wie ich war, und hatte zudem noch das Gefühl, diesen Mann schon sehr lange zu kennen. Sogleich fragte ich ihn ein paar Dinge, und er antwortete mir: »Ich heiße Noah und bin dein Schutzengel. Es freut mich, daß du den Weg zu mir gefunden hast. Lange habe ich auf diesen Augenblick gewartet.« Er umarmte mich, und ich fühlte mich wohl, obwohl ich nicht recht wußte, wie mir geschah. Nachdem wir uns verabschiedet und ich ihm versprochen hatte, ihn öfter zu besuchen, war ich unglaublich glücklich, denn mein Leben hatte eine neue Wende genommen. Ich war in Kontakt mit einem Engel getreten.

Von da an war nichts mehr wie bisher. Ich beschloß, eine Kosmetikerin aufzusuchen, um meine Akne behandeln zu lassen. Diese Kosmetikerin war für die nächsten zwei Jahre meine »spirituelle Lehrerin«, die mir bis zu meinem 18. Lebensjahr zu einer neuen Sicht der Dinge verhalf. Oh, ich liebe sie so sehr für die Geschenke, die sie mir für mein Leben gab. Mit ihr tauschte ich meine geheimsten Vermutungen über mich und die Engel und über Gott. Als ich ihr Natur-Kosmetik-Geschäft betrat, durchfuhr mich ein vertrautes Gefühl der Liebe. Noch nie war ich so herzlich und offen von einem erwachsenen Menschen begrüßt worden wie von ihr. Gleich berichtete ich ihr über mein Erlebnis, und sie lächelte nur und meinte, daß es auf jeden Fall Engel gibt. Sie kannte Noah.

Immer wieder arbeitete sie mit mir an meinem Selbstwertgefühl und an meiner Schönheit. Sie gab mir Tips, wie ich richtig abnehmen könnte, und sagte, daß ich ein menschlicher Engel sei, der etwas Großes vorhabe. Immer wieder betonte sie, daß dieser Weg seine Schritte brauche und alles zur rechten Zeit geschehe.

Ich verlor an Gewicht und nahm alles wieder zu. Ich verwandelte mein Äußeres in kleinen Schritten zu einer neuen Persönlichkeit und erlangte durch Affirmationen in Meditationen und Reiki-Behandlungen ein ruhigeres Gefühl in meiner Mitte. Ich wollte immer bei ihr sein, ich sog auch ihre Worte, ihr Wissen, welches sie mir vermittelte, wie ein Schwamm auf und schrieb vieles nieder.

In diesen zwei Jahren veränderten sich meine Eltern sehr. Ich wurde erwachsener und begriff, daß ich ein spiritueller Mensch mit einer bestimmten Vision der Liebe war. Genau konnte ich das alles noch nicht definieren, doch ich entwickelte mich sehr rasch. Meine indische Freundin konnte sich in dieser Zeit von mir trennen, ich begann mit 16 eine Art »Gefühlsbuch« zu schreiben. Mein inneres Chaos wollte ich jemandem mitteilen, und vor allem verspürte ich in mir das Gefühl, mir selbst durch Musik und durch Schriften, die ich verfaßte, zu helfen. Ich therapierte mich selber, so gut es ging. Mit vielen Wiederholungen verarbeitete ich meine Kindheit. Mit vielen Schritten kaute ich die Themen durch und konfrontierte mich mit den Ängsten, die mich bis zu diesem Zeitpunkt geplagt hatten. Ich betrachtete die Welt mit neuen Augen und verspürte den Wunsch, aus diesem Dilemma herauszuwachsen und geheilt zu werden, um endlich meine Freiheit verspüren zu können. Ich machte meine mittlere Reife und wechselte auf die Fachoberschule. Neue Menschen, neues Glück, dachte ich mir. Da sich meine Antennen immer mehr verfeinerten und ich immer mehr meinem Gefühl vertraute, lernte ich in meiner Klasse ein mir sehr vertrautes Wesen kennen. Zusammen therapierten wir uns noch gegenseitig. Nach so einer Freundschaft hatte ich mich schon lange gesehnt.

Über einen langen Zeitraum hinweg war ich täglich für mehrere Stunden im Internet, um Kontakte zu knüpfen. Ich bin sehr kontaktfreudig, und ich liebe Menschen sehr. Im Chat lernte ich viele neue Menschen kennen, und auch auf einigen esoterischen Seiten konnte ich mich endlich mit Gleichaltrigen über das Thema Spiritualität austauschen. Einer von ihnen war C., der in Leipzig wohnte. Mit ihm führte ich tiefgründige Gespräche, die mein Interesse an Gott weckten.

In der folgenden Zeit dachte ich viel über Gott nach, wer er oder es wohl sein mag, wie er sich in meinem Leben bemerkbar gemacht hat, was es mit den Religionen dieser Welt auf sich hat, woher diese Funken, die ich immer in den unterschiedlichsten Farben flimmern sah, und woher diese violette und goldene Farbe stammten, die ich sah, wenn ich meine Augen schloß und meditierte. Meditation war für mich damals nur eine Art Ruhepause, die ich mir gönnte, um meine unausgeglichenen und völlig konfusen Energien ein wenig zu harmonisieren. Durch Atemübungen, die im Internet beschrieben wurden, und durch Affirmationen versuchte ich immer mehr, in meine Mitte zu gelangen und mich nicht mehr von der Außenwelt in mein Chaos katapultieren zu lassen. Wenn ich mich unter Menschen befand, fühlte ich immer die Schmerzen der anderen, fühlte ihr Leben, fühlte, wer sie waren, ob sie Kinder hatten oder nicht und weiteres. Alles war laut und hektisch, so daß sich die Außenwelt in mir manifestierte und in mir oft Chaos und Düsterheit herrschte. Durch C. erfuhr ich etwas über Indigo-Kinder und fühlte mich zu diesem Begriff und der Beschreibung sogleich hingezogen.

Meine spirituelle Lehrerin dagegen vermittelte mir stets, daß ich zu ungeduldig und zu schnell in meiner Entwicklung war. Ich müsse erst einmal lernen, mich selbst zu lieben. Daraufhin besuchte ich sie für einige Monate nicht mehr. Ich wollte der Sache auf den Grund gehen, wieso und weshalb mir das alles passierte, und verfaßte viele Schriften über mich und meine Eindrücke.

Ein ganzes Jahr lang suchte ich nach einer Art Wahrheit in meinem Herzen. Ich wußte nicht, wie es mit mir weitergehen sollte. Ich war auf den spirituellen Weg gekommen, und doch wurde mir gesagt, daß ich bis zu meinem

33. Lebensjahr damit warten müßte, mich wirklich auf die Suche zu machen. Das waren Dinge, die ich nicht verstand, und in mir kämpften Welten gegeneinander. Viele Hochs und Tiefs, viele Schlachten zwischen Licht und Dunkel.

Ich wurde von dunklen Geistern gewürgt und hypnotisiert, wurde unfähig gemacht, mich zu bewegen, hatte Träume über meinen Fall in die Dunkelheit und wurde stark mit meiner dunklen Seite konfrontiert. Immer wieder stellte sich in mir die Frage, was ich auf der Erde zu suchen habe und weshalb mir meine Lehrerin regelrecht verbot, mich weiter auf die Suche zu machen. Sie unterstützte mich nicht. Ich beschäftigte mich mit verschiedenen Themen und fragte nach Einweihungen in die Reiki-Grade, nach Rückführungen und Indigo-Kindern. All das wies sie zurück und verschob es auf mein 33. Lebensjahr.

Mein Vater hatte eine schwere Herzoperation, meine Schwester nahm sehr viel an Gewicht ab, und alle veränderten sich. Niemand von ihnen wußte von meinen Gefühlen, meinen wahren Interessen und meinen Fähigkeiten. Somit waren meine spirituellen Freunde und meine Neugier auf mehr Wissen zu meiner neuen Welt geworden. Ich las Bücher über Botschaften der Seele, über Engel, über Spiritualität und darüber, was das in der heutigen Welt bedeutet. Meine Welt wurde um einiges heller und liebevoller; alles war durchströmt von Liebe. Im Internet entdeckte ich Seiten über ein Medium, ich erfuhr von der weißen Bruderschaft, von Erzengeln und las viele Seiten gechannelter Eingaben von diesen großen Wesen. In meinem Herzen fühlte ich mich dort zu Hause.

Im Gegensatz dazu war die »normale« Welt die Welt der Schule, die Welt der lauten und unruhigen Materie, der nörgelnden Eltern und der vielen Anforderungen, die immer von Menschen und auch von mir selbst an mich gestellt wurden. Ich mußte meinen Abschluß schaffen und dafür lernen, gute Noten schreiben, um studieren zu können. Immer schon war es mein Wunsch, Psychologin zu werden, um anderen Menschen auf diesem Wege helfen zu können. Ich hatte Visionen eines Therapiezentrums, von dem ich Freunden erzählte. Wir hätten alle unsere Berufe ausgelernt und jeder seine speziellen Fähigkeiten gehabt, ich hätte das Ganze geleitet und organisiert, denn dazu fühlte ich mich berufen. Ich wollte dies und das erreichen, sollte dies und das erledigen und machte mir viel zu viele Pläne, wovon sich nur wenige erfüllen ließen.

Doch im Laufe dieser vielen »Hochs und Tiefs« lernte ich auch, mich immer mehr dieser höheren kosmischen Macht anzuvertrauen.

Dann hatte ich endlich Zeit eine Woche lang meinen Freund in Leipzig zu besuchen. In der Woche vor diesem Besuch und während des Besuchs veränderte sich meine Sicht der Dinge und der Welt wieder völlig. Ich begann plötzlich selbst ein fremdes Wesen zu channeln*. Wie üblich wollte ich einen neuen Eindruck in mein Tagebuch schreiben. Ich nahm den Stift, und es fühlte sich an, als ob irgendeine fremde Hand meine Hand berührte und mich führte. Ich gab mich dem Drang hin, ohne etwas dabei zu denken. Schließlich schrieb ich seltsam poetisch klingende Worte nieder, die so schnell geschrieben wurden, daß ich Mühe hatte, den Worten zu folgen. Das war mein erstes »offizielles« Channeling mit einem Wesen, das mich aufsuchte, es nennt sich Xantopher und stammt aus einer anderen Dimension.

Diese Tatsache, selber ein Medium zu sein, brachte mich regelrecht zum Strahlen. Das alles, die vielen Schritte, läßt mich immer wieder neuen Mut schöpfen und neue Abenteuerlust spüren. Etwas Neues kündigte sich so stark in mir an, daß ich tagelang nichts essen konnte und voller Tatendrang war. In dieser Woche schrieb ich in der Schule täglich eine Abschlußprüfung, und am Freitag fuhr ich dann endlich mit der Bahn nach Leipzig, in eine neue Welt.

Bei C. lernte ich eine Ärztin und ihre Tochter kennen, die mich sofort als Engel erkannte und mit der ich viele Abenteuer erlebte. Dort sah ich, während ich im Bett lag, eine Lichterkette von vielen Tausenden von Menschen um die Erde herum in der Galaxie schweben, alle richteten ihre Liebe und Konzentration auf diese Erde und auf einen bestimmten Punkt, den ich damals nur als das *Sein*, »Gott« definieren konnte. Ich fühlte hautnah wärmende Hände in den meinen. Jeder von diesen Menschen war mein Bruder oder meine Schwester. Wir waren alle eine große Familie. Ich sah die Ärztin bei ihrer Arbeit, ausgelaugt und ausgepowert. Sofort vereinten wir unsere Kräfte und schickten ihr von dort oben, wo alles golden und gelbweiß leuchtete, Liebe und Licht, die sie wieder mit Energie auftankten. Als sie mir dann erzählte, daß sie dasselbe zur selben Uhrzeit wahrgenommen hatte, und sich bei mir über die Liebe und die Kraft bedankte, wußte ich tief in mir drinnen: Ich brauche keine spirituelle Lehrerin mehr, ich erlebe und entscheide selber, welche Abenteuer ich erleben werde und welche Schritte ich als nächstes zu gehen habe. Diese Woche voller neuer Erfahrungen zeigte mir weitere Möglichkeiten, wie ich meine Träume verwirklichen konnte.

Ich besuchte meine spirituelle Lehrerin und berichtete ihr nur ansatzweise von meinen Erlebnissen. Sie freute sich, daß ich endlich erwacht wäre, verwies mich aber auf mein 33. Lebensjahr. Sie machte mir angst; sie sagte, man würde mich sonst holen, wenn ich zu schnell meine wahre Identität herausbekommen würde. Ich begriff schnell, daß dies ihre eigenen Themen und Ängste waren, nicht meine.

Eine Woche später, es war noch Juni, war ich mit einer alten Freundin verabredet, die mein Leben nicht so recht verlassen wollte. Immer wieder stießen wir aufeinander, obwohl wir längst hätten loslassen sollen (das wußten wir beide). Jedoch zog mich eine Stimme eine Stunde vor dem Treffen in eine andere Straße. So gelangte ich in einen Engel- und Kristalladen, der meiner heutigen Freundin gehört. Es ist über fünf Monate her, seit ich O. kennengelernt habe. Sie ist Medium (mediale Beraterin) und Mutter von zwei Söhnen, die, wie ich, beide Schützen sind.

Mit ihrem jüngeren Sohn, der mein Seelenpartner für diese Inkarnation ist, bin ich seit Juli zusammen. Unglaubliche Ereignisse, die mein Leben in die Bahn gelenkt haben, für die es bestimmt ist, ziehen bis heute noch ihre lichtvollen Fäden. Ich habe einen großen Teil meiner Seelenfamilie* gefunden. Gemeinsam erleben wir tägliche Abenteuer. Jeder hat seine Fähigkeiten (auch wenn sie alle über 20 Jahre älter sind als ich), und sie alle sind Teil eines Therapiezentrums, welches im Laufe der Zeit aufgebaut wird. Es läßt sich nicht in Worte fassen, was alles geschehen ist. Durch Familienaufstellungen, Lichtarbeit, Handauflegen, Arbeiten mit vielen aufgestiegenen Meistern, Erzengeln und Engeln, ja auch mit Wesen von fernen Planeten war diese Zeit eine extreme Zeit der Selbstheilung, Selbstdefinition und Themenbearbeitung. Ich habe vieles gelernt und vieles über mich erfahren, all das, was ich wissen soll, um ins nächste große Abenteuer übergehen zu können. Von daheim bin ich so gut wie ausgezogen, und meine Eltern beginnen langsam, sich auf ihren eigenen Weg in die Freiheit zu begeben! Nichts ist umsonst! Ist das nicht schön?

Ich weiß nun viel mehr darüber, wer ich bin, welches Licht in mir steckt, welche Aufgabe ich auf dieser Erde habe, was alles auf uns wartet und was sich bereits verändert. Ich fühle mich freier denn je, denn es gibt fast keine Zwänge mehr. Ich versuche nicht mehr, mich nach anderen Menschen zu richten, sondern gehe meinen Weg und bin mein eigener Meister geworden. Jede Situation diente mir zum Lernen und zum Erkennen – dafür danke ich jedem Menschen, dem ich begegnet bin!

Unendlich dankbar bin ich dafür, Indigo-Kind zu sein. Ich blicke hinter die Gesichter, sehe den Grund hinter den Dingen und bin bewußter Lichtarbeiter*. Bewußt setze ich meine Fähigkeiten ein, schreite immer weiter voran, steige immer weiter die lichtvolle Leiter hinauf, durch welche Situationen ich auch geführt werde. Diese Erde ist ein so wunderschöner und unglaublicher Planet, der eine so große Bedeutung für das gesamte Universum hat, so daß es mit jeden Tag aufs neue Freude bereitet, *sein* zu können. Viele Träume, Bitten und Entscheidungen werden noch ihren Weg gehen, und ich habe enormes Vertrauen in die Göttlichkeit. Ich bin dankbar dafür, in dieser Welt der Transformation zu leben, in der so viele unterschiedliche Arten von Wesen aufeinandertreffen, um in Liebe zu arbeiten. Ich danke allen meinen Freunden da oben, die so zahlreich für jede einzelne Seele in vollem Licht da sind und sie unterstützen; ich danke für ihre Liebe und ihren Segen. Ich bin stolz darauf, bewußt an der Veränderung mitarbeiten zu können und den Weg zu gehen. Ihr habt mich durch so viel Leid und Schmerzen geführt, alles, was ihr sagtet, ist eingetroffen, auch wenn ich gezweifelt habe. Und mein größter Traum ist es, in und auf der großen schönen Welt zu reisen, um das zu leben, was ich bin!

A., ältere Indigo, Deutschland

Manchmal kommt es mir so vor,
als wäre mein ganzes Leben nur ein Traum,
aus dem ich eines Tages erwachen werde.
Alles kommt mir dann so lächerlich vor,
und ich möchte aufwachen.
Aufwachen in einer Welt ohne Krieg, Haß, Töten,
Eifersucht und Traurigkeit.
Aufwachen in einer Welt, in der man
man selbst sein darf, wo man sich liebt,
wo das Leben schön ist.
In solchen Momenten sehe ich auch keinen Sinn
in meinem Leben.
Ich gehe in die Schule,
damit ich eine gute Arbeit bekomme.
Dann arbeite ich, damit ich Geld habe
und eine gute Rente erhalte.
Doch was habe ich dabei vom LEBEN?
Denn Schule und Arbeit ist für mich nicht das Leben.
Für mich ist das Leben die Zeit,
in der es einfach schön ist, wenn ich glücklich bin.
Sicher hat jedes Leben dieser Erde einen Sinn.
Ihn zu finden ist schwer.

4. Indigo zu sein ist nichts »Besonderes«

Ich habe heute von der Bezeichnung Indigo-Kind gehört. Ich habe einige Seiten, die ich dazu in die Hand gedrückt bekommen habe, studiert. Und ich finde es ziemlich schwachsinnig, dies als neue, besondere Entdeckung anzupreisen. Daß ich besonders und einzigartig bin und danach strebe, bedingungslose Liebe an ein möglichst großes Umfeld zu senden, ist mir, seitdem ich bewußt denken kann, klar. Und dies ist *keine* Besonderheit. Es ist in jedem und in allem. Jedoch wird es leider oft verkannt oder nicht wahrgenommen oder/und unterdrückt. Deswegen schreiben wir ja Geschichte.

Meine Eigenschaft, die mich momentan *leider* drastisch von anderen unterscheidet und mich somit anders auftreten läßt, ist die einfache Einigkeit mit meinem Selbst und damit mit dem ganzen Rest.

Ich nehme mein Kreuz auf mich. Dies bedeutet nicht, daß ich leiden muß. Niemand muß leiden. Denn wer sein »Schicksal« selbst bestimmt, empfindet kein Leid als solches, auch wenn es für viele den Anschein hat. Das Leben in Worte zu fassen ist, meiner Meinung nach, ein hoffnungsloser Versuch, Ewigkeit zu erschaffen, wie so vieles, was der Mensch zu erschaffen sucht.

Eigentlich gibt es nicht viel Information über meine Lebensaufgabe. Ich bin auf der Suche nach dem noch nie Dagewesenen, nach der vollkommenen Einzigartigkeit, nach einem noch nie dagewesenen Etwas. Ich bin auf der Suche nach etwas völlig Neuem, nicht nur für den Menschen, sondern auch für die Welt, für die Erde. Mein Weg dorthin ist die Treppe der Wahrheit. Anzumerken ist, daß mit dieser unglaublich viel in Verbindung steht.
Was ich mir wünsche und wie ich die Welt erfahre? Von tief innen heraus. Von weit außen herauf. Um sie herum. Ich wünsche! Wenn Sie hiervon tatsächlich etwas lernen möchten, dann überlegen Sie sich, was Sie beim Lesen gefühlt haben.

A., jugendlich, Deutschland

5. Die Realität und ihre Welt

Ein Kollege von mir hat mich auf die Fährte gebracht, mich über Indigo-Kinder zu informieren. So stieß ich auf Ihre Website. Meine Gedanken dazu möchte ich Ihnen nicht vorenthalten.

Ich bin Klavierlehrerin (21 Jahre jung) und arbeite mit vielen intellektuell überdurchschnittlich begabten Kindern zusammen. Meine Beobachtungen führen zu der Vermutung, daß es eine (wohl vererbbare) Eigenschaft des »Schnelldenkens« gibt. Dies läßt sich bei einzelnen Kindern durch IQ-Tests nachweisen – andere wiederum wenden diese Eigenschaft nicht nur im intellektuellen sondern bewußt oder unbewußt auch im zwischenmenschlichen Bereich an. Solche Menschen sind ihren lieben Zeitgenossen meist um 2 – 3 Gedankenschritte voraus. Inzwischen kann ich meine Mitmenschen, seien sie Kleinkinder oder Pensionäre, ziemlich gut in Schnell- und Normaldenker einteilen. Meine Aufgabe als Pädagogin ist es, den Kindern zu helfen, ihre Energien sinnvoll einzusetzen. Die Welt nimmt keine Rücksicht auf hypersensible Kreaturen. Aber ich kann die Selbstwahrnehmung meiner Schüler schulen. Mir wurde neben der Hypersensibilität auch ein recht ordentlich funktionierender Verstand in die Wiege gelegt und dazu jede Menge Energie – diese Eigenschaften ergänzen sich mittlerweile aufs Feinste. Der Verstand kann zudem genauso wie die Selbstwahrnehmung geschult werden.

Meine Erfahrung zeigt mir, daß ich auf dem richtigen Weg bin, auf solche intelligenten Kinder einzugehen. Auf jeden Fall sollen meiner Meinung nach solche Kinder nicht mit der Realität verschont werden – früher oder später bricht sie über sie herein. Viel besser ist es doch, ihnen zu zeigen, daß es neben der Realität *ihre* Welt gibt, in der sie nach Lust und Laune grübeln und philosophieren dürfen. Diese Welt muß aber ganz bewußt bei Situationen verlassen werden, die ein bodenständiges Handeln fordern. Das Umschalten fällt mir inzwischen immer leichter – deshalb bin ich voller Optimismus, daß es »meine« Kinder auch schaffen werden.

A., 21 Jahre, Schweiz

6. Mein ganzes Leben war davon geprägt, zu versuchen, gleich zu sein

Meine Mutter kam zu mir und fragte mich ein paar Dinge. Sie sagte nichts von Indigo-Kindern, und ich gab ihr Antworten. Sie erwähnte dann etwas von den Indigo-Kindern und daß alles davon auf mich zutreffen würde. Nun, ich bin noch nicht 100% sicher, ein Indigo-Kind zu sein, aber ich habe nun zumindest eine Antwort auf viele Fragen, die ich mir in meiner Jugend stellte. Meine Probleme mit andern Mitschülern, mit Lehrern, mit der Schule. Meine geistige Überlegenheit anderen Kindern gegenüber. Zu vieles läßt sich damit erklären. Aber es macht mir angst. Ich bin sehr einfühlsam und aufgeschlossen, wenn andere Probleme haben. Ich kann Tage und Wochen damit verbringen, vor meinem PC zu sitzen, um ein Problem zu lösen (und das nur, weil es mich eben interessiert). Ich bin wissensdurstig, verbringe den Tag permanent mit der Suche nach Information. Ich liebe es, stundenlang in die Sterne zu schauen und für mich selbst darüber zu philosophieren, was sie für mich bewirken. Es gibt zu vieles, wodurch ich mich grundlegend von Gleichaltrigen unterscheide.

Tja, wenn ich also tatsächlich ein Kind der neuen Zeit

sein sollte, dann habe ich ein bißchen Angst vor dem, was mit mir geschehen wird. Irgendwie fühle ich mich unwohl mit dem Wissen, einfach anders zu sein, denn bis jetzt war mein ganzes Leben davon geprägt, zwanghaft zu versuchen, gleich zu sein. Aber ich denke, daß ich ein Ziel vor Augen habe. Ich werde irgendwann mal so sein, wie ich es mir vorstelle, etwas ganz Spezielles, auf das niemand verzichten möchte.

Mein Leben ist ein Sehen und Gesehenwerden. Ich sehe Dinge, mustere sie, versuche zu entschlüsseln, in sie einzudringen. Auf der anderen Seite wehre ich jeden Blick von mir ab, möchte nicht, daß man in mich hineinsieht, und denke immer anders als erwartet. Ich treffe auf kein »normal« oder »durchschnittlich« zu. Ich bin eben überall ein bißchen anders. Ich bin etwas geschickter oder schneller oder sehbar langsamer. Es ist einfach komisch, komisch ist der richtige Ausdruck dafür. Und nach all den Problemen mit den Eltern während meiner Pubertät habe ich mich oft gefragt, warum ich denn anders bin. Was ist der Fehler an mir, Selbstzweifel oder eben auch Eigenlob bis in den Himmel ...? Ich bin zwischen den Welten gefangen.

Ich kenne leider keine Indigo-Kinder. Mein kleiner Bruder entwickelt sich jedoch auch stark in diese Richtung und gibt mir immer wieder zu denken. Ich glaube aber, daß er ein anderer Typ von Indigo ist, da er nicht mit mir zu vergleichen ist.

Über meine Lebensaufgabe weiß ich nur, daß ich aufklären möchte. Ich schreibe Rap-Texte, ich möchte den Menschen etwas mitgeben, etwas, woran sie sich halten können und was sie auch beschäftigt. Ich möchte in den Menschen Gefühle wecken und sie zum Denken über ihr eigenes *Ich* anregen. Ich möchte die Gesellschaft von ihrem Leistungs-druck-Trip runterholen, damit die Menschen auf der Welt wieder mal erfahren, was leben eigentlich heißt.

Ich fühle mich von Lehrern nicht akzeptiert, ich lasse mir keine Sachen vorschreiben. Ich möchte nicht, daß man alles fünfmal wiederholt, und hasse diese durchschnittlich dumm gestalteten Schulstunden. Die einzige Art von Unterricht, die mir zusagt, ist Projektunterricht oder Projektarbeiten. Da darf und kann man seine eigenen Interessen fortbilden, mit einer eigens vorgegebenen Geschwindigkeit und Sicherheit.

Die Erwachsenen können mich am besten unterstützen, indem sie versuchen, sich mit mir persönlich auseinanderzusetzen, auf meine Herzenswünsche und Interessen einzugehen, mich nicht als eine von vielen zu behandeln. Ich möchte verstanden werden und möchte, daß man mir zuhört. Ich bin kein Mitläufer. Ich bin ein Querdenker und handle aus eigener Initiative und durch eigene Ideen.

Ich glaube, mein verstorbener Vater ist mein Engel. Ich hatte seit seinem Tod nie mehr einen Alptraum, und trotz seiner Abwesenheit spüre ich seine Nähe und Unterstützung. Ich bin mir nicht sicher, aber ich glaube, ich habe mich einmal kurz vor dem Tiefschlaf – zwischen Wachzustand und Schlaf – mit ihm unterhalten. Aber eins ist sicher, wenn ich einfach ins Nichts hinaus eine Frage stelle, kriege ich nach einer Zeit eine Antwort. Nicht akustisch, ich weiß die Antwort dann einfach. Ich sehe die Welt als eine Illusion. Die Welt ist die visualisierte Ebene unseres Verstandes und Geistes. Sie gibt uns eine Form für den Geist, in der er sich bewegen kann.

T., Jugendliche, Schweiz

7. Sexualität und Depressionen

Vorgestern war ich einkaufen. Ich war in einem Buchladen und schaute mir ein Buch über Wasserkristalle an. Im hinteren Teil des Buches waren ein paar andere Bücher vorgestellt. Es war auch ein Buch über Indigo-Kinder darin, und obwohl ich diesen Namen noch nicht gehört hatte, kam er mir irgendwie vertraut vor. Irgendwie fühlte ich mich angezogen davon. Heute habe ich diese Seite gefunden (danke übrigens). Ich weiß nicht wirklich, wieso, aber ich hatte das Gefühl, daß hier etwas steht, was mir vielleicht weiterhelfen könnte.

Ich bin jetzt 16 Jahre alt, und ich habe mein ganzes Leben lang das Gefühl gehabt, nicht hierher zu gehören – anders zu sein. Mit der Zeit ging es mir zwar immer besser, und ich konnte mich relativ gut eingewöhnen, aber ich bin das Gefühl nicht losgeworden, daß ich anders bin. Es ist irgendwie schwer für mich, das, was ich fühle, in Worte zu fassen. Ich spüre sehr viel, meine Intuition ist sehr ausgeprägt. Oft ist es so, daß ich weiß, was passieren wird. Mit den Jahren habe ich auch verstanden, wie man sich bestimmten Menschen gegenüber verhält, um nicht sonderlich aufzufallen. Bitte versteht das jetzt nicht falsch. Ich habe mich nicht versteckt, und ich habe auch keine Rolle spielen müssen. Es ist vielmehr ein bestimmter Umgang mit den Menschen. Ich kann auch sehr viel Liebe geben, was jedoch manchmal falsch verstanden wird und dann (z.B. bei meinen Eltern) zu Konflikten führt. Ich glaube, daß noch nicht jeder so gut mit Liebe umgehen kann. Oft sind die Leute verwundert, wenn ich versuche, Mörder, Gewalttäter etc. in Schutz zu nehmen, aber ich empfinde auch für sie Mitgefühl. Ich bin Vegetarier und achte auch ganz genau darauf, daß sich in Schokolade keine tierischen Bestandteile befinden. Ein Ziel von mir ist es, mich einmal von Sonnenlicht zu ernähren.

Ob ich ein Kind der Neuen Zeit bin? Ist nicht jedes Kind ein Kind der Neuen Zeit? Aber ich glaube, ich weiß, was gemeint ist. Mein ganzes Leben habe ich dieses Gefühl, daß in Zukunft etwas gewaltig Großes passieren wird. Ich weiß nur nicht genau, was es ist, aber ich fühle es, etwas verändert sich. Als ich noch kleiner war, wollte ich immer in der Vergangenheit leben, ich fühlte mich nicht wohl dabei, hier zu sein. Jetzt weiß ich, daß es einen Grund hat, warum ich hier bin, und ich bin froh und dankbar für all meine Erfahrungen.

Mein Leben besteht aus Hochs und Tiefs. Die meiste Zeit bin ich sehr glücklich. Doch gerade in der letzten Zeit hatte ich zwei Depressionen. Die erste bekam ich in den Sommerferien. Es war nicht schön. Alles, was es zuvor Schönes gab, war plötzlich weg. Dinge die mir geholfen haben, glücklich zu sein, waren fort, es war alles so hoffnungslos. Auch das zweite Mal war es so. Ich wollte nicht mehr sein, ich wollte nicht mehr existieren. Es war nicht so, daß ich mir das Leben nehmen wollte, aber meine Gedanken drehten sich trotzdem oft um das Thema Selbstmord. Auch das war irgendwie nicht schön. Beide Depressionen endeten damit, daß ich weinte und nach dem Weinen so furchtbare Kopfschmerzen bekam, daß ich mich nicht mehr gut bewegen konnte. Am nächsten Tag wachte ich dann wieder zufrieden auf. Genauso schnell, wie sie gekommen war, war sie auch wieder weg. Sie dauerte ca. 2–3 Wochen. Ich muß jedoch erwähnen, daß meine Depressionen im Endeffekt sehr wichtig für mich waren. Ich habe viel daraus gelernt und viele neue Dinge entdeckt.

Womit ich auch ein Problem habe, ist meine Sexualität. Ich kann mich nicht an diese Gefühle gewöhnen. Früher wollte ich es nie wahrhaben, ein Geschlecht zu besitzen. Ich wollte immer ohne Geschlecht sein. Mit der Zeit konnte ich mich langsam daran gewöhnen, aber ich fühle mich noch immer nicht wohl dabei. Ich habe nichts gegen die Sexualität bei anderen, aber es kommt mir so seltsam bei mir vor, als würde das nicht zu mir gehören. Es ist so ungewohnt. Es ist so wie ein zweiter Teil, der nicht zu mir gehört.

Wenn ich bete, erlebe ich oft eine Art Ekstase von Liebe und Freude, wobei ich automatisch ganz viel lachen muß. Ich habe mit 11 Jahren angefangen, mich mit Magie zu beschäftigen, jedoch wurde ich mir erst mit ca. 14 Jahren bewußt, worum es geht. Früher verstand ich noch etwas ganz anderes unter Magie als heute. Damals wollte ich fliegen, telekinetische Kräfte besitzen usw. Heute weiß ich, daß ich diese Kräfte nicht brauche. Ich glaube durchaus, daß es Menschen gibt, die dies können, und man es auch lernen kann, aber ich wüßte nicht, was daran gut sein soll, durch Wände zu gehen, wenn man nicht fähig ist zu lieben. Abgesehen davon, daß es einen Grund hat, wenn man eine Mauer baut. Dies geschieht sicher nicht, damit man dann durch die Wand spaziert und die Privatsphäre des anderen stört.

Es ist sehr schwer, Leute zu finden, die mich verstehen. Meine Eltern versuchen es zwar, aber sie meinen, daß ich zu intelligent bin und sie mir deshalb nicht folgen können. Manchmal kann ich mir nicht einmal selbst ganz folgen. Ich beobachte oft mit Schmerzen, wie sich Seelen selbst zerstören, z.B. wie Mitschüler sich niedersaufen. Sie tun mir sehr leid. Es ist auch so, daß ich manchmal die Schmerzen anderer spüren kann, ihr Leid und ihre

Trauer. Doch ich habe aufgehört, mir die Frage zu stellen, warum Menschen sich hassen und bekriegen.

Ich vertraue der Göttin, denn sie weiß, was sie tut. Für sie gibt es nicht gut und böse. Sie ist Einheit, genauso wie Engel nicht nach gut und böse urteilen. Es sind eben Erfahrungen, die wir sammeln dürfen. Wenn wir sterben, urteilt niemand über uns, alle dürfen zurück, wenn sie es wollen.

Meine genaue Lebensaufgabe kenne ich noch nicht. Ich verändere mich sehr oft und schnell. Daher verändert sich auch mein Lebensziel oft. Mein Ziel ist es jedoch, anderen Lebewesen zu helfen, sie zu lieben und sie dies zu lehren, sofern sie es wollen. Ich bin mir sicher, daß wir bald zurück zu unserem Ursprung kommen. Vielleicht ist es erst der Anfang, aber schaffen werden wir es, da bin ich mir sicher.

In der letzten Zeit habe ich Schwierigkeiten in der Schule. Ich kann überhaupt nicht mehr lernen. Wenn ich die Schulbücher aufschlage, wehrt sich alles in mir dagegen, und ich kann mich überhaupt nicht konzentrieren. Ich weiß nicht, wofür ich das alles lernen soll. Mir fehlt etwas in der Schule. Wir könnten doch noch so viel wirklich Wichtiges lernen: wie man sich selbst akzeptiert, wie man anderen Menschen mit Mitgefühl entgegentritt, wie man sich und die anderen zu lieben lernt, wie man sich gesund hält, wie man in Kontakt mit sich selbst bleibt. Es gibt so vieles, was wir vergessen bzw. verlernt haben. Unsere Sinne werden abgestumpft. Viele Menschen haben keine Kraft mehr, kein Ziel. Es wäre schön, wenn wir so etwas lernen würden – und nicht, wie wir über Leichen zu gehen haben und wie wir die Erde und uns selbst mehr und mehr vernichten und verlieren.

Ich möchte niemanden belehren; jeder Mensch ist selbst für sich verantwortlich und hat seine Zukunft in der Hand. Sicher wäre es schön, sich gegenseitig mit Mitgefühl, Liebe und Nachsicht zu begegnen, aber ich verlange es nicht von jemandem. Ich kann es nur selbst tun.

Es ist schwer für mich, über meine Wahrnehmung zu schreiben. Wie gesagt, es fehlen mir oft die passenden Worte, um mein Gefühl und meine Intuition zu beschreiben. Meinen Engel habe ich noch nie so richtig bewußt kontaktiert, obwohl ich öfter die Hilfe von Erzengeln und Engeln anrufe. Manchmal habe ich auch Träume von der Zukunft. Ich hatte z.B. von dem Schlaganfall meiner Oma geträumt. Außerdem spüre ich auch irgendwie, wenn jemand, der mir nahesteht, stirbt. Ich spüre generell Gefühle von anderen recht gut, und ich weiß oft, wie es ihnen geht und wie ihnen geholfen werden kann.

Unsere Mutter Erde liebt uns, obwohl wir sie zerstören und ausbeuten. Aber sie hält zu ihren Kindern und liebt sie trotzdem. Ich denke, daß bald eine große Veränderung kommen wird, in der sich alles bessert. Ich wünsche mir nicht viel. Ich bin für alles dankbar, ob positiv oder negativ, und wünsche mir Liebe und den Aufstieg* aller Lebewesen.

M., 16 Jahre, Österreich,

Unser aller einzige Chance ist lieben.
POSITIV denken & handeln.
Lieber gestern anfangen als morgen.
Jeder Augenblick, der guttut, ist ein Ton eines Liedes.
Ohne einzelne Töne gäbe es keine Musik.
Jeder Moment ein Ton, jeder Mensch sein Lied.

8. Wenn ich an die Indigos denke, tauche ich gleich in meine innere Realität zurück

Wie viele Jahre hat man versucht (besonders, bis ich 18/20 Jahre alt war), mich in eine »Backform zu gießen«! Ich wollte mich nicht in einen »Bilderrahmen« einpassen. Meine Mutter und meine Lehrer, die ganze Gesellschaft hätten es fast geschafft. Vor ein paar Monaten habe ich von Büchern über Indigos gehört, konnte mich aber zu diesem Zeitpunkt nicht damit beschäftigen. Ich hatte gerade meinen 1. Grad Reiki bekommen und hatte 7 Monate lang ein absolutes Durcheinander in meinem Leben gehabt. Ich hatte eine Pause verdient. Dann, im Mai, war der Drang, etwas darüber zu lesen, aber so stark, daß ich mich auf die Suche machte. Ich rief am selben Tag alle Buchhandlungen in Karlsruhe und Umgebung an und war kurz davor, zu verzweifeln, als mir ein esoterisches Geschäft (da könnte ich eigentlich Stunden verbringen!) in Baden-Baden einfiel, in dem ich fündig wurde! Ich kaufte also »Das Indigo Phänomen« und »Die Indigo Kinder erzählen«.

Es war am 7. Juni, einem Freitag, und an diesem Wochenende wurde ich neu geboren.

Ihr Buch habe ich sehnsüchtig innerhalb von 24 Stunden gelesen. Ich lachte viel, weinte auch (sehr), war dankbar, daß ich mich irgendwo einordnen konnte, und verstand eine Menge über diese schwierigen Jahre. Es war eine echte Erleichterung. Die erste Reaktion meiner Mutter war Ablehnung, was ich nicht richtig begreifen konnte, da sie ebenfalls das Buch »Die Indigo Kinder erzählen« gelesen hat. Mittlerweile geht sie besser damit um, aber wir hatten noch nicht die Möglichkeit, uns darüber auszutauschen. Nächste Woche kommt sie mich besuchen, und es wird dann hoffentlich möglich sein! Wie auch immer, ich hoffe, daß es uns weiterhilft! Dafür danke! Auf einmal hatte ich das Gefühl, normal zu sein, nicht mehr allein zu sein und vor allem – »ich habe doch richtig empfunden«, obwohl man mich jahrelang als Außenseiterin abgestempelt hatte. Danke für alle Indigos, die schon geboren sind, und für die nächsten, die geboren werden.

Meine beste Freundin, D. (24 Jahre alt), ist ganz bestimmt auch ein Indigo-Kind, wir sind uns sehr ähnlich und brauchen nur wenig zu sagen, um uns zu verständigen. Wir haben dieselbe Einstellung, wir haben dieselben Probleme gehabt und uns auf verschiedene Art und Weise da durchgekämpft. Wir haben denselben Lebensrhythmus und vor allem dasselbe Ziel; aber darüber werde ich später sprechen. Wir haben uns letztes Jahr durch unseren damaligen Arbeitgeber gefunden und unsere Sehnsüchte durch unsere Freundschaft gestillt. Sie ist eine große Unterstützung und hat auch den Reikiweg eingeschlagen. Sie ist ein Gottesgeschenk, und jeder ist von ihr fasziniert.

Als Kind fing es damit an, daß ich mit Gleichaltrigen überhaupt nicht klarkam und pro Jahrgang nur eine einzige Mitschülerin auf meiner Seite hatte. Es war einfach schlimm. Ich hatte das Gefühl, eine Außerirdische zu sein. Alle Manifestation der Feindseligkeit kam auf mich zu, und ich wußte nicht, warum – ich dachte bis vor kurzem, es sei vielleicht wegen der Trennung meiner Eltern – was damals nicht so gern gesehen war. Ich wurde nicht verstanden, und ich kam mit diesen Menschen nicht klar.

Meine ganze Schulzeit mußte ich mir anhören: »N. ist verträumt« (was konnte ich dafür, ich habe mich zu Tode gelangweilt und mich von der »Realität« abgeseilt), »verspielt, langsam« (ich hatte so meinen Rhythmus, und es war für mich o.k.), »hat keine Disziplin und keine Ausdauer, ist unkonzentriert« usw. Es war einfach furchtbar! Ich hatte meinen eigenen Rhythmus und mein Leben, und man redete mir ein, es sei nicht normal!

Es war ab meinem 15. Geburtstag sehr schwer. Meine innere Basis verstärkte sich, und ich war immer mehr »respektlos« gegenüber jeder Autoritätsperson (sei es meine Mutter oder das Schulsystem); die Gesellschaft und ihre Dysfunktionen machten mich regelrecht wütend (in was für einer Welt lebe ich denn? Und was habe ich überhaupt hier verloren?). Wie hätte ich es verstehen können? Man hat mich ständig aus der Balance gebracht. Ich wußte nicht, warum ich nicht *ich* sein durfte.

Zum Glück hatte ich ab meinem 6. Lebensjahr großes Interesse an esoterischen Themen: Astrologie, Reinkarnation, Leben nach dem Tod, Radiästhesie*. Meine Lieblingsbeschäftigung war es, Bücher über solche Themen zu verschlingen. Jede Art von Philosophie war einfach eine Möglichkeit, mein Leben erträglicher zu machen.

Die Konflikte mit meiner Mutter nahmen größere Dimensionen an. Ich fühlte mich in allem, was ich machen wollte, beschränkt. Meine Mutter warf mir vor, ich sei nicht normal und sie würde meine Einstellung nicht verstehen. Ich wollte mich nicht einpassen, und dementsprechend hat sie versucht, mich zu bestrafen, was nur größere Wut bei mir auslöste. Tagtägliche Nervenzusammenbrüche waren bei mir programmiert.

Mir kam es so vor: Wenn ich nicht kämpfe, dann werde ich mich verlieren. Der Druck war nicht mehr zu ertragen. Ich litt so unter diesen Lebensbedingungen, daß ich mehrmals von zu Hause flüchten wollte, und, schlimmer, ich dachte über den Tod nach. Eines Tages habe ich begriffen, daß es mich nicht weiterbringen würde. Ich würde es genauso noch mal erleben, wenn ich mich diesem Lebensabschnitt nicht stellen würde.

Egal welche Bestrafung ich bekam, ich wurde nur noch wütender und aufgebrachter. Meine Mutter hat auch sehr unter diesen Konflikten gelitten, weil sie mich nicht einordnen konnte: Ich habe jede Regel gesprengt, die sie selbst in ihrer Kindheit gelernt hatte. Für mich kam es nicht in Frage, dieselbe steife Erziehung zu bekommen; es war nicht zu ertragen.

Ich liebe sie über alles, sie ist meine einzige irdische Familie, aber mir ist meine Lichtfamilie viel wichtiger, seien es meine Freunde oder die Menschen, die ich treffe, die sich auf diesem Weg befinden. Mir war einfach sehr früh klar, daß ich es besser wußte als sie. Ich hatte die Fähigkeit, Menschen in ihre Seele zu blicken und sie in ein paar Sekunden einzuschätzen. Ich weiß, daß ich noch heute mediale Fähigkeiten habe, aber ich benutze sie nicht, sie machen mir angst, weil ich sie nicht beherrsche, und ich habe großen Respekt davor.

Eines Tages, mit 22 Jahren, schaffte ich endlich meinen Abschluß, und vor mir stand endlich die Möglichkeit, wegzugehen und mein Leben in Freiheit zu leben. So zog ich 3 Monaten später nach Deutschland, wo ich meinen ersten Job bekam, 370 Kilometer von zu Hause. Was für eine Befreiung, dachte ich, aber ich hatte mich selbst schon verloren und wußte nicht wo ich hingehöre. Ich fand viel Trost in den Büchern, die ich las; nach und nach fand ich dort Antworten, die mich unterstützten. Ich mußte feststellen, daß es einfacher für mich war, mich anzupassen, um meinen beruflichen Weg zu gehen, und es ging mir dabei ziemlich schlecht. Ich hatte einfach die Verbindung zu meinem inneren Kind unterdrückt und damit meine Lebensaufgabe aus den Augen verloren.

Drei Umzüge, vier Jahre Beziehung, ein paar Jobs und zwei Jahre Therapie später fing ich langsam wieder an, zu mir zu finden. Ich lebte langsam wieder für mich und nach meinen Regeln und, was für mich wichtig war, nicht nach dem, was man von mir erwartete. Es war aber nur der Anfang! Ich sollte nach Karlsruhe versetzt werden. Die 3 Monate vor meinem Umzug wurde ich unwahrscheinlich ungeduldig. Ich wußte instinktiv, daß diesmal etwas Größeres und Wichtigeres auf mich zukommen würde.

Meine Beziehung nahm nach 5 Jahren und 7 Monaten definitiv eine Ende. Ich werde ihm immer dankbar sein, er war eine große Unterstützung, obwohl wir eine chaotische Beziehung führten! Und er ist mein bester Freund in diesem Leben.

Im November 2000 kam ich durch meine Mutter zu Reiki. Ich war davon so begeistert, daß ich im Mai 2001 meinen ersten Reiki-Grad verliehen bekam. Es war an meinem 28. Geburtstag mein Geschenk an mich selbst, und mein inneres *Ich* fing an, sich Platz in meinem Leben zu schaffen. Mehrere Jahre der Unterdrückung hatten ihre Spuren hinterlassen. Meine Umwelt (meine Mutter, meine Freunde) reagierten nicht unbedingt positiv, aber ich blieb dabei ziemlich hartnäckig. Meine innere Zufriedenheit gibt mir bis heute die Kraft, diese »Realität«, die nicht meine ist, zu ertragen.

Diese intensive Entwicklung seit letztem Jahr bringt auch die Konsequenz mit sich, daß ich seit Anfang des Jahres ständig den Arbeitgeber wechseln darf. Das ist richtig anstrengend. Aber ich habe auch letztlich (glaube ich zumindest) meine Lebensaufgabe wiederentdeckt. Dieser Job als Exportassistentin frustriert mich jetzt vollkommen. Es ist aber auch nicht unbedingt meine Bestimmung, Kinder auf die Welt zu setzen und zu heiraten – was ich mir jahrelang als Lebensziel vorgestellt hatte. Anfang Oktober letzten Jahres hatten D. und ich einen Abends einen »verrückten« Traum. Wir beide hatten seit Jahren den Wunsch, anderen dabei zu helfen, ihren Weg zu finden. Ich als Psychotherapeutin für Kinder, und D. wollte sich immer mit Massage beschäftigen. Wir beide sind jetzt auf dem Weg, uns ausbilden zu lassen. Wir haben den 2. Reiki-Grad und eine Ausbildung als Lichtwegbegleiterinnen angefangen. Ein zusätzliches Diplom, vom Staat anerkannt, wird uns dann erlauben, eine Praxis zu eröffnen. Nur die Vorstellung davon ermöglicht es uns, die Zeit zu überbrücken bis zu dem Tag, an dem wir unseren Traum erfüllen können. Es ist sicher nicht einfach, aber ich habe nie Entscheidungen getroffen und Wege eingeschlagen, nur weil sie einfach waren. Außerdem hatte und habe ich das starke Bedürfnis, meine eigene Realität mit meinem Job zu kombinieren. Dieses geteilte Leben zwischen beiden Realitäten ist zu anstrengend und sehr frustrierend.

Das ist das Lebensziel zweier junger Frauen, die sich als Seelenverwandte* gefunden und ein ganzes Leben auf einander gewartet haben. So eine Freundin hatte ich mir immer gewünscht. Ich denke mittlerweile, daß ich eine Indigo-Seele bin, und ich bin froh, eine Einordnung gefunden zu haben. Es hat bestimmt seine Gründe, daß es lange dauerte, bis ich schließlich die Antworten gefunden habe, die ich jahrelang gesucht hatte. Vielleicht wird es mir erlauben, endlich die schwierige, immer noch konfliktvolle Lage zwischen meiner Mama und mir zu lösen. Es ist ein harter Kampf, aber ich habe mittlerweile nicht mehr das Bedürfnis, von ihr anerkannt zu werden; und ich bin dankbar für die Unterstützung von Gleichgesinnten, sei es die Reiki-Gruppe, mein Reiki-Lehrer oder D.

Liebe Indigos, liebe Carolina, es ist schön, Euch zu fühlen, es ist schön, zu wissen, daß man ein Teil der göttlichen Energie ist. Es wird sich noch eine Menge tun, und ich freue mich. So viel bewegt sich und so schnell!

N., 29 Jahre, Deutschland

9. Ich habe immer gedacht, ich bin allein

Hallo Carolina, ich wurde 1964 in Deutschland geboren. Bis heute wußte ich viele Dinge nicht, die mir durch deine Webseite, auf die ich durch Zufall gekommen bin, klargeworden sind. Ich bin schon immer lieber in der Natur und mit meinen Gedanken allein gewesen.

Ich habe immer gedacht, ich bin allein und somit ist es mir sehr schwergefallen, mich zu verstehen und meine Gedanken, meinen Weg zu finden. Ich dachte immer: Ich bin anders als alle anderen, und habe mich gefragt, was ich eigentlich hier auf diesem Planeten soll.

Ich konnte mich erst sehr spät mit wenigen Menschen austauschen, weil mich niemand verstanden hat. Nach einem Vorschultest haben sie gedacht, ich sei farbenblind, weil ich allen Farben den Namen Blau gegeben habe. Allerdings konnte ich sehr wohl die Farben auseinanderhalten, die Farbe Blau war aber von klein an »meine Farbe«.

Die Schule hat mich nie besonders interessiert. Es war für mich eine Zeit, die ich »absitzen« mußte. In meinem ganzen Leben habe ich nur zwei- bis dreimal Hausaufgaben gemacht, weil sie mich einfach nicht interessierten.

Ich kann mich sehr genau daran erinnern, wie ich mir in der ersten Klasse einen Einzeltisch genommen und ihn ganz hinten in der Klasse allein in die Ecke gestellt habe. Der Unterricht hat mich nie wirklich interessiert, weil ich nicht wußte, was ich damit anfangen sollte. Ich war lieber draußen. Ich habe mir das Leben in der Natur genau angesehen und mich gedanklich mit Dingen auseinandergesetzt, von denen ich nicht wußte, warum sie mich beschäftigen.

Mich haben in diesem Alter schon globale und universelle Themen beschäftigt. Als ich 7 Jahre alt war, war meine größte Leidenschaft das Angeln. Obgleich mich nicht das Fischefangen interessierte, saß ich jahrelang allein am Wasser und war im Geiste woanders. Während andere mit Gleichaltrigen spielten, tat ich mich schwer, überhaupt »Freunde« zu finden. Viel später wurde mir klar, daß meine »Angel-Sessions« reine Meditation waren.

Ich kam sehr früh mit dem Gesetz in Konflikt, weil ich ein ausgesprochenes Gerechtigkeitsempfinden hatte. Jedoch hatte es nichts mit Recht zu tun, was ich dann feststellen mußte. Ich versuchte, den Sinn des Lebens in wirtschaftlichem Erfolg zu finden, mußte jedoch feststellen, daß auch das mich nicht »erfüllte«.

So fiel ich in ein tiefes Loch, und es folgten Drogenzeiten, in denen ich alles ausprobierte, was es so gab. Ich reiste in der ganzen Welt herum und habe viel Zeit im Ausland zugebracht. Dabei kam ich auch mit dem Buddhismus in Kontakt, der meiner Glaubensrichtung am nächsten schien, ihr aber leider nicht vollständig entsprach. In dieser Zeit ging es mit mir wirtschaftlich total bergab, und ich suchte weiter den Sinn meines Lebens.

Vor ungefähr 10 Jahren habe ich angefangen, mein Leben neu zu gestalten. Es fing mit dem Buch »Die Macht des Unterbewußtseins« von Joseph Murphy an, und es folgten eine Ausbildung in Neurolinguistischer Programmierung* und viele Seminare und Bücher. Es gab Zeiten, da habe ich meinen Wissensdurst nur mit 10–12 Büchern, die ich gleichzeitig gelesen habe, befriedigen können.

Mir wurden sehr viele »Aha-Erlebnisse« beschert, und in mir wurde der Wunsch übermächtig, dieser Welt mit dem, was ich gelernt hatte, zu helfen. Ich wollte allen Menschen, die mir über den Weg liefen, auch diese Erkenntnisse vermitteln. Allerdings wurde mir sehr schnell klar, nachdem ich mich wieder mal fast völlig ausgebrannt hatte, daß nicht jeder diese Dinge auch wissen wollte.

Die nächste Frage nach dem Sinn dieses Lebens stellte sich mir. So wuchs der Wunsch in mir, eine Farm zu erschaffen, auf der im Einklang mit der Natur gelebt werden kann und auf der alle Menschen willkommen sein sollten, die so leben wollten.

Dieses Vorhaben mußte natürlich irgendwie finanziert werden. Also habe ich die Ärmel hochgekrempelt und gearbeitet, 14–16 Stunden pro Tag, 7 Tage die Woche, um zum Schluß mit meiner Firma pleite zu gehen. Da ich mich schon immer von der Sonne und dem Meer angezogen fühlte, habe ich mich dahin zurückgezogen. Seit etwas über 1 Jahr habe ich eine Freundin mit einem 7jährigen Jungen. Ich lebe heute auf Mallorca und arbeite als 1-Mann-Unternehmen im Internet.

Nachdem ich jetzt deine Seiten gefunden habe und sie mir durchgelesen habe, ist mir so vieles klargeworden. Ich bin froh darüber, daß es Menschen wie dich gibt und ich in der letzten Zeit immer mehr solcher Menschen über den Weg laufe. Ich spüre schon seit meiner Kindheit, daß es auf diesem Planeten Zeit ist für Veränderungen.

Ich habe diese Nacht nicht richtig geschlafen, weil sich in mir der Nebel verzieht und sich Ideen manifestieren. Ich denke, ich werde mich deinen Ideen anschließen und an einem Netzwerk arbeiten, das alle diese Menschen einen wird.

S., 40 Jahre, Deutschland

10. Er sieht mich manchmal mit Augen an, die so absolut wissend sind

Ich bin Synästhetikerin, und Laurin war für mich immer leuchtend blau. Irgend jemand riß das Thema »Indigo-Kinder« an, und das Wort blieb hängen.

Er schlief schon als kleinster Säugling fast nie, und er war immer schon sehr fordernd und anstrengend und ließ sich nicht erziehen. Wir sind schon so oft beide verzweifelt zusammengebrochen – nur weil er absolut keine Hausaufgaben machen wollte. Dazu kommt der Druck von der Lehrerin, dem Vater (ich bin alleinerziehend) und darauffolgende Besuche des Jugendamtes. Es wird erwartet, daß ich mit ihm zum Psychologen gehe.

Ich weiß, er hat keine psychische Störung, es ist nun mal sein Charakter, aber ich bin nicht in der Lage, an ihn heranzukommen.

Die Lehrerin, die genau weiß, daß Laurin keine Wiederholung braucht, besteht doch hartnäckig auf Hausaufgaben. Dadurch haben wir gar keine Zeit mehr für die wirklich wichtigen Dinge, z.B. herauszufinden, was er mit sich rumschleppt, was ihn belastet, und ihn wirklich versuchen zu verstehen.

Leider gehe ich selbst zur Schule, nachmittags habe ich einen Nebenjob. Kinder und Haushalt klappen eigentlich super, aber irgendwas unterbricht dann immer den Fluß, und wir brauchen jedes Mal länger, um wieder reinzukommen und wieder von vorne anzufangen. Laurin braucht soviel Energie von mir, wir drehen uns alle nur im Kreis und kommen so nicht weiter.

Er fühlt sich oft unverstanden und leidet furchtbar darunter, daß er sich nicht erklären kann. Im Streit hat er oft diese absolute Gewißheit, im Recht zu sein, obwohl sein

Fehlverhalten für uns auf der Hand liegt. Ich komme nicht dazu, ihm irgend etwas zu erklären – er schreit so laut, daß niemand sonst etwas sagen kann. Es sind ganz verheerende Situationen, die unvorstellbar ausarten können, wenn ich an dem Tag nicht sehr gut drauf bin.

Am häufigsten sind die Hausaufgaben der Auslöser. Er will sie oft absolut nicht erledigen. Er sitzt den ganzen Tag davor und fängt nicht an. Er sagt mir nicht, warum. Er denkt, ich verstehe ihn ohnehin nicht. Er kann mir nicht erzählen, was in ihm vorgeht, und so erfindet er Geschichten, von denen er annimmt, daß ich sie als Erklärung annehme. Diese Geschichten werden sehr gut durchdacht und auf mich zugeschnitten, ein wenig zu sehr, daran merke ich es immer. Ich merke aber auch, daß ich ihm sehr weh tue, wenn ich ihm nicht glaube.

Er sieht mich manchmal mit Augen an, die so absolut wissend sind, als wäre er schon erwachsen. Er will in ganz vielen Dingen unabhängig sein und frei entscheiden dürfen, aber er braucht noch so viel Zuwendung. Das mit der Schule müssen wir zusammen irgendwie schaffen, er muß lernen, sich um seine Schulsachen und alles, was ihn angeht, selbst zu kümmern. Dazu hat er überhaupt keinen Bezug.

Was funktioniert am besten mit meinem Kind?
- daneben sitzen bei den HA (geht leider nur selten)
- Kontinuität – viel Zeit zum Reden und Zuhören
- einleuchtende, verständliche Argumente
- keine Gewalt
- zusammen wegfahren / viel Spaß haben
- Disziplin üben halte ich minimal, es hat sonst keinen Sinn

Er ist auch oft unruhig und viel in Bewegung, dann war

er möglicherweise den ganzen Tag im Haus, weil er mal wieder Streit mit seinen Freunden hatte oder es draußen kalt und naß war, hat zuviel ferngesehen und sich wenig bewegt. Wenn er viel draußen mit Freunden gespielt hat, ist er ruhiger und zufriedener.

Ich weiß, daß er ein besonderes Kind ist. Er ist sehr sensibel und intelligent. In ihm steckt aber noch vielmehr. Ich liebe ihn, auch wenn ich manchmal von ihm aufgefressen werde. Auf der anderen Seite kann er ein so liebevolles, zärtliches Wesen sein – er gibt mir sehr viel zurück, wenn wir im Einklang sind. Er hört mir dann auch gerne zu, und ich kann ihm vieles erklären, denn er stellt interessiert Fragen. Darüber freue ich mich sehr, und ich hoffe, daß ihn das für den nächsten Papa-Besuch stärkt, damit er danach nicht in ein tiefes Loch fällt.

Ich hoffe, daß er seinesgleichen findet. Er muß sich im Gegenüber wiederfinden, damit er sich erkennen und seine Fähigkeiten entdecken und entwickeln kann.

Eine Schule, in der man sich die Mühe macht, diese Kinder zu erkennen und sie in ihren speziellen Fähigkeiten zu fördern, damit sie nicht nur reproduzieren müssen, wäre wichtig. Diese Kinder folgen der Herde nicht, ohne zu wissen, warum. Es gibt für sie keine Autoritäten. Sie können nicht anders, als ihrem Herzen zu folgen und in Wahrheit zu leben. Sie begreifen schnell, daß für sie andere Werte gelten als für die Herde, die glaubt, daß Geld alles und daß man ohne es nichts wert sei. Wie viele Kinder in seinem Alter genau das glauben, ist ihm schon bewußt. So hat er schon erkannt, daß er anders ist; er wird danach streben, seine Seelenverwandten zu finden, um Freundschaft zu erfahren und andere Werte zu manifestieren.

K., Sohn 9 Jahre, Deutschland

11. In und out der Therapie

Ich habe eine große Familie, fühlte mich aber immer verloren und allein. Die Kindheit war ziemlich cool. Niemand paßte auf mich auf. Niemand kümmerte sich wirklich darum, was ich den ganzen Tag gemacht habe. Meine Mutter trank viel Alkohol. Wir hatten ein Hausmädchen aus Thailand. Sie mußte auf meine Schwester und mich aufpassen. Ich bin mit meinen Eltern niemals gut ausgekommen. Ich spuckte ihnen direkt ins Gesicht und schlug sie mit Holzstöcken und meiner Faust. Ich war irgendwie hyperaktiv und aggressiv.

Alles hat mich gereizt, und ich war wirklich »pissed off« (enttäuscht und wütend) über das, was die Menschheit sich selber und der Welt angetan hat. Ich ging mit zwölf auf die Highschool. Dort wurde mir klar, daß ich erwachsen wurde, und meine Freunde waren meistens älter als ich.

Ich ging aus und hing herum. Ich ging viel auf Partys und begann Shit* zu rauchen; das 7. Schuljahr schaffte ich nicht. Deshalb mußte ich eine andere Schulform besuchen, genannt Secondary Modern School. Ich war »pissed off«, daß mein Vater mich in diese beknackte Schule steckte. Ich wollte dort nicht hingehen, aber der Besuch einer anderen Schule war mir nicht erlaubt. Meine Schwester besuchte ein Internat. Der Grund dafür, daß ich nicht ins Internat sollte, war der, daß ich kein Asthma wie meine Schwester hatte. Das war das erste Mal, daß ich mich von meinem Vater wirklich verletzt fühlte.

Im Alter von 15 Jahren fragte mich mein Vater, ob ich gerne einen Schüleraustausch in die USA machen würde. Also verbrachte ich 10 Monate in New Orleans und besuchte die 11. Klasse. Meine Gastmutter war eine ziemlich fette schwarze Dame, gleichzeitig eindrucksvoll und dusselig. Wir kamen nicht sonderlich gut miteinander aus. An Ostern wollte sie mit meiner Gastschwester E. – sie kommt aus Brasilien – und mir in die Kirche gehen. Ich hatte in meinen Dokumenten erklärt, daß ich nicht an Gott glaube und nicht in die Kirche gehe, aber sie hatte es nicht gelesen. Und sie war »pissed off«; sie verlangte Beweise, und ich zeigte ihr die Dokumente. Trotzdem konnte ich nicht entkommen – ich mußte mitgehen.

Danach sprachen wir gar nicht mehr miteinander. Was immer sie mit uns unternehmen wollte, erzählte sie E., und E. mußte es mir sagen. Sie stahl sogar meinen Montblanc-Kugelschreiber, den ich vor ein paar Jahren meiner Mutter gestohlen hatte.

In Amerika war ich zum ersten Mal ein Außenstehender. Das war eine meiner schmerzhaftesten Erfahrungen bis zu diesem Zeitpunkt. Ich machte auch meine erste und letzte Erfahrung mit Acid (LSD). Es war Mardi-Gras (der große Karneval in New Orleans), und wir gingen mit Freunden aus. Wir waren zehn Leute oder vielleicht mehr. Alle waren betrunken, hatten den Kopf voll mit Shit, Acid, Extasy etc.

E. und ich wollten irgendwann wieder nach Hause gehen, aber die Jungs erlaubten es nicht. 3–5 Stunden später kamen wir nach Hause. Ich fiel aufs Bett konnte aber nicht schlafen. Ich hatte eine Erkältung und fror. Aber alle dachten, ich schliefe.

Mein bester Freund sprach hinter meinem Rücken schlecht von mir. Er sagte, daß ich ein sehr häßliches Mädchen sei und er es niemals mit mir tun würde, selbst wenn er Geld dafür bekäme. Ich bin es bereits gewohnt, daß alle hinter meinem Rücken reden. Ich machte diese Erfahrung bereits im Alter von 9 Jahren. Aber das, was er sagte, verletzte mich sehr.

Am Morgen des nächsten Tages wollten wir J. besuchen. Er lebte im Dachgeschoß eines großen Gebäudes, mit einem Brunnen in der Mitte seiner Dachterrasse. Sehr schön und teuer. Wir stiegen alle in den Jeep, und ich versuchte die Heckklappe von innen zu öffnen. Als ich mein Gesicht wieder nach vorn wandte, stieß ich gegen den Ellenbogen meiner Schwester, und meine Nase begann zu bluten. Es hörte nicht auf. Nur auf dem Weg vom Auto zu J. blutete es nicht, im Apartment fing es wieder an, und ich verlor wirklich eine Menge Blut. E. bekam Panik und schrie, daß wir einen Krankenwagen bräuchten, aber niemand hörte zu, und ich schrie zurück, sie sei eine verdammt hysterische Person. Ich konnte nicht ins Krankenhaus gehen, denn wenn sie herausgefunden hätten, daß ich Acid genommen hatte, hätte ich nach Deutschland zurückgehen müssen. Als ich ein Kind war, hatte ich oft Nasenbluten, und ich wußte, daß alles in Ordnung kommen wird.

Mein bester Freund kam zu uns herüber und sagte, ich solle aufhören zu simulieren, und fünf Minuten später hörte es auf zu bluten. Das war das letzte Mal, daß E. und ich mit diesen Leuten herumhingen.

Mein Vater kam mich in den Staaten besuchen. Eigentlich wollte er mich abholen und zusammen mit mir nach Europa zurückkehren. Die Schule war bereits vorbei, und wir reisten zusammen in einem weißen Buick herum. Fünf Minuten nachdem wir uns getroffen hatten, fing ein Streit an.

Er muß alles kontrollieren, und er hilft mir niemals, die Welt zu verstehen. Er tat alles für uns. Wir brauchten gar nichts zu tun. Wir hatten Leute, die für uns arbeiten. Wir brauchen nicht zu kochen und nicht abzuwaschen. Bis zum Alter von 15 Jahren kümmerte ich mich lediglich um unsere Pferde. Später machte das jemand anders, und es änderte sich niemals wieder. Ich verlor das Interesse daran, etwas zu tun – alles war irgendwie sinnlos für mich. Ich rauchte Shit und hing herum, ließ Schulstunden sausen und rauchte vom Beginn des Tages bis in die Nacht. Mit 18 besuchte mich mein bester Freund B. zu Hause, und wir saßen auf meinem Bett. Vor uns standen drei verschiedene Haschischpfeifen. Wir wollten herausfinden, welche am besten schmeckt. Ich vergaß, die Tür abzuschließen, und plötzlich stand die beste Freundin meines Vaters vor uns. Sie ist Exalkoholikerin und zerstörte viel von ihrem Gehirn. Seit 17 Jahren trinkt sie nichts mehr. *Respekt!*

Sie war geschockt, sagte aber, daß sie es schon gewußt habe. Dann ging es nur noch bla bla bla. Als sie später zu sprechen aufhörte, sagte sie, daß sie es meinem Vater nicht erzählen werde – aber nur einen Tag später brüllte er mich an: »*Rauchst du Pott*?*« Ich sagte ja. Das war der größte Fehler, den ich jemals machte. Sei niemals ehrlich zu deinem Vater, das ist die erste Regel, der man folgen muß, wenn man in Frieden leben will. »*Therapie – oder ich werde dich aus meinem Haus werfen.*«

Das war der Beginn einer noch schrecklicheren Zeit. Ich ging in die Psychiatrie, die ich fünf Tage später selbständig verließ. Sie zwangen mich, Medizin einzunehmen. Nachdem ich zum ersten Mal eine Pille genommen hatte, biß ich auf meine Lippen, bis sie bluteten, lief herum und sagte immer wieder: »Ich hätte diese Pille nicht schlucken sollen.« Die Ärzte dachten, ich meinte die Xtasy-Pille, die ich, zwei Wochen bevor ich ins Krankenhaus kam, eingenommen hatte. Aber die sollten nicht denken, die sollten besser zuhören. Ich verlor die Kontrolle über mich und bekam Angst. Ich halluzinierte und verstand nicht, was mit mir passierte. Ich verbrachte zwei

Tage zu Hause und mußte diese Pillen nehmen. Mein Vater kontrollierte mich die ganze Zeit. In einer Nacht nahm ich zwei von den Truxal*. Ich fiel in einen komatösen Schlaf und wachte 2 ½ Stunden später wieder auf. Ich war nervös, rannte im Haus herum und versuchte niederzuschreiben, wie ich mich fühlte, aber konnte es nicht. Ich schlief im selben Zimmer wie mein Vater, weswegen er aufwachte und mir zuhörte. Ich wäre krank, sagte er. Er hat bis heute nichts verstanden. Nachdem Vater zur Arbeit gegangen war, fühlte ich mich wieder müde und war glücklich, die Möglichkeit zum Schlafen zu haben. Meine Katze begann dann aber, verrückte Geräusche zu machen, und ich hatte plötzlich ihre Stimme in meinem Kopf. »Du bist böse. Du bist das Schlimmste, was jemals auf der Erde gelebt hat. Du wirst alles tun, was ich will, und alle werden denken, du hättest es getan.«

Ich warf sie aus dem Zimmer, aber sie begann erneut, Lärm zu machen, und war nicht mehr draußen, sie war in der Badewanne. Sie saß einfach da und versuchte mich zu hypnotisieren. Ich ergriff sie und drückte sie auf den Boden. »Die höhere Macht ist hilflos. Das Licht wird mir den Weg zeigen. Nichts ist böse. Nur Licht und Liebe sind um uns herum. Nichts kontrolliert mich. Niemand fängt mich ein. Fang mich, wenn du kannst, aber ich schwöre bei mir selbst, daß du verlieren wirst, Baby!«

Ich ging ins Zimmer meiner Schwester und weckte sie auf. Sie sollte mir ihre beiden Hände geben, da ich Erdung brauchte und sie mir helfen mußte, wieder herunterzukommen. Ich hatte allein nicht die Kraft dazu. Sie stand auf und ging ins Badezimmer. Auf dem Weg sah sie zum Fenster hinaus und rief: »Ein Pferd, ein Pferd liegt im Schlamm! Es ist tot, es ist tot.«

Ich bekam Angst, daß jemand denken könnte, daß das meine Schuld gewesen sei. Ich verlor die Kontrolle und rief: »Das ist die Macht der Katze. Wir müssen die Katze töten, weil sie schlecht ist.« Daraufhin riefen sie den Arzt an, und ich kam wieder in die Psychiatrie. Dort blieb ich 3 ½ Monate lang. Zuerst gaben sie mir Heidol*. Ich lief wie ein Roboter herum. Ich konnte mich nicht normal bewegen und auch nicht richtig sprechen. Später änderten sie die Medikation und gaben mir Rispedal* und Carbamazipin*.

Ich arbeitete im Büro meines Vaters und studierte drei Jahre Unternehmensverwaltung. Drei Monate vor der Prüfung bekam ich wieder Angst, daß ich nicht bestehen könnte, und ging freiwillig in die Psychiatrie. Ich blieb zwei Wochen. Medikation: Antidepressiva. Nach fünf Tagen Einnahme wurde ich manisch, und sie gaben mir wieder Rispedal. Einige Tage später bekam ich eine Psychose. In diesem Zeitraum nahm ich keine Drogen. Ich trank auch keinen Alkohol.

Nachdem ich durch die Prüfung gefallen war, begann ich wieder mit den Drogen. Ich mußte ein halbes Jahr länger studieren. Eigentlich wollte ich auch nicht im Büro meines Vaters lernen, aber es war mir nicht erlaubt, zu tun, was ich wollte. Dann entdeckte ich in einer anderen Stadt eine Schule, die ich gerne besucht hätte – ich fand sogar eine Wohnung. Mein Vater behauptete zwar, daß ich immer machen könne, was ich wolle, aber er unterschrieb den Mietvertrag nicht. Er sagte, daß diese Stadt zu gefährlich für mich sei. Ich als Junkie würde dort vor die Hunde gehen.

Ein halbes Jahr später fiel ich durch die Prüfung und warf alles hin. Ich ging nach Spanien, aber dort fingen sie mich auch. Ich war in der Psychiatrie. Mein älterer Bruder holte mich ab. Einen Tag später steckten sie mich wieder in die Psychiatrie in Deutschland. Ich blieb geistig in Verbindung mit dem Schriftsteller Carlos Castaneda*. Ich nahm mexikanische Psilocybin-Pilze*. Ich fühlte mich in Deutschland mehr denn je zu Hause. Ich fühlte mich frei und kommunizierte mit Gott und Jesus und Buddha. Sie sagten mir, daß ich eine Reinkarnation von ihnen sei. Sie zeigten mir, wer ich schon gewesen sei, bevor mein jetziges Leben anfing. Sie zeigten mir die Illuminaten* und erklärten mir alles. Ich hatte niemals zuvor an das geglaubt. Ich vertraute Gott und den Illuminaten nicht ... nur »Humbug«... nur Leute erschrecken, die einfach zu ängstigen sind.

Nach einem Jahr Pause versuchte ich die Prüfung ein drittes und letztes Mal. Ich fiel fast durch. Im Januar habe ich die Möglichkeit, eine Zusatzprüfung zu machen, die ich bestehen könnte oder nicht.

Ich ging wieder nach Spanien und sie fingen mich wieder.
Ich hielt mich in einem Dorf auf, einem Ort für Außenstehende, Hippies und Freaks. Am zweiten Tag verlor einer der Kerle die Kontrolle und schlug mich mit einem Metallstab. Mein rechter Unterschenkel war komplett blau und mein linkes Ohr war gebrochen. Von mehr als 180 Leuten kamen mir nur ein Freund und seine Familie zu Hilfe. Fünf Tage später ging ich zur Polizeistation. Dieser blöde Beamte sprach ständig von Vergewaltigung. Alle dachten, ich sei eine Prostituierte und wäre vergewaltigt worden. Ich verlor darüber kein Wort. Er wies mich in ein Krankenhaus ein. Dort schickte man mich weiter. Angeblicher Grund: *Röntgen!* Wahrheit: *Psychiatrie!*
Ich war 22 Tage dort, kann mich aber nur an fünf Tage meines Aufenthaltes erinnern. Meine Schwester kam mich abholen. Sie versprach mir, daß ich in Deutschland nicht in die Psychiatrie gehen müsse. Ich müsse nur eine

Langzeittherapie machen! Nach einem halben Tag zu Hause in Deutschland sagten mein Vater und wirklich *jeder*, daß ich wieder in die Psychiatrie gehen müsse. Sie sagten es immer wieder, aber dieses Mal ging ich ihnen nicht auf den Leim.

Dann traf ich eine Frau, sie ist fabelhaft, beeindruckend, wunderbar, ein Engel. Sie fragte mich, ob ich jemals etwas über Indigo-Kinder gehört hätte. Ich hatte nichts davon gehört, und deshalb erzählte sie mir ein bißchen davon und sagte, sie glaube, daß ich ein Indigo sei. Sie ist die zweite Person, die mir außerhalb meines Zuhauses hilft.

Ich habe das Gefühl, daß sich gerade eben alles zum Guten wendet. Mutter Erde ist für uns da, und ich brauche nicht weiter zu fallen! Nicht mehr. Ich bin nicht schizo-affektiv-psychotisch, manisch-depressiv, borderline, hypomanische Episode, depressive Neurose, drogenabhängig, wie schulmedizinische Doktoren mir sagten und immer wieder diagnostizierten.

Meine Nichte ist die einzige in unserer Familie, die diese Fähigkeit auch hat. Ich beginne wieder, mich selber zu verstehen. Ohne meine Familie, aber das muß so sein, denke ich.

J., 23 Jahre, Deutschland

Wir Menschen sind krank. Wir haben ewig Streß.
Warum lassen wir uns das gefallen?
Warum wehrt sich niemand dagegen?
Wir lassen uns kaputtmachen von unseren Mitmenschen,
die auch schon alle kaputt sind.
Wir zerstören uns gegenseitig.
Das alles müßte nicht so sein.
Wenn wir alle das Leben ein wenig lockerer nähmen,
gäbe es nicht soviel Unglück auf dieser Erde.
Denn ein Mensch, der andere vergewaltigt,
kaputtmacht oder tötet,
macht das als Abreaktion seiner Aggression.
Und von wo kommt diese verdammte Aggression,
von wo kommt die Wut, die uns zum Zerstören bringt,
von wo kommt die riesige Angst?
Das alles überträgt jeder Mensch auf die anderen.
Wie ein Virus – wie eine Krankheit.

12. Wie wird man zum Außenseiter?

Nach der zweiten Klasse zogen wir um. Von den neuen
Klassenkameraden wurde ich auf jede mögliche Art geärgert und ungerecht behandelt. Von verschiedenen Leuten
erhielt ich immer dieselben wenigen Ratschläge, die ich
im Laufe der Jahre alle mehrfach ausprobierte.

»Zeige nicht, daß du dich ärgerst!« rieten sie mir. Also
verzog ich keine Miene, als meine Klassenkameraden
mich beim Spitznamen riefen. Da bewarfen sie mich mit
Kreide. Weil ich nicht reagierte, zupften sie an mir herum. Dann traten oder schlugen sie. Verlor der eine die
Lust, fing der nächste an. Bis ich aus Erschöpfung und

Verzweiflung in Tränen ausbrach oder mich entgegen meinem Vorsatz wehrte, so, daß sie drei Meter Sicherheitsabstand zu mir halten mußten.

»Schlag sofort so fest zurück, daß die anderen nicht wagen, dir etwas zu tun!« war ein Rat. Dabei wollte ich natürlich niemanden ernsthaft verletzen. Wenn ich hart zuschlug, schlugen die anderen genauso fest zurück. Achtete ich jedoch darauf, nicht fester zu schlagen als sie, bestanden körperliche Angriffe bald nur aus Knüffen, die jeder für sich nicht geschadet hätten.

»Geh zum Lehrer, der hilft dir!« Wenn ich mich an Lehrer wandte, weil ich im Unterricht von allen Seiten geärgert, mit Papierkügelchen oder Kreide beworfen oder mir meine Sachen geklaut wurden, unterstützte mich niemand, weil das als Petzen galt. Dann begriff der Lehrer nicht, daß ich als Außenseiterin allein dastand, obwohl ich im Recht war und dringend Hilfe gebraucht hätte. Wehrte ich mich, gab es immer drei, vier Leute, die petzten. Ich sagte jedes Mal, daß mich die anderen vorher geärgert hatten. Kein Lehrer glaubte mir.

»Paß dich an!« Ich hätte alles getan, was mit meinem Gewissen zu vereinbaren war, um anerkannt zu werden. Ich habe sogar versucht, nur zu denken, was ich für normal hielt. Doch genutzt hat das nichts. Tag für Tag pausenlos von allen Seiten geneckt zu werden kostet auf Dauer mehr Kraft, als man erübrigen kann. In der Schulzeit merkte ich, wie ich nach und nach meine Reserven verbrauchte. Und ich glaubte, daß das auch als Erwachsene bei der Arbeit so bleiben würde, weil ich anormal sei. Irgendwann wäre ich daran zerbrochen. Welch ein Glück, daß ich mich geirrt habe!

Einmal wollte ein Lehrer mir helfen. Er fragte die anderen, warum sie mich ärgerten. Sie antworteten, daß ich blöd und seltsam sei und daß Ärgern Spaß mache. Seit wann gibt das einem das Recht, andere zugrunde zu richten? Auf meine Bitte hin nannten sie ein Beispiel. Da ich mein Verhalten angemessen fand, fragte ich, was ich falsch gemacht hätte. »Aber das weißt du doch!« behauptete eine Mitschülerin. – »Nein, das weiß ich nicht!« widersprach ich. So ging es hin und her. Dann behaupteten Klasse und Lehrer, ich sei schuld, daß sie mich ärgerten, und gaben mir die üblichen Ratschläge. Der Lehrer meinte, ich müsse dankbar sein.

Die Forderung, alle Leute sollen »normal« sein, ist unmoralisch, weil nicht jeder eine normale Mischung an Begabungen, Vorerfahrungen und Erziehung hat. Man darf von niemandem erwarten, daß er Fähigkeiten benutzt, die er nicht hat, seine tiefsten Überzeugungen verrät oder seine grundlegenden Bedürfnisse mißachtet.

Kaum ein Mensch sagt, was ihn stört. Andeutungen müssen viele Menschen übersetzt bekommen, um sie verstehen zu können! Außenseiter haben zu wenige Möglichkeiten, das unter Gleichaltrigen übliche Verhalten zu lernen. Auch bevor er geärgert wurde, hob etwas den Außenseiter heraus: Er war der Neue, der Beste, Schlechteste in der Schule oder verhielt sich ungewöhnlich. Er kann wegen Hautfarbe, Haarfarbe, Kleidung, einer Brille oder der Religion geärgert werden. Doch ist das nur ein Risikofaktor für die Betroffenen, nicht die Ursache. Die Klasse braucht einen Sündenbock, auf den sie ihre schlechte Laune abladen kann. Die wirklichen Schuldigen können die Schüler nicht zur Rechenschaft ziehen: Schulbehörden, Eltern oder Lehrer.

Ich hatte mehr als eine ungewöhnliche Eigenart, die anderen Anlaß gab, mich auszugrenzen. Hier will ich beschreiben was es mir schwermachte, andere zu verstehen. Als Vierjährige ging ich mit meiner Mutter über einen Parkplatz. Ein älterer Junge warf Steine nach mir. Wie einen schmutziggrauen Nebel sah ich seine böse Absicht auf mich zufließen. Kurz vor mir drehte sie ab und floß zu ihm zurück. Ich fragte meine Mutter, die das natürlich nicht sah, fassungslos: »Warum tut der das?« Sie antwortete: »Weil es Spaß macht.« Mich verwirrte das. Wie kann es Spaß machen, sich selber mit ekligem grauem Nebel zu beschmutzen? Ich kann diesen Nebel nicht mehr sehen, doch heute noch kann ich die Gefühle anderer spüren. Dennoch schätzte ich ihre Reaktionen oft falsch ein, da ich Tatsachen mit einbezog, die nur für mich offensichtlich waren. Es war unvorhersehbar für mich, wann die anderen das nächste Mal wieder etwas deutlich zu Sehendes als Einbildung bezeichnen würden.

Bei Konflikten wußte ich ungefähr, wieviel Ärger ich mir eingehandelt hätte, falls ich mich darauf eingelassen hätte. War das Streitobjekt dem anderen wesentlich wichtiger als mir, dann lohnte der Versuch nicht, da ich mich sowieso nicht durchgesetzt hätte. Ich wunderte mich, warum andere in solchen Fällen dennoch Streit anfingen. Wer Trost braucht, kann keine fremden Probleme verkraften, da er zu viele eigene Sorgen hat. Ein Telepath spürt Probleme anderer, auch wenn sie diese nicht äußern. Mitgefühl, wie ich es brauche, bedeutet einfach nur dasein, aufmerksam sein, sich nicht in negative Gefühle hineinsteigern. Das können wenige. Ein telepathisch Begabter wird in seinem Bedürfnis nach Trost wieder und wieder enttäuscht.

Wenn ich versuchte, anderen zu erklären, was ich sah, verstanden sie meine Worte ebensowenig, als hätte ich chinesisch geredet. Sie lebten in einer einfacheren Welt. Was ich spürte, existierte für sie nicht. Es war zum Verzweifeln: Nie war normal, was ich tat. Oft meinten die anderen, ich wäre meinem Alter voraus. Ich kann meine

Gefühle beherrschen, mich auf Befehl freuen, mich vollkommen entspannen oder auch wütend werden. Wenn ich nach reiflicher Überlegung entschieden hatte, wütend zu werden, nannten sie es Unbeherrschtheit. Sie fanden mich interessant, niedlich, verrückt, dumm oder intelligent. Ich lernte, wenig von mir zu verraten, um nicht pausenlos im Brennpunkt der allgemeinen Aufmerksamkeit zu stehen. Auch mir erschienen die anderen verrückt, unbeherrscht, kindisch, blind. Doch ich habe den anderen immer erlaubt, anders zu sein. Ich habe sie weder geärgert noch verspottet, weil ich mir wünschte, sie würden mich endlich einmal verstehen. Je mehr ich von außen unter Druck gesetzt wurde, desto ruhiger, ausgeglichener, überlegter reagierte ich. Ich zeigte weder Freude noch Ärger oder Trauer. Ich hörte nach und nach auf, spontan zu reagieren, um anderen keine Angriffspunkte zu bieten. Bis ich mich fast selbst verloren hatte.

Da nur wenige Menschen merkliche telepathische Gaben haben, sind Verhaltensnormen auf Nichttelepathen eingerichtet und mißachten Bedürfnisse begabter Menschen. Um sich nicht ins Abseits zu stellen, sind telepathisch Begabte gezwungen, diese Normen dennoch weitgehend zu beachten. Taube lernen nicht, Laute richtig auszusprechen und die passende Lautstärke zu wählen. Ebenso unkontrolliert strahlen Menschen, die keine telepathischen Gaben haben, Gefühle ab. Doch während das Sprechen Tauber formal falsch ist, nervt mich bei Menschen ohne telepathische Gaben der Inhalt ihrer unbewußten Botschaften. Wenn ich ausgeruht bin, perlen die Probleme anderer an mir ab.

In meiner Lehrzeit war ich täglich zwölf Stunden unterwegs und kam jeden Abend todmüde vom Bus nach Hause. Auf diesem letzten Stück begegnete ich oft einer

Nachbarin. Ich weiß nicht, warum sie mich jedes Mal, wenn sie mich sah, mit einem derartigen Schwall schlechter Laune überschüttete, daß ich sie nur noch fassungslos anstarren konnte. Es fühlte sich fast so an, als hätte sie mir vollkommen unerwartet einen Eimer kaltes Wasser über den Kopf geschüttet. Es gelang mir nicht, meine Beherrschung rechtzeitig wiederzuerlangen, um sie freundlich zu grüßen. Wenn ich geschimpft hätte: »Laß mich mit deinen schmutzigen Gefühlen in Ruhe«, hätte mich niemand verstanden. Ich schlich mich deshalb geradezu an ihr vorbei. Dafür habe ich Vorwürfe zu hören bekommen. Normalerweise gehe ich Menschen, von denen ich mich selbst abschirmen müßte oder die ihre Gefühle abschirmen, aus dem Weg. Mit beiden kann ich nicht »in Kontakt kommen«. Zu einem Gespräch gehören für mich auch die Gefühle des anderen. So wie der Klang einer Flöte sich von dem einer Gitarre unterscheidet, so hat auch die Gefühlswelt jedes Menschen ihre typische Färbung, an der ich ihn erkennen kann. Sie ist oft schön. So wie nicht alle Töne zueinanderpassen können, so harmoniert auch nicht jedes Gefühl mit jedem anderen Gefühl. Eine solche Disharmonie empfinde ich als unangenehm. Deshalb ändere ich meine Gefühle so, daß sie zu denen der Menschen passen, mit denen ich gerade umgehe. Das ist, als würde ich versuchen, zu einem mir unbekannten Musikstück aus dem Stegreif eine passende Begleitung zu improvisieren: eine Arbeit, die volle Aufmerksamkeit erfordert und einen schnell erschöpft. In einer Disco oder auf einem Volksfest herrscht oft eine solche Gefühlsdisharmonie, deshalb hielt ich es als Jugendliche oft nur Minuten dort aus. Ich hatte dann nur noch den Wunsch, möglichst weit weg zu einem einsamen Platz zu laufen. Ich brauche Stunden, um mein seelisches Gleichgewicht wiederherzustellen. Wenn ich mir diese Zeit nicht nehme, laufe ich Gefahr, mich von den Wünschen und Gefühlen anderer manipulieren zu lassen, statt ich selbst zu sein. Wenn viel gesungen oder getanzt wird, stellt sich eine gefühlsmäßige Harmonie ein, die mir menschliche Nähe angenehm macht.

Bilde ich mir das alles nur ein? Ich fragte mich: »Wie kommt es, daß andere ständig Offensichtliches übersehen? Sind alle anderen oder bin ich verrückt?« Damit, mich selbst für verrückt zu halten, hätte ich nicht leben können. Also erklärte ich im stillen alle anderen für verrückt. Natürlich zu Unrecht. Doch in meinem Weltbild gab es nur diese beiden Möglichkeiten. Ausgerechnet in »Fantasy«-Büchern fand ich die Erklärung: Telepathie. Das hatte Auswirkungen: Plötzlich erschien das Verhalten der anderen vernünftig, und ich konnte sie verstehen, statt sie nur zu erspüren. Ich erkannte, daß ihr Handeln auf denselben Bedürfnissen basierte wie meines und daß ich trotz aller Unterschiede auch nur ein Mensch bin. Umgekehrt fand ich dadurch die passenden Worte, um anderen erklären zu können, warum ich oft ungewöhnlich reagiere. Was wir für Realität halten, ist nie die Realität selbst, sondern ein gedankliches Modell davon. Aber daß sich die Idee mit der Telepathie so gut anwenden läßt, zeigt, daß sie mein Weltbild viel realistischer macht, als es zuvor war.

Was weißt du über deine Lebensaufgabe? Warum bist du auf der Erde? Ich zähle zu den gefallenen Engeln, also zu denjenigen, die diese Welt erst dadurch erschaffen haben, daß sie den Trick erfunden haben, mit der ein allwissendes allmächtiges Wesen, wie wir alle das eigentlich sind, fähig ist, sich der Illusion hinzugeben, es wüßte irgend etwas nicht oder es wäre einer Situation machtlos ausgeliefert. (Zirkusweltgeschichte). Danach habe ich sehr ausführlich erlebt, was dieses Verfahren für eine Wirkung hat – das heißt, ich habe etwa 10.000 Leben gelebt, in denen ich alles erfahren habe von der Macht eines Königs bis zum machtlosen Sklaven, wie es ist, nicht einmal frei denken zu können, einfach alles, was auf dieser Welt erlebbar ist. Was wünschst du dir? Ich möchte Indigo-Kinder unterrichten.

K., 34 Jahre, Deutschland

13. Ich fühle mich einsam

Mir hat neulich jemand gesagt, daß ich ein Indigo-Kind sein könnte. Aber ich bin mir dessen nicht sicher. Es gibt Argumente dafür, aber auch dagegen. Ich habe jedenfalls ein sehr großes Problem. Am besten fange ich einfach mal von vorne an.

Ich war schon als kleines Kind sehr dick und war immer ein Außenseiter. Ich wurde nie akzeptiert und eigentlich nur gehänselt. Das führte dazu, daß ich schon in der zweiten Klasse Selbstmordgedanken hatte. Ich war auch allgemein sehr frühreif. Ich habe mich immer lieber mit Erwachsenen als mit Gleichaltrigen unterhalten. Ich füge hier ein paar Sätze ein, welche ich auf Ihrer Homepage gefunden habe und die perfekt auf mich passen:

»Ich kann mit den wenigsten Leuten etwas anfangen und fühle mich unter großen Menschenmassen fremd und eigenartig, als ob ich von einem anderen Planeten kommen würde. Dabei will ich gar nicht anders oder besonders sein, sondern nur Gleichgesinnte finden, die so sind wie ich. Es tat mir immer sehr weh, so anders zu sein.«

»Ich war extrem frühreif, sowohl körperlich wie gei-

stig. Mit 12 oder 13 war ich schon ein halber Mann, ich
fing an, mich zu rasieren.«

»Ich verschlang alles über Philosophie, Energie, den
Sinn des Lebens und existentielle Fragen. Ich war meinen
Klassenkameraden um Jahre voraus, und das entfremdete
mich sehr von den anderen. Ich konnte mit niemandem
über meine Interessen reden.«

Irgendwelche mediale oder übersinnliche Fähigkeiten
oder Erfahrungen hatte ich aber nicht. Ich kann mich jedenfalls an nichts erinnern. Auf einem Reiki-Kennenlern-
abend war ein 8jähriges Mädchen, das den 2. Grad hatte.
Auch von so etwas kann ich nur träumen. Ich habe in
solchen Sachen null Erfahrung. Ich weiß nicht mal so
richtig, wie man meditiert. Für mich ist das nur ein Begriff. Allerdings habe ich ganz seltsame »Erinnerungen«,
und das schon mein ganzes Leben lang. Manchmal denke
ich, daß das nur Einbildung ist, aber ich glaube mich an
Dinge »erinnern« zu können, die ich gar nicht erlebt haben kann. Ich weiß nicht, ob das Erinnerungen an Vergangenes sind oder Ahnungen von Zukünftigem. Diese »Erinnerungen« sind wie Bilder, die kommen und gehen, sie
sind vergleichbar mit einem Déjà-vu*.

Déjà-vus habe ich außerdem auch ziemlich oft. Vor einiger Zeit hatte ich sie sogar drei- bis viermal am Tag. Ich
habe mir schon sehr früh eine Freundin gewünscht und
mich einsam gefühlt. Mit etwa 11 Jahren bekam ich richtige Depressionen. Wegen meines Übergewichtes und
meiner damit verbundenen Schüchternheit hatte ich bei
Mädchen nie eine Chance. Dabei war es schon immer
mein größter Wunsch, einen Menschen zu haben, den ich
lieben kann. Und spätestens seit meiner Pubertät habe
ich mich in dieser Welt richtig fremd gefühlt, als würde

ich einfach nicht hierher gehören. Ich war auch schon immer ein Träumer und ein Science-fiction-Fan.

Ich habe mir immer eine andere, bessere Welt gewünscht. Ich habe auch manchmal meine Mitmenschen mit der Idee genervt, man solle doch das Geld abschaffen. Mit etwa 13–15 habe ich mich das erste Mal mit den Themen Esoterik, Geheimpolitik/Illuminati beschäftigt, und ich interessiere mich auch heute noch dafür. Mit 18 habe ich es geschafft, 50 Kilo abzunehmen. Mein größter Wunsch hat sich aber dennoch nicht erfüllt. Ich habe immer noch keine richtige Beziehung. Ich hatte zwar zweimal ganz kurz eine Freundin, aber das hielt nicht lange. Ich habe das Gefühl, als würde mich niemand wollen. Ich habe so viel Liebe zu geben, aber ich bekomme nicht die Chance dazu. Das macht mich krank! Mir hat mal jemand gesagt: »Wenn man seine Liebe nicht weitergeben kann, dann wird sie irgendwann zu Selbsthaß.«

Dies ist bei mir wohl der Fall. Ich leide an SVV (Selbstverletzendes Verhalten) und Depressionen. Ich habe immer noch Suizidgedanken. Ich weiß nur eines, ich werde in dieser Welt niemals glücklich werden, mein Leben hat hier keinen Sinn, und ich gehöre nicht hierher. Ich werde niemals allein leben können.

M., 19 Jahre, Deutschland

14. Ich brauche intellektuelle »Stimulation«

Ich bin durch die Website auf das Thema gekommen, hatte schon vorher diesen Begriff Indigo-Kind gehört und bin sicher, ich gehöre dazu. Ich habe schon immer gewußt, daß ich anders bin als die anderen. Ich war als Kind sehr oft allein, hatte nie richtige Freunde. Darunter habe ich aber nicht gelitten, sondern ich habe mir eine eigene Welt erschaffen. Ich habe Geschichten über diese Welt geschrieben und den Figuren aus den Geschichten auch Briefe geschrieben. Sie waren für mich realer als die Wirklichkeit.

Mir fällt es schwer, in der realen Welt ohne einen Terminplaner zurechtzukommen. Ich träume mich immer noch sehr gerne »weg«.

Ich lerne Neues sehr schnell und werde krank, wenn ich längere Zeit keine intellektuelle Stimulation habe. Ich brauche Rätsel und »was zum Denken« wie die Luft zum Atmen. Ich bin auf der Suche nach meiner Lebensaufgabe. Ich weiß, daß ich vielen Menschen helfen kann, wenn ich die Kraft dazu aufbringe.

Für mich ist das Leben ein Kampf gegen das Unverständnis. Manchmal scheine ich an dieser Welt zu zerbrechen, vor allem, wenn es um das Leiden der Tiere geht (ich bin vegane Rohköstlerin). Mir erscheint es unbegreiflich, daß so viele Menschen das Leiden der Tiere nicht kennen oder ignorieren, und allein habe ich nicht die Kraft, es ihnen zu erklären und etwas zu verändern.

Ich kenne keine anderen Indigo-Kinder, hoffe jedoch, bald mal welche kennenzulernen. In meinem Alter scheint es jedoch nicht so viele zu geben.

Ich war in der Schule oft unterfordert und wurde meiner hohen Intelligenz wegen gemieden. Ich wünsche mir eine stärkere Begabtenförderung und daß man Hochbegabte mit anderen Hochbegabten zusammenbringt, damit sie erfahren, daß sie nicht allein sind und mehr aus sich machen können.

Um uns zu verstehen, sollte man viel mit uns reden. Ich

konnte nie mit meinen Eltern über meine »geheime Welt« sprechen. Es wäre schön, wenn man uns zuhören würde und dadurch vielleicht unsere Fähigkeiten zum Nutzen der Allgemeinheit und für uns selbst umwandeln könnte. So hätte man zum Beispiel meine Fähigkeit zum Fabulieren und Geschichtenerfinden weiter zum literarischen Schreiben ausbauen können.

Ich weiß manchmal vorher, was andere Leute sagen werden, und spreche den Satz zu Ende (in letzter Zeit »denke« ich ihn aber nur zu Ende, weil ich gemerkt habe, daß die Leute das nicht so toll finden).

Ich kenne meinen Engel nicht, aber ich weiß, daß es meinen »Mio« (eine Gestalt aus meinen Geschichten) irgendwo da draußen gibt. Vielleicht ist es meine Aufgabe, ihn zu finden.

Ich empfinde unsere Welt als sehr negativ. Das Leben ist für viele ein Kampf. Ich wünsche mir weniger Gewalt im Großen und im Kleinen und mehr Verständnis für die, die »anders« sind (Indigo-Kinder, Tiere, Kranke, Behinderte, Ausländer etc.) Wir haben im Gegensatz zu anderen Minderheiten keine Lobby, und man sieht es uns nicht an, daß wir anders sind. Mir ist schon klar, daß es schwierig genug ist, die Welt davon zu überzeugen, daß das Indigo-Phänomen keine esoterische Spinnerei ist, sondern tatsächlich existiert. Es war vielleicht vorher schon unter anderem Namen bekannt. Mehr Verständnis, mehr Toleranz, darauf sollten wir unsere Energie verwenden und nicht auf sinnlose Vernichtungskriege.

L., Jugendliche, Deutschland

15. Warum?

Ob mein Sohn ein Indigo ist, ist mir eigentlich egal. Ich halte nur sein Umfeld von Schule und sogenannten »Freunden« nicht aus. Ich ziehe mich immer mehr zurück (Horrortrip seit seinem 2. Geburtstag), da er nicht akzeptiert wird und immer als lästig und schlimm, ideenreich und hyperaktiv abgestempelt wird. Es ist ein sehr stressiges Familienleben, und meine Nerven liegen inzwischen blank.

Ich habe es mit allen möglichen Methoden versucht wie: verbieten, schlagen, mißachten, reden, diskutieren, in den Armen halten, nach dem »*Warum?*« fragen. Meine Liebe zu meinem Kind ist tiefer geworden und ich verzweifelter. Wir haben jetzt in der 3. Volksschulklasse einen Schulwechsel hinter uns, da die alte Lehrerin ihn in eine psychiatrische Anstalt stecken wollte, da er überhaupt *nie* folgte. Auf mich hört er manchmal; ich mache es mit Liebe und leider mittlerweile auch mit Tränen, da ich keine Nerven mehr habe. Ich würde am liebsten mit ihm auf eine Insel ziehen, auf der uns die ganze Umwelt in Ruhe läßt und wir einfach nur leben können.

Es kommt immer auf meine Tagesverfassung an, wie ich die »Schreckensmeldungen« aufnehme. Ich laufe seit 7 Jahren von einem Psychologen zum nächsten. Ich habe schreckliche Angst, daß mir mein Kind weggenommen und in ein Heim gesteckt wird. Seine Exlehrerin hat bei diversen Behörden auf mich aufmerksam gemacht, wegen angeblicher seelischer Verwahrlosung und der Unfähigkeit zur Kindererziehung.

Meine Gefühlswelt ähnelt einer Achterbahn. Ich habe Ängste, die ich vorher nie kannte, und fühle mich von allen verlassen und belächelt. Ich erlebe einen ständigen innerlichen Schmerz, den keiner versteht.

Mein Sohn verfügt über einen besonderen Gerechtigkeitssinn, er verfolgt mit permanenter Sturheit seine Ziele, kann nicht folgen und testet täglich seine Grenzen. Er ist ruhelos, erkennt keine Autorität an, hat einen hohen IQ, ist wahnsinnig sensibel und frustriert. Typisch ist sein antisoziales und rebellisches Verhalten. Teilweise ist er aggressiv, mischt sich immer ein, hat Angst, ist etwas depressiv, fühlt sich allein und will bei mir sein – denn ich verstehe ihn.

Ich fühle mich ab und zu nutzlos, denn ich soll für ihn alles ins Lot bringen, und er versteht nicht, daß auch ich Grenzen habe. Ich bin nervlich und finanziell bereits am Ende.

Die Umwelt reagiert immer aggressiv und hält mein Kind für hyperaktiv (nicht medizinisch bewiesen), abnormal und geistesgestört. Keiner versteht, daß sein IQ mit seinem Verhalten in Zusammenhang steht. Ich habe immer das Gefühl, ich bin am falschen Platz. Jetzt erst erfahre ich, daß meinem Kind mit Biofeedback* o.ä. geholfen werden kann, und ich möchte diese Behandlung nutzen.

Meine Gefühlswelt ist total verdreht, ich habe noch nie so viel Liebe in mir verspürt. Die Bindung zu meinem Kind ist mit jedem Tag stärker geworden.

Mein Kind soll glücklich werden, wenn es erwachsen ist, und seinen richtigen Platz im Leben finden. Er soll Freunde finden, die ihn akzeptieren und nicht schlecht beeinflussen. Er ist ein guter Mensch, er soll nicht ausgenutzt werden. Er soll sozial akzeptiert werden und einen Job bekommen, der ihn glücklich macht.

Ich wünsche mir eine Schule, die akzeptiert, daß jedes Kind ein eigenes Wesen ist, und es nicht aus der Gesellschaft ausschließt. Wichtig wäre eine kleinere Klassenzahl und individuelle Förderung. Die Lehrer sollten die Eltern nicht täglich mit Anrufen bombardieren und erzählen, was er schon wieder angestellt hat (reden mit Schulkollegen, laufen im Gang, sich nicht an Regeln halten), damit die Eltern nicht so fertiggemacht werden. Man soll das Kind *nicht* in Sonderschulen für geistig kranke Kinder stecken, wenn sie sehr gut lernen (meiner hat *keine* Lernschwäche, sondern Gott gibt es ihm im Schlaf).

Diese Kinder sind sehr fürsorglich, anschmiegsam und sensibel. Sie schenken auch sehr stark Liebe zurück und lassen einen nicht in seinem Kummer allein. Sie können trösten.

M., Sohn 9 Jahre, Österreich

Tag der Tränen – sie fallen vom Himmel in meine Seele, von meinen Augen auf die Erde.

16. Ich lerne, mein Schicksal anzunehmen

Seit gestern weiß ich, daß ich ein Indigo bin. Ich bin bereits 24 Jahre alt. Ich habe das Buch »Das Indigo-Phänomen« entdeckt und mich endlich vollständig in meinen Ahnungen bestätigt gefühlt.

Ich wurde von meinen Eltern als sehr widerspenstig, willensstark und deshalb anstrengend beschrieben. Bis ich etwa 12 Jahre alt war, hatte ich ein ausgeprägtes Verantwortungsgefühl und sorgte mich um andere Kinder. Ich half, wo ich konnte, oft schon allein durch mein aufrichtiges Mitgefühl. Ich hatte Freunde, aber ich empfand diese nicht als mir ebenbürtig. Ich entwickelte ein großes Feingefühl für Pflanzen und sprach mit Bäumen. Ich unterhielt mich oft lieber mit Erwachsenen, oftmals um ihre Intelligenz zu prüfen. Eine meiner Mitschülerinnen sagte einmal zu mir: »Mit dir kann man keinen Spaß haben, du bist zu vernünftig.«

Ich habe eine große Sprachgewandtheit, schreibe viel und gern. In meiner Teenagerzeit durfte ich ab und zu in unserer Kirche (römisch-katholisch) die Predigt halten, aber mittlerweile bin ich ausgetreten: ich will frei von jeder Religion oder Glaubensvorstellung Gott direkt begegnen.

Es ist für mich furchtbar, erschreckend, aufregend und zufriedenstellend, ein Kind der Neuen Zeit zu sein.

Die Dummheit und eingeschränkte Sicht vieler Menschen ist oft nur schwer zu ertragen. Ich freue mich aber auch, wieviel mehr Menschen sich seit neuem bereits öffnen können.

Ich selbst fühle mich oft wie Jesus auf dem Ölberg. Am liebsten wäre mir manchmal, ich wüßte von alldem nichts und es würde unerkannt an mir vorüberziehen.

Aber das ist nicht möglich, und so lerne ich, mein Schicksal anzunehmen.

Meistens habe ich Probleme, meinen Alltag zu bewältigen. Ich kann mit dem Konzept von Zeit oder Geld nichts anfangen. Ich stehe morgens nicht gerne auf, weil ich mich dem Druck des Menschseins nicht gewachsen fühle. Ich erinnere mich an das Zuhause, von dem ich gekommen bin, und vermisse es sehr.

Ich habe allerdings festgestellt, daß es am besten ist, seinen vom Leben (bzw. All-Das-Was-Ist alias Gott alias Tao) zugedachten Weg zu gehen. Ich fühle ganz tief, was richtig und was falsch ist. Je mehr richtige Sachen ich tue, um so leichter geht alles.

Seither treffe ich auch auf immer mehr Menschen, die mir aktiv weiterhelfen können. An dieser Stelle vielen Dank an meinen Tai-Chi*-Lehrer, meine Tai-Chi-Kollegen und meine Shiatsu-Praktikerin. Das Schwierigste ist, zu lernen, wie ich all das Wissen (meine Fähigkeiten) in Einklang mit dem Alltagsmensch-Sein bringe. Es lenkt mich oft sehr ab, ist aber notwendig, um den Weg zu kennen.

Ich wußte schon immer, daß ich geboren wurde, um zu lieben, und daß ich hier bin, um eine Aufgabe zu erfüllen. Diese wird mir aber erst später mitgeteilt werden.

In der Volksschule hatte ich keine Probleme, danach aber immer mehr, weil ich nicht in die Gesellschaft und ihre Normen paßte. Ich entwickelte dauernd irgendwelche Krankheiten, war oft zu müde und geschwächt, um zur Schule gehen zu können. Irgendwann hörte ich auf zu lernen, weil mir die Wissensvermittlung zu trocken war und ich nicht dachte, das alles jemals zu brauchen. Ich war oft Klassensprecher und vermittelte bei Lehrer-Schüler-Problemen. Allerdings hatte ich großes Interesse an

Zahlen (ich sage bewußt nicht Mathematik), Literatur und naturwissenschaftlichen Fächern. Ich begann zu schreiben und habe einen Schreibwettbewerb gewonnen.

Ich habe mich in der Schule trotzdem sehr wohl gefühlt, weil wir eine sehr gute Klassengemeinschaft hatten. Ich begegnete guten und schlechten Lehrern und sehe das Hauptproblem eigentlich in der Verschiedenartigkeit der Schüler. Nur weil man gleich alt ist, heißt das nicht, daß man dieselbe Lernebene teilt.

Den Sportunterricht habe ich immer gehaßt. Sportlehrer sind meistens sehr frustrierte Menschen.

Auf die Frage, wie andere mich am besten unterstützen können, habe ich leider keine konkrete Antwort. Wichtig wäre mir das Gefühl, auch im Anderssein akzeptiert und unterstützt zu werden. Daß einem zugehört wird, wenn man etwas zu sagen hat, und die Möglichkeit besteht, andere Sichtweisen zumindest zu diskutieren, anstatt sie von vornherein zu verwerfen.

Ich habe ein gutes Gespür für Menschen, weiß, wann ich was sagen muß, um zu helfen. Ich sehe jemand an und weiß, woran seine Seele leidet. Ich habe sagenhafte Träume: fremde Welten, andere Gesetze. Von da bekomme ich oft Besuch. Mir wird ein bestimmter Satz oder ein Wort eingeprägt, das ich mir merken soll, bis ich aufwache. Manchmal tröstet mich eine Traumgestalt und hilft mir, mich selbst anzunehmen. Manchmal wird mir im Traum die Zukunft vorausgesagt.

Ich habe Kontakt zu vielen Wesen, nicht alle sind von angenehmer Herkunft. Die für mich wichtigsten sind ein großer geflügelter Elf, ein Lebensgefährte aus einer anderen Welt und ein indischer Lehrer. Manchmal, wenn ich einschlafe, höre ich sie flüstern. Sie diskutieren untereinander, wie sie mir am besten helfen können, meinen Körper zu transformieren.

Was mit der Welt passiert? Ehrlich gesagt, habe ich keine Hoffnung für die Welt. Nicht alle Menschen wollen sich weiterentwickeln. Nicht alle sind fähig, das Edle in sich zu kultivieren. Diejenigen, die bereit sind, werden sich auf einer neuen Bewußtseinsebene treffen. Das Menschsein ist nur eine Form der Erfahrung. Wenn man weit genug voranschreitet, wird der Körper nicht mehr benötigt, und der Kreis der Wiedergeburt ist beendet.

B., 24 Jahre

17. Durch den Willen setzt sich der Geist in Bewegung

Mit der Zeit hatte ich immer mehr das Gefühl, anders zu sein als meine Mitschüler. Ich kann mich sogar an Situationen erinnern, die lange vor meiner Kindergartenzeit lagen, und je älter ich werde, desto mehr solcher Dinge fallen mir ein. Diese Webseite hier gab mir wichtige Anhaltspunkte, und wenn ich nichts über dieses Thema erfahren hätte, würde ich mich selbst als »verrückt« einstufen.

Ich weiß nicht, ob ich ein Indigo-Kind bin, aber ich glaube, diese Frage ist relativ uninteressant, da es Menschen wie uns schon immer gab und auch immer geben wird. Der Begriff »Indigo-Kind« ist nur ein weiterer Versuch der breiten, gehirngewaschenen Masse, etwas zu erklären, was sie nicht versteht.

Menschen wie uns kommt man entweder mit grenzenloser Liebe oder mit tiefer Verachtung entgegen, aber wir kümmern uns nicht um solche lächerlichen Belange.

Gefühle sind dazu da, Menschen zu kontrollieren. Die reine selbstlose Liebe ist etwas anderes, sie wird nicht gefühlt, sondern getan.

Ich habe mich in meiner Kindheit durch nichts aus der Ruhe bringen lassen und konnte auf den ersten Blick sofort erkennen, ob mir ein Mensch gut oder böse gesinnt war. Trotz allem, was ich in einem Menschen sah, suchte ich den Kontakt zu ihm und versuchte gut mit ihm auszukommen, da ich schon damals der Meinung war, daß wir alle doch nur Menschen sind und niemand das Recht hat, jemanden zu verletzen – sei es verbal oder körperlich. Außerdem hatte ich manchmal Träume, die sich später als Alltagssituation bestätigten, ich nenne es hier einmal Visionen.

Es ist sehr schwer, ein »Kind der Neuen Zeit« zu sein, aber ich habe das Gefühl, das Richtige zu tun. Deshalb versuche ich, mich von keinem Menschen der Welt beeinflussen zu lassen, was aber leider nicht immer funktioniert.

Obwohl ich nicht weiß, warum ich manche Dinge mache, wie ich sie mache, weiß ich, daß es so richtig ist. Ich verlasse mich in dieser Hinsicht voll und ganz auf mein Gefühl, welches mich schon mein ganzes Leben begleitet.

Mir kommt das Leben vor wie ein Traum, von dem ich hoffe, jederzeit erwachen zu können. All diese Wut und der Drang zur Selbstzerstörung der Menschen um mich herum haben mittlerweile auch mich ergriffen, und ich kann diese Gefühle nur sehr schwer unter Kontrolle halten. Ich versuche, den Weg der selbstlosen Liebe zu gehen, so wie ich es als Kind unbewußt schon immer tat, aber die Welt um mich herum scheint mir völlig fremd. Um mich vor ihr zu schützen, passe ich mich an, um nicht irgendwann in eine psychiatrische Anstalt eingewiesen zu werden.

Ich kenne einige Indigos. Einige wenige haben sehr starke Kräfte und eine Ausstrahlung, die mich immer wieder aufs neue verblüfft, aber diese Menschen hatten ein ähnliches Schicksal wie ich, und sie wurden drogenabhängig, weshalb sie vermutlich ihre Fähigkeiten größtenteils verloren. Auch ich kam teilweise auf diesen Weg. Durch gezielte Willenskraft konnte ich aber dieses Übel bis auf meinen Nikotin- und Alkoholkonsum loswerden. Ich bin zuversichtlich, daß ich auch das bewältigen werde.

Wenn ich über meine Lebensaufgabe nachdenke, kann ich sagen: Ich hatte schon immer das Bedürfnis, anderen Menschen zu helfen. Auch wenn ich in vielen Situationen dasselbe tat, so war ich der festen Überzeugung, daß man selbst nicht unbedingt als gutes Beispiel dienen muß, um andere in die richtige Bahn zu lenken. Leider wurde diese Lebenseinstellung von den meisten in meinem Umfeld als Naivität abgestempelt. Ich brauchte sehr lange, um festzustellen, daß ich nur ausgenutzt wurde. Das nehme ich diesen Menschen aber nicht übel, denn sie sind einfach noch nicht reif genug, um mit anderen Menschen verantwortungsvoll umzugehen.

In der Schule hatte ich in den meisten Fächern schlechte Noten, außer in Englisch (eine Sprache die mir immer recht vertraut erschien, obwohl ich sie am Anfang nicht verstand) und in Religion. Auch dort stieß ich auf den Widerstand meiner Mitschüler, da ich Ansichten hegte, die scheinbar ihr religiöses Weltbild angriffen. Im nachhinein aber stellte sich meistens heraus, daß ich Dinge sagte, die z.B. in der Bibel standen oder die, ein zweites Mal betrachtet, für sie doch nicht so weltfremd waren. Ich bin zwar kein Schüler mehr (ich bin mittlerweile 26 Jahre alt), aber ich kann Eltern sowie Lehrern nur den Rat geben, auf die Kinder zu hören, statt zu versuchen, sie mit altbackenen Weisheiten zu belehren, von denen sie in ihrem Geist und Denken selbst ein Leben lang eingeengt wurden. Rebellion ist immer ein Zeichen für die Falschheit des derzeit agierenden Systems.

Ich habe wieder viele präkognitive Träume, und ich hoffe, daß sie nie in Erfüllung gehen werden, denn was ich sehe, ist Krieg, Not und Leiden. Wenn es so weit kommen sollte, sind wir aber um so wichtiger, denn nur wir können den Menschen wieder eine natürliche Lebensweise lehren und geben.

Ich kenne weder Engel noch Lichtwesen*, aber ich bin ständig von etwas umgeben, was ich nicht näher spezifizieren kann.

Meine Herkunft: Die Existenz ist weit und unendlich, und wir waren alle schon immer und überall und werden immer und überall sein, nur leider haben es viele einfach vergessen.

Ich sehe unsere Welt als einen Platz des Lernens und der Weiterentwicklung. Vielleicht brauchen wir hier als Menschen im Fleische die Gewalt und den Krieg, um uns fortzubilden, aber ich denke, daß wir dem vorausgreifen können, indem wir schon von Anfang an den Weg des Friedens und der Liebe gehen. Ein Spielplatz Erde mag verlockend sein, aber die nachfolgenden Generationen werden es uns danken, wenn sie noch etwas von diesem wundervollen Planeten in all seiner Vielfalt und Fülle haben und nicht in einer Wüste geboren werden.

Licht und Liebe, allein durch den Willen setzt sich der Geist in Bewegung.

D., 26 Jahre, Deutschland

18. Ich erkenne in den Augen der Menschen ihren »Geist«

Den Namen Indigo-Kind kenne ich seit vorgestern. Trotzdem weiß ich nicht erst seit vorgestern etwas über dieses Phänomen, sondern es wurde mir im Laufe meiner Kindheit immer bewußter. Wer ich bin, weiß ich seit meiner ersten Erinnerung an meine Kindheit, aber die Worte in meinem Kopf kamen erst mit der Zeit. Ob die Menschen in Frieden miteinander leben können? Natürlich. Ich glaube es nicht, ich weiß es. Mein Englischlehrer fragte mich in einer Diskussion, weshalb ich das glaube, und er sagte, ich sei ja der einzige, der so etwas glaube, aber ich konnte ihm nur sagen, daß es einfach ein Gefühl ist. Immer wenn ich darüber nachgedacht habe, was ich später einmal machen wolle, kam mir nur eins in den Sinn, und zwar irgendwie diese Welt zu verändern.

Ich fühle mich verantwortlich für die Menschen in meinem Umfeld, da es mich schmerzt, sie in ihrem Leid zu sehen. Ich möchte, daß sie es auch sehen können. Ich habe das Gefühl, daß sich unsere Welt bis 2012 extrem verändern wird, es wird so unnatürlich, daß es wirklich jeder sehen sollte! Ich bin der Meinung, daß Eltern und Erwachsene lernen sollten, den Tag zu genießen. Sie sollten sich der Natur öffnen, sie sollten keine Angst vor sich selbst haben. Sie sollten sich und dem Leben mehr vertrauen. Sie sollten aufhören, ihre Gefühle zu unterdrükken. Sie sollten aufhören, über andere zu urteilen, und ihre Konzentration auf sich selbst lenken. Und sie sollten wissen, daß sie bereits alles sind, was sie sich je gewünscht haben.

Ob es Schullösungen gibt? Ich finde, die Lehrer sollten zur Unterstützung dasein. Ich finde es mühsam, von Lehrern unterrichtet zu werden, die sich selbst nicht gefunden haben. Die Fächer müßten mehr auf das Leben und weniger auf das Wissen konzentriert sein. Jeder Schüler muß als das akzeptiert werden, was er ist. Die Kreativität muß genauso gefördert werden wie die logische Hälfte des Gehirns. Man müßte lernen zu lieben und nicht in einem ständigen Konkurrenzkampf stehen, in dem die einen als gut und die anderen als schlecht abgestempelt werden.

Manchmal glaube ich an Engel, Gott oder außerirdische Wesen, dann wieder nicht. Ich glaube an nichts, aber ich weiß etwas über die Existenz dieser Dinge. Wenn ich mit einem Mönch sprechen würde, würde ich ihm sagen, daß ich an Engel und Gott glaube. Wenn ich allerdings mit einem Atheisten sprechen würde, würde ich ihm sagen, ich glaube an das Leben und mich selbst. Es sind alles nur Wörter – sie haben keine Bedeutung.

Schön daran, ein Wesen der Neuen Zeit zu sein, ist es, zu wissen, wer man ist, und die Liebe zu spüren, die einen umgibt. Es macht Spaß, die Dinge zu verstehen, die in der Welt vonstatten gehen. Es ist schön, auf andere Menschen gut eingehen zu können, und es ist noch schöner, dem Ganzen zu vertrauen und immer zufrieden zu sein.

Andererseits ist es schrecklich, in einer künstlichen Welt zu leben und diese die meiste Zeit aufmerksam zu beobachten. Es ist manchmal schwierig, wenn man das Gefühl hat, man lebe in einer fremden Welt. Ich stehe zum Beispiel auf dem Pausenplatz und um mich herum Hunderte Menschen, die in ihren Träumen leben. Man bekommt immer das Gefühl, man sei so anders oder nicht ganz normal. Man verliert schon mal den Boden unter den Füßen.

Ich bin jetzt 19 Jahre alt. In meiner Kindheit war ich sehr oft allein, und ich fühlte mich auch so, wenn ich mit anderen zusammen war. Ich hatte nie das Gefühl, einen Freund zu haben. Bis etwa 15 war ich anderen gegenüber sehr verschlossen und verbrachte die Zeit meist allein. Ich hatte dann viele Freunde, aber mir wurde immer das Gefühl gegeben, daß ich irgendwie verrückt sei. Aber ich hatte immer das Gefühl, daß ich auf dem richtigen Weg sei, und irgendwie erinnerte ich mich in schwierigen Zeiten immer an mich selbst, d.h., ich konnte mich daran erinnern, wer ich bin.

Ich interessierte mich immer für die Fragen des Lebens. Da mir aber die Idee eines Gottes irgendwo im Himmel nicht gefiel, wollte ich die Welt auf die wissenschaftliche Weise erforschen. Mit 16 studierte ich die Relativitätstheorie, was mich aber nicht befriedigte. Es hatte Lücken, und so kam ich auf die Spur der Meditation und entdeckte durch ein paar Bücher, daß ich die Wahrheit schon immer gewußt hatte, sie aber erst jetzt in Form von Worten fassen konnte.

Bis vor einem Jahr dachte ich, ich sei der einzige, der sieht, was eigentlich vor sich geht, aber da traf ich einen Jungen, der genau die gleichen Ideen hatte wie ich. Ich war erleichtert, jemanden zu treffen, der in den Augen der Menschen auch ihren »Geist« erkennen kann. Wir mußten nur noch lachen. Seitdem habe ich sehr viel mehr Vertrauen in mich.

J., 19 Jahre, Schweiz

19. So jemanden, wie ich es bin, konnte ich damals nicht finden

Daß ich anders bin als andere, ist mir schon als Kind bewußt gewesen. Mit den Kindern und später dann Jugendlichen meines Alters bin ich nie zurechtgekommen. Sie haben immer Fragen an Lehrer oder andere Menschen gestellt, bei denen ich mich immer gewundert habe, warum sie das fragen. Für mich waren die Antworten immer so offensichtlich, daß ich mir nie solche Gedanken gemacht habe. Da ich die Antworten immer schon wußte, sind mir die anderen sehr dumm und ich mir wie ein »Klugsch...« vorgekommen. Daß ich ein Indigo-Kind bin, weiß ich erst seit drei Monaten. Da habe ich das Buch »Die Kinder des neuen Jahrtausends« von Jan Udo Holey gelesen.

Ich spüre bei meinen Mitmenschen, wie es in ihnen aussieht, ob sie nervös sind, Kummer haben oder freudig erregt sind. Ich habe Kontakt mit meinen Schutzengeln, und mittlerweile stellen sich auch andere Wesenheiten bei mir vor, um Botschaften zu übermitteln. Seit ein paar Wochen kann ich auch auf der Mentalebene mit Tieren kommunizieren, was sich in meinem künftigen Beruf als Lebensenergieberaterin für Tiere als sehr praktisch erweist. Ich frage mich immer, warum mein momentanes Leben so ist, wie es ist, und was ich daraus lernen soll.

In der Schule war mir immer langweilig, und alles war für mich unlogisch. Meinen Mathelehrer habe ich x-mal gefragt, warum man irgendwelche Aufgaben so und so lösen muß, und als Antwort kam immer: »Das ist halt so!« Zeichnen und Musik habe ich geliebt. Ich weiß aber nicht, ob das eine besondere Eigenschaft der Indigo-Kinder ist.

Als ich noch nicht wußte, daß ich ein Indigo bin, war das

Leben für mich als Kind der Neuen Zeit sehr schwer. Ich habe immer versucht, Kontakt zu den Leuten meines Alters zu haben und auch etwas mit ihnen zu unternehmen. Als dann aber die »Disco-Zeit« anfing, war es aus. Jedes Wochenende drei Abende Party, Party, Party. Und richtig unterhalten konnte man sich mit denen auch nicht (mehr). Und dann kamen die Drogen: Alkohol, Zigaretten, Marihuana. Ich war geschockt! Ab diesem Zeitpunkt war ich sehr einsam. Mit Gleichaltrigen konnte ich mich nicht mehr unterhalten und keinen Spaß haben (auf meine Weise), und mit den älteren Menschen konnte ich noch nicht mithalten – so jemanden, wie ich es bin, konnte ich damals nicht finden.

Mittlerweile habe ich einen Lebenspartner, ebenfalls »Marke Indigo«, und wir bekommen Kontakt zu Gleichgesinnten – das genieße ich sehr. Wenn ich draußen die anderen Menschen ansehe, fühle ich mich, als ob ich in einer anderen Realität lebe, was ich ja auch irgendwie mache. Meine Welt ist warm und bunt und ätherisch, während die Gesellschaft grau und kalt und grob ist.

Meine Lebensaufgabe kenne ich noch nicht so genau. Ich vermute, daß ich Tiere heilen darf.

Die Waldorfschule* halte ich momentan für eine gute Alternative. Aber es sollten dringend spezielle Indigo-Schulen eingerichtet werden.

Wie Eltern und Erwachsene uns unterstützen könnten? Sie sollten uns Aufmerksamkeit schenken, so weit wie möglich, und auch auf Erzählungen von anderen Wesenheiten eingehen und dafür offen sein. Es wäre für mich auch wichtig, daß Eltern den Kindern ihre Rolle in der

Familie erklären und somit verhindern, daß die Kinder sich zu viel Verantwortung aufladen und aufgrund ihres Wissens die Rolle der Eltern übernehmen.

Ich kenne meinen Hauptengel (mit Namen), der immer bei mir ist. Außerdem kenne ich noch zwei Nebenengel, die nach Aufgabe und Bedarf anwesend sind. Seit ein paar Wochen kommen auch andere Wesenheiten zu mir, um Botschaften weiterzuleiten. Einmal hatte ich auch Kontakt zu einer verstorbenen Seele, die nicht wußte, daß sie tot ist.

Ich hoffe, daß die Menschen zu Einsicht und zum Frieden auf der Welt gelangen. Daß sie nicht mehr erschrecken, wenn man über andere Wesenheiten spricht, und daß die Menschen mehr Kontakt zu Lichtwesen und »Außerirdischen« bekommen.

N., 24 Jahre, Deutschland

20. Warum ist der Himmel blau?

Mein Sohn ist 4 Jahre alt. Ich wußte immer schon, daß er »anders« als alle anderen ist. Er ist sensibel und etwas ganz Besonderes. Ich hielt das immer nur für Mutterliebe, weil ich mir dachte, daß jede Mutter so über ihr Kind denkt. Weit gefehlt. Daß er ein Indigo-Kind ist, habe ich mir gedacht, nachdem ich das Buch »Indigo-Kinder erzählen« gelesen hatte.

Seit ich weiß, daß er ein Indigo-Kind ist, bzw. glaube, daß er eines ist, kann ich gut damit umgehen. Anfangs war es schwer, da Julian meine ganze Aufmerksamkeit brauchte, von der ersten Minute seines Lebens an. Er brauchte wenig Schlaf, auch nachts, und forderte gewaltig sein Recht, nämlich, nie allein zu sein (ich durfte sein Zimmer nicht verlassen, da war er noch keinen Monat alt!).

Jetzt ist es noch immer anstrengend, da sich sein Schlafbedürfnis in Grenzen hält, aber wir unternehmen viel zusammen, und er gibt mir so viel zurück. Er ist immer dabei, der typische kleine Erwachsene, der sowohl in Restaurants als auch in fremder Umgebung »brav« ist. Aber nur, solange ich dabei bin!

Er saugt alles in sich auf, wie ein Schwamm, und verarbeitet es dann in seinen Spielen.

Es macht Spaß, ihm Dinge zu erklären, wobei ich gestehen muß, bei technischen Dingen und bei Fragen wie »Warum ist der Himmel blau?« überfordert zu sein. Wir lesen Bücher, oft stundenlang, hören Musik (keine Kinderlieder mehr erwünscht) und kuscheln uns durch den Abend. Er braucht nachts nach wie vor Körperkontakt, auch tagsüber sucht er die Nähe, wenn ihm danach ist.

Fremden gegenüber ist er schüchtern, was den Besuch des Kindergartens extrem verzögerte. Ich war einen Monat ständig bei ihm, und der Abnabelungsprozeß ging nur langsam vonstatten. Nach dem ersten Jahr im Kindergarten, mit der nötigen Eingewöhnungszeit, klappt es jetzt wunderbar. Babysitter sind undenkbar, aber ich fühle mich trotz allem nicht eingeschränkt. Ich könnte noch seitenlang erzählen, über Gefühle, »mysteriöse« Ansichten und Erlebnisse, aber ich glaube, das würde den Rahmen sprengen. Fassen wir es kurz: Er ist einzigartig und wird es für mich immer sein. Er ist die Sonne meines Lebens.

Verbote, die klar verständlich sind, wurden mit Erklärung einmal ausgesprochen und für immer von ihm akzeptiert und eingehalten. Feuerzeuge sind tabu, er weiß um deren Gefährlichkeit. Er schimpft sogar mit anderen Kindern, wenn sie danach greifen. Die Vorsicht im Straßenverkehr, Anschnallen im Auto u.a. sind eindeutig formuliert.

Andere Disziplinmaßnahmen sind nicht so streng gehalten, aber ein einmaliges »*Nein, weil* ...« genügt. (Schläge, Androhungen von Strafen, Wegsperren und Liebesentzug sind unnötig, brauchen wir nie, hätten auch keine Wirkung. Außer dem Liebesentzug, der würde ihn in eine Krise stürzen.)

Mein Kind hat noch keine »behandelnswerten« Symptome. Die geringe Hyperaktivität legt sich nach stundenlangem Laufen und Spielen im Freien. Er ist ein absoluter Frischluftfanatiker, und die Abende sind danach ruhig und entspannt. (Wir sind bei jedem Wetter im Freien!)

Nach meiner Erfahrung sehen solche Kinder »Gefahren«, bevor sie eintreten, sie überlegen, was passieren könnte, sei es im Straßenverkehr oder am Spielplatz oder sonstwo. Sie sind hilfsbereit, sind unglücklich, wenn andere Kummer haben, spüren den Kummer anderer. Haben auf alles eine Antwort oder Erklärung, ein »Weiß ich nicht« gibt es selten. Es sind phantasievolle Wesen, die eine absolute Ordnung (in welcher Art auch immer) brauchen. Wird die Ordnung gestört oder finden versprochene Dinge nicht statt, dann gibt es »Weltuntergangsschmerz«.

B., Sohn 4 Jahre, Österreich

Schlechte Erlebnisse sind Prüfungen, ob wir uns treu sind und ob wir wissen dürfen.

21. Ich glaube, ich bin normaler als die, die sagen, ich sei verrückt

Ich kannte diesen Ausdruck Indigo-Kind gar nicht, mir wurde nur immer wieder gesagt, ich sei eines. Irgendwann wollte ich wissen, warum man mir immer wieder sagte, ich sei ein Indigo. Ich schaute im Internet nach, machte einen Selbsttest und war überrascht, daß alles zu mir paßte! Ich weiß es seit etwa drei, vier oder fünf Monaten, bin aber schon ein großes »Kind«, geboren im Dezember 1979. Aber ich bin immer noch voller naiver Liebe!

Ich fühle mich nicht so ungewöhnlich, aber ich rede mit meinen Wellensittichen wie mit Menschen, und ich weiß, sie verstehen alles, was ich sage. Ich erinnere mich, als Kind haben mich meine Freunde ausgelacht, weil ich mit Schmetterlingen, Blättern, Würmern, ja sogar mit Steinen geredet habe und ihre Antworten in meinem Herzen verstand. Sogar die Luft, bzw Lichtpigmente sehe und spüre ich, halte sie in meiner Hand und kommuniziere mit der Energie. Mir kann niemand etwas vormachen. Wenn jemand lügt, erkenne ich das sofort. Das ist nicht immer angenehm, denn auch von »guten« Freunden wird man manchmal belogen.

Die letzten Jahre habe ich mich gequält, mich innerlich aufgefressen, tiefe Depressionen gehabt, und das alles, weil niemand meine Gaben ernst genommen hat. Ich wurde immer wieder als »dumm« dargestellt. Ich wußte ja auch nicht, daß ich etwas Besonderes bin.

Nun habe ich keine Angst mehr, zu sagen, was ich fühle und denke. Nun bin ich sogar stolz drauf, diese Gabe haben zu dürfen. Dank euren Seiten weiß ich ja nun, daß ich doch nicht verrückt bin. Ich bin normal, was das Leben auf dieser Erde betrifft (außerdem, wo fängt die Norm an, und wo hört sie wieder auf?).

Langsam glaube ich sowieso, ich bin normaler als die, die sagen, ich sei verrückt!

Es ist wunderschön, ein Kind der Neuen Zeit zu sein, denn die Engel, die uns beschützen, kann ich sehen und spüren. Unser lieber Gott legt ständig seine warme Hand auf mich, und ich fürchte mich vor nichts und habe volles Vertrauen!

Ich erlebe mein Leben als Traum, als ob ich 10 cm über der Erde schwebte. Ich glaube auch, wenn ich mich anstrengen würde, könnte ich fliegen. Ich sehe ständig unseren Schöpfer vor mir, bei mir, mit mir?! Es ist schwierig zu erklären! Die Engel, von denen ihr manchmal sprecht, tanzen um mich herum, sie schenken mir Stärke und Liebe, führen meinen Geist dahin, wo er hinsoll. Ich habe keine Angst! Ich liebe mein Leben auf dieser Erde, mein Leben mit den tanzenden Engeln um mich herum.

Ich lernte ein Mädchen A. kennen, wir verstanden uns von der ersten Sekunde an perfekt! A. ist so wie ich, nur daß sie schwarz ist und ich weiß (nicht die Hautfarbe, sondern die Seele)! A. hat sehr viel schlechte Energie in sich, doch wenn ich in ihre Augen schaue, sehe ich das Universum und viel, viel Liebe, die durch das Dunkle in ihr unterdrückt wird. Ich weiß, das Böse ist niemals stärker als das Gute, darum wird A. schon auf den richtigen Weg kommen, das weiß ich. A. sagt immer, ich sei ihre große Liebe. Verstehe das nicht falsch – ich bin nicht lesbisch! – aber darum weiß ich, daß A. bald auch meinen Weg gehen wird. Sie ist auch ein Indigo, aber sie spürt nicht wie ich die positive Energie. Leider spürt sie viel zuviel schlechte Energie, aber sie kann nichts dafür, sie leidet sogar darunter!

Was ich über meine Lebensaufgabe weiß? Schwere Frage! Ich bin ja nur etwa 80–100 Jahre auf der Erde – so eine große Aufgabe habe ich nicht. Meine Aufgabe ist es, Kinder auf die Welt zu setzen. Ich wünsche mir zehn Kinder! Eine kleine Aufgabe habe ich vielleicht doch, denn meine Hände sind sehr warm, und schon öfter durfte ich damit Schmerzen von meinen Mitmenschen nehmen. Diese Gabe vererbte mir meine Mutter. Auch sie kann mit ihren warmen Händen heilen.

Lehrer sollten lernen, daß Schüler auch etwas wissen können, ohne daß der Lehrer es ihnen beibrachte! Ich hatte oft Probleme in der Schule, weil ich meine Meinung äußerte. Das ging in der ersten Klasse los, meine Klassenlehrerin haßte mich, sie bestrafte mich unbegründet. In der Oberschule dann lief es nicht anders: In Mathematik war ich ein As. Obwohl ich stets als erste und mit allen Extraaufgaben fertig war und keine Fehler hatte, wurde ich doch nur befriedigend benotet, das kam ständig vor.

Ich würde mir selbständigeres Arbeiten der Schüler wünschen, sie sollten eigene Lösungen finden. Zehntkläßler könnten Sechstkläßler schulen, Sechstkläßler die Viertkläßler und die Viertkläßler die Erstkläßler.

Eltern sollten ihre Kinder ernst nehmen, auch wenn diese Kinder manchmal Unsinn reden. Da meine Mutter in einem Kinderheim arbeitete, habe ich öfter hyperaktive Kinder babysitten dürfen. Das war so toll, denn diese Kinder haben eine Wahnsinns-Seele in sich! Ich habe mich auf ihr Niveau eingestellt, wir haben einen gemeinsamen Nenner gefunden, uns super verstanden und eine Menge Spaß gehabt.

Wie können mich andere unterstützen? Ich möchte nur Respekt von meinen Mitmenschen!

Meine intuitive Wahrnehmung ist sehr stark. Ich spürte z.B., daß bald etwas Schlimmes passieren wird – dann kam der 11. September 2001. Auch über eine Hochwasserflut redete ich schon ein oder zwei Tage vorher. Ich könnte euch einiges prophezeien, doch lebt euer Leben ohne Angst!

Meine Engel begleiten mich. Sie sind geschlechtslos, sie sind vollkommen, sie sind in eine Art warmes Licht gehüllt und schweben um mich herum, wie beim Tanz. Sie habe eine zarte, klare wundervolle Stimme, die tief ins Herz dringt, sie wissen alles und lachen ständig. Ich kann euch viel über Engel erzählen, aber ich denke, daß reicht erst mal!

Unsere Welt sollten wir als Zuhause ansehen. Wo wollen wir uns denn sonst zu Hause fühlen? Wir sollen sie sauber halten, pflegen, schonen, denn diese Erde gibt es nur einmal. Wir müssen uns lieben, die Umwelt lieben, die Menschen lieben und unsere Muttererde verehren und lieben! Dann wird auch alles wieder gut! Ich denke, daß wir das Paradies auf Erden haben können! Ich wünsche mir Liebe auf der ganzen Welt; vollkommene Liebe.

A., 23 Jahre, Deutschland

22. Ich wünsche mir Frieden

Ich wußte eigentlich nie, was mit mir los ist. Warum alles, was ich mache, so schwierig ist und mich die Erwachsenen nicht ernst nehmen. Ich habe dann meine Fähigkeiten boykottiert und versucht, mein Denken zu ändern, weil ich dachte, das hilft vielleicht. Ich bin jedoch darauf gekommen, daß dies nichts bringt, da ich auf der Welt bin, um voranzugehen, und der Sinn in meinem Leben wohl auch darin besteht, vieles zu bewegen und Menschen auf ihrem Weg zu helfen.

In einem Blumengeschäft sprach mich eine Frau an und fragte mich, ob ich wisse, daß ich ein Indigo-Kind bin. Sie kannte mich nicht, und ich war zuerst sehr erstaunt über den Begriff Indigo. Ich sagte nur, ich sei etwas Besonderes und ein Kind mit erwachsenem oder eher erweitertem Denken. Sie war Erzieherin und arbeitete mit Indigo-Kindern. Das war vor einem Jahr, da war ich 21. Nach diesem Vorfall besorgte ich mir Literatur über uns und weiß jetzt, was ich bin. Ich wußte immer schon, daß ich etwas Besonderes, Herausragendes bin, nur was genau, das wußte ich nicht. Ich war immer hochspirituell und habe ausschließlich mit Erwachsenen Mentaltraining, Yoga und Meditationen gemacht. Das war ab meinem 8 Lebensjahr. Ich war und bin sehr viel in der Natur und spüre die Dinge, die dort passieren, sehr intensiv.

Vor zwei Wochen träumte ich davon, daß meine Mutter am Magen erkrankt ist – und so ist es auch. Sie hat eine Magen- und Bauchspeicheldrüsenentzündung. Ich spüre manchmal genau, an welcher Stelle im Körper des Menschen eine Schwachstelle vorliegt, daß er erkrankt ist oder sich etwas gebrochen hat, also auch alte Verletzungen.

Von klein auf wollte ich ernst genommen werden und sagte immer: »Nimm mich doch ernst ich bin kein Kind.«

Ich wollte meiner Mutter und meiner Oma immer sagen, was sie kaufen sollten und was nicht, also was besser für sie ist und was eben nicht so gut ist.

Mit 11 Jahren habe ich meinen Urgroßvater als meinen Schutzengel gesehen. Er war – oder besser ist – ein weiser Mann. Ich wußte, wo eine Wasserader zu finden ist und wo ich mich besser nicht aufhalten sollte. Ich hatte immer sehr intensive Träume und konnte in ihnen wandern, wie ich wollte, ich konnte sie beeinflussen. Ich weiß heute nicht so genau, ob das damals Astralreisen waren.

Ich habe sehr früh, mit 7 Jahren, angefangen, mit der Energie der Steine zu arbeiten. Mit 11 Jahren hatte ich eine »Krise«. Ich mußte mich mit der Frage der Religion und den Dingen, die ich machte (Meditationen, Reisen, Empfindungen), auseinandersetzen. Ich verstand auf einmal nicht, wie man solche Sachen in der Religion (ich bin evangelisch) behaupten kann, wenn es nicht so ist und mit meinen Erfahrungen nicht zusammenpaßt. Diese Dinge sind anders, würde ich sagen.

Als Kind und auch noch heute habe ich so ein nervöses Kribbeln in mir, ich kann dann nur schwer ruhig sitzen, und ich wußte früher nie, was das ist. Manchmal habe ich innerlich so viel vor, daß sich mein Atem überschlägt. Das kann auch passieren, wenn ich etwas erzähle.

Wie es sich anfühlt, ein Kind der Neuen Zeit zu sein? Hmm, da ich ja einiges verdrängt und mich so sehr von mir selber distanziert habe, also auch von meinen Fähigkeiten, ist es jetzt etwas ungewohnt, aber nicht immer. Es ist schön, zu wissen, was oder wer man ist, und immer mehr diese Wahrheit zu entdecken. Es ist schön und eine große Herausforderung.

Manchmal mache ich mir sehr viel Sorgen um uns hier auf der Erde. Manchmal tut es einfach furchtbar weh, und ich habe so einen Weltschmerz in mir und kann und will das Chaos auf dieser Welt nicht verstehen. Doch ich weiß ja, daß man es ändern kann.

Zu leben und gut zu leben ist sehr wichtig. Ich merke auch, daß Menschen die Liebe, die ich zu geben habe, nicht annehmen können. Aber ich kann mich über jede Kleinigkeit, wie ein Gänseblümchen auf einer Wiese, riesig freuen, und das oft stundenlang. Das macht das Leben wieder schön. Das Leben ist sehr wechselhaft.

Ich glaube, ich kenne keine anderen Indigo-Kinder, außer vielleicht meinen Seelenfreund. Er könnte eins sein, ist aber anders als ich. Ja wir hatten eine Beziehung und sind nach wie vor Freunde. Über meine Lebensaufgabe denke ich folgendes: Frieden zwischen Menschen, Mensch und Tier, Mensch und Natur. Genaueres kann ich nicht darüber sagen. Ich weiß nur, daß die Empfindung sehr stark und klar ist – es schlüsselt sich von Tag zu Tag mehr auf.

In den ersten beiden Grundschulklassen war ich eine der besten Schülerinnen, doch ab der dritten Klasse war es damit vorbei. Ich tat mich auf einmal »schwer« in der Schule, ich glaube ich habe auch Legasthenie. Ich würde mir diesen schwachsinnigen Leistungsdruck wegwünschen und daß die Lehrer mehr auf die Bedürfnisse des einzelnen Menschen eingehen. Vielleicht benötigen wir auch besondere Förderkurse für Talente jeglicher Art.

Den Menschen möchte ich raten, viel Aufmerksamkeit für mich oder die Kinder zu haben, uns ernst zu nehmen und auch auf das, was wir sagen, oder auf Fragen einzugehen! Zeit ist sehr wichtig. Ich habe nicht viel Liebe bekommen, geschweige denn Zeit, und das mit dem Ernst-genommen-Werden hat nie wirklich geklappt. Nur meine Mutter hat sich sehr bemüht, aber wenn die Zeit fehlt, nutzt das nicht viel. Die Eltern sollten sich selbst Zeit für ihr Kind nehmen und es nicht an andere Leute, wie beispielsweise die Großeltern, abschieben.

Ich fühle mehr, als ich sehe. In Träumen sind die Bilder ganz klar, doch auch da empfinde ich alles ganz stark. Ich weiß nicht, ob ich meinen Engel wirklich kenne, doch ich glaube, er ist ein Engel des starken Glaubens. Erst ein paarmal habe ich helle leuchtende Punkte schweben sehen, und ich denke, es waren Lichtwesen. Deren Herkunft kenne ich nicht so richtig.

Ich finde diese Welt furchtbar, trotzdem ist sie nicht zum Fürchten, sondern zum Traurigsein. Doch ich sehe realistische Ansätze zur Besserung. Ich wünsche mir Frieden und viel Liebe zwischen allen Wesen auf und für diesen Planeten und uns alle.

C., 22 Jahre, Österreich

23. Meine Story

Ich schlüpfte vor genau 22½ Jahren aus dem Leib meiner Mutter und landete in einem Krankenhaus in Krakau, meinem Geburtsort. Es war eine schöne Kindheit, wenn auch teilweise eine Tortur (Familie, Umfeld).

Ich war innerlich nie wirklich zufrieden, obwohl mir meine Eltern viel Liebe schenkten. Irgend etwas Wesentliches fehlte. Da ich aber nicht wußte, was, projizierte ich meine Zerstörungswut und Aggression auf äußere Dinge. Mir kamen alle möglichen Autoritäten gerade recht. Und mich selbst quälte ich natürlich auch, aber unbewußt. Und noch etwas: Die Wörter »Nein« und »Ich weiß« waren meine häufigsten. Bis jetzt ist diese Geschichte noch nicht mystisch, oder?

Engelwesen bzw. die ganze Astralwelt war mir verborgen – oder ich wollte sie einfach nicht wahrhaben. Jedoch reagierte ich schon immer extrem sensibel auf Energien. Ich habe mich oft zu Tode gelangweilt. Müde und innerlich total rastlos, habe ich mich mit geschlossenen Augen auf meinem Zimmerboden hin und her gewälzt, denn wenn im Nebenzimmer etwas vor sich ging, »sah« ich es innerlich. Ich war überall: in den Wänden, in den Klängen und in den Menschen. Ich konnte alles »anfassen«. Es war faszinierend. Aber wie gesagt, gequält haben mich die Situationen schon.

Etwas »Magisches« passierte mit mir, als ich das erste Mal in einem Wildpark auf mein Krafttier traf: den Wolf. Ich war – wie sonst selten – plötzlich nicht mehr gelangweilt, sondern war verzaubert. Mein Herz pochte, ich wurde still, und alles wurde langsamer. Ich freute mich und strahlte. Es war der erste wirkliche Moment, in dem ich mich »zu Hause« oder – besser gesagt – verstanden fühlte. Ich spürte Wissen um die Einheit der Dinge, alles wurde eins. Das schenkte mir der Wolf. Das Ganze war sehr mystisch und magisch.

Als ich älter wurde, zogen meine Eltern mit mir nach Berlin. Dort begann eine ganz neue Phase. Ich wurde viel aktiver, war aber innerlich immer sehr rebellisch, und meine Phantasie kannte auch keine Grenzen, was mich oft erschreckte. Grenzenlos und so stark wie Hunderte von Astralreisen innerhalb einer Sekunde. Wie gesagt, war ich hyperaktiv.

Was mich sehr stark prägte – oder vielmehr irgendwie

transformierte –, war eine Nacht, in der ich heulend und schreiend auf meine Eltern wartete, die abends nicht nach Hause kamen. Ich erlebte so etwas wie einen wachen Alptraum. Vielleicht war es eine Art Wahnzustand.

Am nächsten Tag aber, als ich langsam aufwachte und bereit war, mein Leben eigenständig in die Hand zu nehmen, da meine Eltern ja jetzt tot zu sein schienen, sagte meine Mutter auf einmal aus ihrem Schlafzimmer: »Bitte, mach das Licht aus.« Und ich war wieder glücklich.

Dieses Gefühl, von allem getrennt zu sein und gleichzeitig nicht zu existieren, verfolgte mich durch mein ganzes Leben. Und, siehe da, es geschah wieder etwas, auf das ich mich innerlich schon »vorbereitet« hatte (wie es auch beim o.g. Erlebnis gewesen war).

Ich hatte als Kind oft diese äußerst lebendige Vorstellung, durch einen brennenden Korridor ins Dunkel zu gehen. Es gab eine Kraft, eine süße Melodie, einen Nymphengesang, der mich zurücklockte. Ich spürte diese Energie, die mich zog, um mich umzudrehen und zum Feuer zurückzuführen, dahin, wo es warm und süßlich war. Ich mußte aber widerstehen. Immer und immer wieder mußte ich geradeaus gehen, durfte nichts hören, nichts sehen und durfte mich vor allem nicht umdrehen.

Ich ging durch die Hölle, ohne mich ihrer teuflischen Faszination zu ergeben. Es war ein innerer Kampf (»Nein, fall nicht drauf rein, du darfst dich nicht umdrehen, du verlierst deine Seele, dich selbst.«). Das war nicht leicht, und meistens habe ich es auch geschafft, lange genug zu widerstehen.

Dieser ständige Gang durch diese Hölle bereitete mich auf ein besonderes Erlebnis vor, das ich vor 1½ Jahren hatte. Es war der »reale« Kampf mit anderen Seelen bzw. Wesen und Luzifer, der mich lockte und manipulierte und mir alles mögliche versprach, wenn ich doch nur ...

Ja, wenn ich doch nur ja sagen würde. Und dieses Ja hätte mein Schicksal verhängnisvoll in die Dunkelheit geleitet. Klingt das dramatisch? Das war es auch. Die Story dazu war folgende: Als ich mit 18 Jahren mit einer speziellen Ernährungsweise begann (Rohkost, d.h. Früchte, Gemüse, Nüsse etc.), hatte mein Körper sich so sehr gereinigt, daß ich hellsichtiger wurde und meine Schwingung sich drastisch erhöhte – wie bei einem Lichtkörperprozeß* – nur auf natürliche Weise.

Da ich mit meinem alten Freundeskreis und mit der ganzen niedrigschwingenden Gesellschaft nicht mehr zurechtkam, entschloß ich mich, für drei Wochen in einer Lebensgemeinschaft in der Nähe von Paris zu arbeiten, die ebenfalls so »roh« lebte wie ich.

Ich war überglücklich, endlich Gleichgesinnte gefunden zu haben, die vielleicht auch etwas spirituell waren.

Es handelte sich aber um eine spirituelle Sekte, die durch die Nahrung unbewußt spiritualisiert worden war. Das bemerkte ich aber erst, nachdem ich dort – trotz meines täglichen Schmerzes, den ich verspürte, als die Menschen dort zu Tisch kamen und in ihren halb verwesten Enten wühlten – eine Weile geblieben war.

In der letzten Nacht passierte es dann: Jemand, dem ich anfing, stark zu vertrauen, entpuppte sich plötzlich als »Kopf« der Bande und sagte zu mir: »Spürst du die Übertragung?« Ich bekam einen spirituellen Schlag ins Herz, und von da an war alles wie die Szene aus meiner »trainierten« Phantasie.

Ich lief mit meinen Jesuslatschen nach draußen – Kontrolle hatte ich keine mehr, mein Bewußtsein dehnte sich jedoch sehr stark aus, und ich schaute einfach nur noch dem zu, was geschah. Es war wie ein Film, der vor meinen Augen ablief.

Alles lief von allein. Meine Beine, meine Blicke, meine Gedanken. Ich war in der Hölle gelandet, und plötzlich, als ich an das Tor trat (es war ein kleines Schloß, in dem diese Gemeinschaft lebte), erfuhr ich das erste Mal im Leben Gnade. Ich breitete meine Arme aus und schrie: »Liebe, Liebe.« Und alles wurde still. Alles fing an zu sein. Hinter mir dieses dunkle Schloß mit diesen 30 Seelen, die gegen mich waren. Ich ging weiter und durfte mich nicht umdrehen. Es war derselbe Gang wie in den Wachträumen meiner Kindheit. Wenn ich nicht vorbereitet gewesen wäre, hätte ich vielleicht bis an mein Lebensende in dieser Sekte bleiben müssen, wer weiß.

Ich ging die ganze Nacht durch Dorf und Flur, und alles um mich herum lebte, ich sprach mit Blättern und mit Bäumen und war die ganze Zeit versucht, mich dieser Stimme in meinem Kopf, die mich ständig lockte, zu ergeben. Es war die Stimme desjenigen, der mich bis dahin die ganze Zeit manipuliert und dem ich so sehr vertraut hatte. Einige der 30 Seelen verfolgten mich, hielten aber respektvoll Distanz. Zudem war da noch dieser Nebel – sehr unheimlich –, aber als ob alles genau so sein sollte!

Ich versuchte Verbindung zu meinen Eltern aufzunehmen – oder wenigstens zu meinen Freunden. Es war vergebens, ich war – mal wieder – total allein, quasi abgeschnitten.

Ich begann Licht aus meinen Händen fließen zu sehen und spürte das erste Mal spirituelle Macht, während diese Stimme in meinem Kopf mich nonstop verführte. Ich hüllte mich in eine Art Lichtvakuum, die Stimme aber blieb. Dieser Chef der Sekte, kannte jeden Gedanken, bevor ich ihn auch nur selbst dachte.

Ich begann diese Kraft zu spüren – sie war sehr dunkel. Plötzlich konnte ich die vorbeifahrenden Autos anhalten – mit bloßer Gedankenkraft! Dieser ständige Kampf ging bis zum Morgengrauen, als ich dieser Stimme, die mich an diese Sekte band, zuzuhören und zu vertrauen anfing. Ich hatte das Gefühl, als ob mich der Teufel höchstpersönlich besetzt und in seinen Bann gezogen hätte.

Dadurch aber, daß ich alles zu akzeptieren begann, mein komplettes Schicksal nämlich, und es für mich klar zu sein schien, daß ich jetzt zu »ihnen« gehörte, wurde diesmal nicht nur alles still, sondern ein innerer Fluß stellte sich ein. Es gab keinen Widerstand mehr. Alles geschah nur noch, alles strahlte, alles ging in »slow-motion«, und ich war vollkommen dieser eine Energie hingegeben. Meine Gedanken waren so klar wie noch nie in meinem Leben. Meine Aura weitete sich ins Unendliche, und ich sah mich in jedem Wesen, dem ich in dem Dorf, in dem ich gelandet war, begegnete. Alles war so unendlich schön und lebte. Kurz gesagt, ich hatte meinen ersten Satori*, mein erstes Erleuchtungserlebnis. Glückselig wie noch nie in meinem Leben, legte ich mich auf eine Wiese und schlief ein wie ein Baby. Als ich nach ein paar Stunden aufwachte, war der Widerstand wieder da (zum Glück diesmal!), und ich hatte wieder einen »eigenen« Willen und entschloß mich, zu diesem Schloß zurückzugehen und meine Sachen, die ich da ja noch hatte, zu packen und zu gehen. Es geschah noch ziemlich viel »Mystisches«.

Z.B. war da ein grauer Wolkenwirbel über dem Schloß, als ich mich wieder in dessen Richtung begab. Mit viel Gnade und Gottes Willen schaffte ich es aber wieder nach Hause. Und alles paßte haargenau: Die 13 Euro für den letzten Zug und die Telefonkarte an der letzen Telefonzelle usw.

Ich weiß immer noch nicht, was ich von dieser Erfahrung halten soll, ob ich dem Wahnsinn verfallen bin, ob ich einfach plötzlich »wach« wurde und mich selbst erkannte. Jedenfalls führte mich dieses ganze Erlebnis zu meinem jetzigen spirituellen Meister namens Samarpan, in dessen

Augen ich genau dieselbe Leere und Liebe durchscheinen
sah wie bei den Menschen aus meinem Satori-Erlebnis. Es
war alles so unglaublich magisch, und seitdem wird es
immer magischer. Es hört nicht auf, nie mehr!

M., 22 Jahre, Deutschland

24. Ich habe das Gefühl, daß andere Menschen mich brauchen

Meine Mutter erzählte mir von Indigo-Kindern, und daraufhin habe ich mich über das Thema informiert. Mittlerweile bin ich mir ziemlich sicher, daß ich auch ein Indigo
bin. Ich habe eine sehr starke Intuition und habe meistens
recht. Als Kind habe ich oft Sachen über andere Menschen gewußt, die mir nie jemand erzählt hatte. Ich fühle
genau, wie es anderen Menschen geht. Es ist, als könnte
ich in sie hineinschlüpfen. Ich erlebe manchmal trance-
ähnliche Zustände, in denen mir irgendwelche Ideen oder
Sätze »eingegeben« werden.

Wie es für mich ist, ein Kind der Neuen Zeit zu sein? Das
ist eine schwierige Frage. Früher habe ich mich oft richtig
schlecht gefühlt, richtig elend. Ich konnte mir das aber
nicht erklären. Mittlerweile, da ich ein bißchen mehr über
mich weiß, geht es mir besser. Ich hab ein bißchen mehr
Vertrauen und Selbstbewußtsein erlangt und vertraue
mehr meiner eigenen Stimme. Mein Leben funktioniert
auch wieder besser. Ab und zu geht es mir sogar richtig
gut. Ich habe auch gelernt, mich zu verteidigen, und nehme andere Menschen und ihre noch so großen Probleme
einfach nicht mehr so ernst. Das hat nichts mit Gleich-
gültigkeit zu tun, aber ich glaube, niemandem ist gehol-

fen, wenn es mir schlechtgeht, weil ich mir Sorgen mache. Nicht daß ich das früher auch getan hätte, aber jetzt kann ich mich endlich durchsetzen.

Über mein Leben gibt es eigentlich nicht viel zu erzählen. Meine Mutter ist alleinerziehend und ich das einzige Kind. Freunde hatte ich mal mehr, mal weniger, aber meistens jüngere oder sehr viel ältere. Ich habe mich nie wie ein Kind gefühlt, sondern war den anderen Menschen positiv überlegen, ausgeglichen.

In der Schule habe ich mich gelangweilt. Aber trotzdem habe ich mich um gute Noten bemüht, schließlich ist es auf eine andere Art wichtig, auch wenn durch die Einschulung viele meiner Talente vernachlässigt oder blockiert wurden. Den Kontakt zu meinem Vater habe ich, nachdem ich merkte, daß er mich nicht so annehmen kann, wie ich bin, vor ein paar Jahren abgebrochen.

Ich meine schon, daß ich eine andere Indigo kenne, ein Mädchen! Leider hält sie selber so etwas für »esoterischen Mist«, daher kann ich mit ihr nicht darüber reden. Ich hab sie in der ersten Klasse kennengelernt, und wir sind seitdem befreundet (10. Klasse Realschule). Es ist, als würde uns etwas zusammenhalten, egal was passiert. So konnte auch ihr Umzug unsere Freundschaft nicht beenden (7. Klasse), obwohl wir uns jetzt nicht mehr jeden Tag sehen.

Über meine Lebensaufgabe kann ich noch nicht viel sagen, aber ich habe das Gefühl, daß andere Menschen mich brauchen, daß ich ihnen auf eine Art Hoffnung geben kann. Ich denke, wenn man sich auf mich einläßt, kann ich ein sehr warmer, sympathischer Mensch sein, auch wenn ich oft eher kühl und distanziert erscheine.

Meine Probleme in der Schule resultieren aus der Langeweile. Ich frage mich, wie man unter diesem Druck und auf diese Art überhaupt etwas lernen soll. Wenn ich nicht so schlau wäre, hätte ich bestimmt noch mehr Probleme. Ich finde das Prinzip von Montessorischulen ganz gut. Leider gab es bei uns noch keine, als ich eingeschult wurde. Die Schüler sollten unterstützt und ermuntert werden und sich, wenn möglich, den Stoff selbst erarbeiten. Das ist meine Art zu lernen.

Welche Ratschläge ich Eltern und Erwachsenen geben kann? Gutes Zureden und Unterstützung. Wenn man gelobt wird und das Lob ernst gemeint ist, geht man die Arbeit mit viel mehr Power an. Sonst finde ich es wichtig, daß einem nicht reingeredet wird. Erwachsene, die der Meinung sind, sie könnten wegen ihrer Bildung und Erfahrung alles besser, sind schrecklich. Laßt es eure Kinder doch einfach allein machen – gutgemeinte Ratschläge sind zwar nett, aber meistens überflüssig.

Als Kind saß ich oft minutenlang einfach nur da und habe einen Baum oder einen Strauch betrachtet. Ich sehe oft helle Lichter vor meinen Augen. Ab und zu habe ich das Gefühl, daß sich die Spannung in der Luft erhöht, und wenn ich die Augen öffne, sehe ich ein grünbläuliches Licht. Außerdem habe ich dann oft Eingebungen. Ich sehe diese Welt als eine Welt, in der es viel Leiden gibt, viel Negatives und viele Menschen, denen es echt dreckig geht. Ich möchte diesen Menschen helfen. Aber viele lassen es nicht zu. Dabei ist es so einfach. Vielleicht ändert es sich, wenn nur genug Menschen daran glauben, daß es möglich ist, denn »everything is possible«.

J., Jugendliche, Deutschland

25. Körperkontakt

Ich spürte schon einige Tage nach Nicos Geburt, daß dieses Kind etwas Besonderes hat oder ist. Er war auch immer besonders schwierig in seinen Reaktionen einzuschätzen. Was bei der Erziehung seiner Schwester wunderbar funktionierte, schlug bei Nico meistens fehl. Ich hielt mich für eine unfähige Mutter und fand sehr oft keinen Ausweg, bis ich im Juni 2003 einen Reiki-Kurs am wunderschönen Chiemsee belegte. Dort traf ich Dominik, ein 12jähriges, wunderbares Indigo-Kind. Wir fühlten beide sofort, daß uns etwas ganz Besonderes verband, und ich erfuhr von diesem Kind, was mit unserem Nico los war! Es war ein unbeschreibliches Glücksgefühl für mich, endlich einen Weg aus unserer Sackgasse zu finden! Danke, Dominik!

Für mich persönlich ist es ein kostbares Geschenk, ein Indigo-Kind in der Familie zu haben. Meinen Mann und meine Tochter möchte ich langsam an dieses Phänomen heranführen. Da es ja etwas Neues ist, geht er zu meinem Bedauern nicht sehr offen damit um. Aber ich habe unendliche Kräfte und noch mehr Mut und Freude daran gefunden, dieses Ziel zu erreichen! Ich weiß, ich werde es schaffen!

Für Nico ist Gerechtigkeit überdurchschnittlich wichtig. Er verteilt viel Liebe, hat ein sehr sensibles Empfinden für andere und solche Lernprobleme in der Schule, daß er schon einmal äußerte, sich umbringen zu wollen, obwohl er laut IQ-Test an einer Förderschule hochintelligent sein soll (IQ über 120). Er pendelt sehr gerne und empfängt und gibt mit Inbrunst Reiki. Leider geht auch sehr viel zu Bruch, denn er demontiert andauernd irgendwelche Uhren, Wecker, Taschenrechner oder andere Dinge, um zu sehen, wie sie funktionieren!

Allerdings kennt er immer noch nicht die Bedeutung des Wortes Ordnung, und Dinge, die in unserer Erziehung eine Rolle spielten, sind für ihn unwichtig. Er vergißt oder verliert andauernd Rucksäcke, Jacken, Turnbeutel, Vesperdosen und vieles mehr, da er nicht daran denkt, sie wieder nach Hause zu bringen.

Er verlangt ständig nach liebevollen Worten und sehr viel Körperkontakt, gibt dieses aber auch zurück, was ich als Mami natürlich aufsauge wie ein Schwamm. Wir sind sowieso eine sehr liebevolle und lustige Familie! Nico ist ein richtig toller Erfinder und Tüftler und weiß vieles, was mich verwundert.

Nico hat einen kleinen, aber angenehmen Freundeskreis, in dem er sich regelmäßig aufhält. Einen Drang nach Unabhängigkeit konnte ich bisher nicht feststellen.

Was hilft ihrem Indigo-Kind? Einfache, kurze Anweisungen, exakte Erklärungen, auch vor Verboten oder nach ärgerlichen Ereignissen. Inkonsequenz haßt unser Sohn. Nico war bei mehreren Kinderpsychologen, wurde auf ADS getestet und als LRS*-Kind in der Schule einige Male gefördert. Er hatte das Glück, von einem Kooperationslehrer der Förderschule über eine Dauer von 5 Wochen (ca. 10 Schulstunden) getestet zu werden, und dieser phantastische Mensch erklärte uns, daß in Nico ganz andere Potentiale steckten und er auf keinen Fall auf diese Förderschule gehen sollte! Er habe tiefe Blockaden und könne gar nicht herauslassen, was in ihm stecke!

Wir sind durch eine wunderbare Fügung an einen Kinesiologen geraten, der einige Wochen mit Brain-Gym arbeitete und dann über Muskeltests einiges lösen und erfahren wollte. Dies ist aber momentan nicht möglich, da Nicos Unterbewußtsein keinen Muskeltest zuläßt. Vielleicht arbeiten wir mit NLP weiter, damit Nicos schwaches Selbstwertgefühl aufgearbeitet werden kann.

Eine liebe Freundin unterstützt mich ebenso mit SRT (Spezielle Relativitätstheorie), wodurch mir noch mehr klar wurde. Ich habe das Gefühl, wir gehen nun gemeinsam einen neuen erfolgreichen Weg!

Das Verhalten unserer beiden Kinder ist sehr verschieden. Unsere Tochter zetert und zickt verständlicherweise herum, wenn man sie maßregelt oder bestraft. Nico dagegen ist sehr einsichtig und befolgt aus meiner Sicht fast unterwürfig diese Strafen, wenn sie gerechtfertigt sind! Er hat eine unheimlich beschützende Art gegenüber Kleineren, Jüngeren oder Schwächeren, und seine Gespräche erscheinen oft sehr altklug!

U. und R., Sohn 10 Jahre, Deutschland

26. Seine Nähe macht mich stark und frei, zu sein, wie ich bin

Welche Eigenschaften mich von anderen Kindern unterscheiden? Es ist im Grunde der Wille, ich selbst zu sein. Nicht »anders«, aber echt zu leben, weiter zu denken, weiter zu fühlen.

Ich will, daß die anderen Menschen mich verstehen, wenn ich ihnen meine Ideale oder Erfahrungen näherbringe. Was mich immer wieder unterscheidet, ist, Antworten zu haben. Vielerlei Dinge, die für mich eindeutig und klar sind, erscheinen anderen Menschen erstaunlich. Dann fühle ich mich sonderbar.

Die Zeit ist noch nicht neu, sie ist in alten Mustern und Gesellschaftsordnungen festgefahren, so lange, bis die Menschen vorwärts gehen wollen und ihre Prioritäten neu setzen. Ich fühle mich unter diesen Umständen deplaziert und daran gehindert, ein Leben zu führen, wie ich es mir wünsche. Aber grundsätzlich mag ich mein Leben, weil ich es so gestalte, daß es mir gefällt. Wenn ich es wollte, hatte ich nie Schwierigkeiten, die Anforderungen in der Schule oder die des Lebens zu erfüllen. Jedoch kann ich manchmal nicht verstehen, weshalb gewisse Dinge sind, wie sie sind. Das macht mir das Leben schwer, weil ich mich dann machtlos fühle. Oft mache ich anderen Menschen Probleme, auch wenn ich es nicht will.

Ich kenne einen anderen Indigo, und ich kann mit ihm sprechen wie mit keinem sonst – wir verstehen uns einfach. Unsere Seelen sind sich nah, wir wissen, wie der andere fühlt. Seine Nähe macht mich stark und frei, zu sein, wie ich bin, denn nur wenn er mich erkennt, bin ich wahrhaftig. Wir sind schon lange befreundet, obwohl wir sonst verschiedene Freundeskreise haben und aus anderen familiären Verhältnissen kommen.

Als ich kleiner war, hatte ich eine viel stärkere intuitive Wahrnehmung als heute. Ich sprach aus, was meine Mutter oder mein Vater dachten, und das erschreckte sie. Ich hatte »unsichtbare« Freunde, mit denen ich sprach, und ich wurde aggressiv, wenn meine Mutter behauptete, daß es sie nicht wirklich gäbe. Es gibt viele solche Dinge, die ich aber nie jemandem erzählte, da ich befürchtete, daß sie mich für gestört halten. Z.B., wenn mein Vater Essen kochte und ich bei meiner Freundin spielte, sagte ich plötzlich: »Oh, ich muß nach Hause, das Essen ist fertig.« Ich zog meine Schuhe an, um loszugehen – in dem Moment rief mein Vater an und sagte, ich solle nach Hause kommen. Ich weiß auch, wer an der Türe klingelt, selbst wenn es vollkommen unerwarteter Besuch ist. Oder ich habe plötzlich das Gefühl, ich müsse jemanden anrufen, dann will er oder sie mir dringend etwas erzählen oder hat gerade an mich gedacht.

Ich jobbe in einer Boutique und habe einen Arbeitsplan. Letzte Woche sollte ich laut Plan nachmittags arbeiten. Ich war den ganzen Morgen unruhig und dachte, es stimmt irgend etwas nicht, ich habe mehrmals in den Plan geschaut, ob ich wirklich nachmittags arbeiten muß. Es stellte sich später heraus, daß meine Chefin einen falschen Eintrag in ihre Agenda gemacht hatte und mich morgens zur Arbeit erwartete.

L., Jugendliche, Schweiz

27. Ich spüre die Stimmung von jemand anderem immer

Ich habe immer gewußt, daß ich anders bin, und viele haben mich nicht verstanden.

Seit ich drei Jahre alt war, wollte ich im Umweltschutz arbeiten, bereits mit fünf Jahren wollte ich mich auf Meeressäuger spezialisieren. Und immer war ich weiter als andere, ich habe mehr nachgedacht und wurde deswegen ausgelacht.

In einer Buchhandlung habe ich das Buch »Das Indigo-Phänomen« gefunden. Es gefiel mir irgendwie, also habe ich es gekauft. Ich hatte vorher noch nie davon gehört. Dann habe ich für mich (meine Eltern interessiert so etwas nicht, und sie glauben an vieles nicht, wovon ich weiß) den Selbsttest gemacht, und es gab kaum einen

Punkt, der nicht zutraf. Da wußte ich dann sicher Bescheid, inwiefern ich anders war. Ich denke mehr nach, über alles und jeden, und achte auf mehr Kleinigkeiten. Ich rede mit Bäumen, Steinen, Tieren und den Sternen. Ich sage meine Meinung und will, daß sie respektiert wird. Ich ziehe die Gesellschaft von Erwachsenen häufig der von Gleichaltrigen vor, weil die auch über interessante Themen reden. Bestrafen lassen habe ich mich noch nie, aber mir wurde auch erst einmal in meinem Leben eine Strafe angedroht. Meine Eltern versuchen eher, mit mir zu reden.

In der Schule finde ich es generell langweilig, aber um studieren zu können, brauche ich gute Noten, also schreibe ich welche – mein Notendurchschnitt ist 1,1 auf dem Gymnasium, und ich werde von vielen Streber genannt. Ich sollte sogar eine Klasse überspringen, aber das wollte ich nicht. Die Kinder in der Klasse über mir hassen mich. Ich spüre die Stimmung anderer immer. Ich weiß, wenn jemand traurig ist oder auch nur ein bißchen verstimmt. Meist weiß ich auch, warum das so ist. Mit meiner besten Freundin kann ich manchmal in Gedanken sprechen. Mit ihr habe ich auch angefangen, mich über Wicca* und Techniken der Magie zu informieren. Ich bin zwar konfirmiert (ich bin 15), aber das Christentum sagt mir wenig zu. Ich hatte schon immer meine eigene Vorstellung des Göttlichen.

Ich kann mich häufig sehr schlecht konzentrieren und bin ganz woanders. In der Schule kann ich nur bei Dingen stillsitzen, die mich interessieren. Ich verliere leicht den Bezug zu dem, was meine Eltern Realität nennen.

Seitdem ich weiß, wie anders ich bin, ist es für mich leichter, weil ich weiß, daß ich nicht verrückt bin.

Ich mache Karate und spiele Gitarre, das ist mir sehr

wichtig. Meine Familie liebe ich auch sehr. Ich habe mittlerweile einige sehr gute Freunde, aber das ist noch nicht lange so. Früher hatte ich größtenteils Feinde oder angebliche Freunde. Mit meiner besten Freundin rede ich über alles, wir haben keine Geheimnisse voreinander. Ohne sie wäre ich manchmal durchgedreht, weil ich meinen Eltern nicht alles erzählen konnte, was ich dachte.

Ich mag die Dinge nicht, die andere Jugendliche machen. Discos sind mir zu laut, zu voll und zu stickig, und rauchen finde ich hirnrissig. Ich bin lieber draußen im Wald und am allerliebsten am Meer. Daß ich nicht an einem Meer lebe, finde ich sehr schade.

Vor drei Monaten habe ich überlegt, ob mein Leben überhaupt noch Sinn hat, ich wollte von einer Brücke springen, andauernd war ich traurig. Ich dachte, diese Erde kann sowieso keiner mehr retten und am allerwenigsten ich, weil mich alle hassen. Dann war ich während einer Klassenfahrt fünf Tage auf dem Ijsselmeer segeln. Ich wurde wieder fröhlich, weil das Meer mich umgab und mich meine Klassenkameraden auch recht freundlich behandelten. Meine Freunde haben viel mit mir geredet, und jetzt sind wir noch fester zusammengewachsen. Außerdem habe ich seitdem einen Freund, mit dem ich auch über alles reden kann. Er liebt mich einfach so, wie ich bin. Auf der Klassenfahrt war ich meistens bei ihm.

In meiner Klasse ist ein Junge, der ist am selben Tag wie ich geboren. Wir sind uns einerseits absolut ähnlich und andererseits total verschieden. Er ist ein besonderer Freund von mir. Wir unterhalten uns nie über alltägliche Dinge. Mich haben schon immer Tiere und Pflanzen um Hilfe gerufen. Ich möchte einmal Meeresbiologie studieren und die Kommunikation zwischen Menschen und Delphinen oder Walen erforschen. Außerdem wollte ich schon immer bei Greenpeace arbeiten. Wenn man wissenschaftlich beweisen kann, daß die Tiere mit uns sprechen, hören vielleicht auch andere Menschen zu.

Meine Schwierigkeiten in der Schule sind, daß ich mich schlecht konzentrieren kann und daher vieles nicht mitkriege. Ich kann es dann immer schnell nachholen, weil ich sehr schnell lerne und verstehe, aber manchmal verpasse ich eine Kleinigkeit und habe dann ein Problem.

Ich fände es gut, wenn sich die Lehrer individuell um jeden einzelnen kümmern würden und man nicht immer auf langsamere Schüler Rücksicht nehmen müßte. Ich könnte auch anderen viel erklären, wenn man mich ließe. Es sollten mehr Fächer eingeführt werden, die mich interessieren. Wenn die Klassen kleiner wären, könnten die Lehrer sich besser um uns kümmern, außerdem könnten sie mit jedem einmal reden und uns so besser kennenlernen. Dann könnten sie bestimmt besseren Unterricht machen als jetzt. Frontalunterricht bringt meiner Meinung nach sehr wenig, weil man vieles schon vorher weiß und dann irgendeine unbedeutende Kleinigkeit verpaßt, an der man nachher scheitert. Das ist bei mir jedenfalls so. Mehr Gruppenarbeit wäre gut, vor allem, wenn man die Themen selbst erarbeiten dürfte.

Was ich Erwachsenen im Umgang und zur Unterstützung der Indigos raten möchte? Sie sollten mir zuhören, wie sie einem Erwachsenen zuhören würden, mich aber trotzdem als Fünfzehnjährige akzeptieren. Ich möchte mehr selbst machen, denn ich kann viel mehr, als man mir zutraut. Ich möchte, daß man mir zuhört und ernsthaft über meine Gedanken spricht und sich bemüht, sie zu verstehen. Meine Ideen sollten auch verstanden werden, wenigstens sollten die Erwachsenen es versuchen. Ich möchte nicht, daß man mich oberflächlich behandelt, auf meine Fragen erwarte ich vernünftige Antworten. Man soll mir einfach das zutrauen, wovon ich weiß, daß ich es kann.

Mein Engel hat mir früher häufig geholfen einzuschlafen, wenn ich zuviel nachdenken mußte. Ich habe oft eine andere, dunkle Anwesenheit gespürt, sie hat mir angst gemacht. Aber wenn mein Engel mich tröstete, wußte ich, daß sie mir nichts antun kann. Mein Engel war wie ein warmer Windhauch, der mit unhörbarer Stimme sprach. Ich habe ihn schon länger nicht mehr gesehen.

Über meine Herkunft weiß ich nur, daß ich schon einmal auf der Erde war. Danach war ich ein Teil der universellen Energie und bin auf die Erde gekommen, als ich wieder gebraucht wurde.

Zum Abschluß: Diese Welt hat das Problem, daß die meisten Menschen, die auf ihr leben, sie nicht zu schätzen wissen und sie wie Müll behandeln. Unsere Aufgabe ist es, den Menschen das zu zeigen, damit sie diese Welt lieben. Ich wünsche mir, daß sie das schnell begreifen und die Erde noch retten, denn ich liebe diese Welt, und sie liebt uns.

H., 15 Jahre, Deutschland

28. Heimweh nach zu Hause

Als ich das Buch von Carolina Hehenkamp gelesen habe, bekam ich zum ersten Mal die Bestätigung für mein »anders sein«. Ich habe mich darüber gefreut, daß es noch andere Menschen/Kinder gibt, die so ähnlich sind wie ich. Ich bin sehr eigenwillig und sehe mich selbst als Autoritätsperson, daher gab es viele Schwierigkeiten mit meiner Erziehung und mit den Lehrern. Ich kann mich schlecht an die allgemeine Norm anpassen. Ich habe ein feines Gespür dafür, daß man mich belügt. Ich beschäftige mich oft allein und höre ganz in Ruhe Musik oder lese. Am liebsten mag ich Seelenmusik, die meine Seele berührt.

Ich war oftmals ein Außenseiter, wenn auch nicht immer. Meine Interessen sind Philosophie, Psychologie und Spiritualität. Meine Mutter und meine Oma sagen, daß ich wie ein halber Mann bin (androgyn). Teilweise haben sie recht, denn ich kann es auf den Tod nicht ausstehen, wenn ich etwas gesagt bekomme oder jemand mir widerspricht. Falls doch, muß es ganz nett und ohne einen zynischen Tonfall gesagt werden. Meine Oma schimpft deshalb und sagt, daß ich unerziehbar sei.

Für mich ist es sehr frustrierend und auch schmerzhaft, ein Kind der Neuen Zeit zu sein, da ich keine Gleichgesinnten in meiner Umgebung habe, die auf meiner Wellenlänge liegen. Egal wie nett die Person auch sein mag, mit der ich zu tun habe, für mich kommt es auch auf die innere Übereinstimmung an – die Chemie muß stimmen.

Als Kinder der Neuen Zeit hat man mehr Schwierigkeiten, da Indigo-Kinder ein neues Bewußtsein auf dieser Erde etablieren werden.

Manchmal bin ich traurig, weil ich »Heimweh nach zu Hause« habe und diese nüchterne Erde recht lieblos und kalt ist. Ich kann mich in etwa daran erinnern, wie es damals gewesen ist.

Ich habe immer häufiger festgestellt, daß böse Menschen im Grunde gar nicht böse sind, sie brauchen nur am meisten Liebe und Wärme. Da sie spüren, daß mit der Welt etwas nicht in Ordnung ist, sie es aber nicht ändern können, werden sie frustriert. Sie werden nicht verstanden, können sich bei niemandem aussprechen und werden somit zum Mörder, Verbrecher etc.

Ich kann sehr gut verstehen, wie es in deren Seelen aussieht. Als ich einmal nonverbal von meiner Mitschülerin gemobbt wurde, habe ich aus Wut Geschirr auf den Boden geknallt. Alle Mitschüler rannten zu ihr und haben sie in den Arm genommen, aber mir schenkte keiner Aufmerksamkeit, obwohl ich es nötiger hätte gebrauchen können. Doch äußerlich war ich der Täter und sie das Opfer, aber wenn man hinter die Kulissen schaut, sieht es ganz anders aus.

Ich habe gespürt, daß meine Schutzengel mir diesmal nicht geholfen haben, sie mußten es zulassen, damit ich durch das Mobbing* gestärkt werde. Jeder Sturm stärkt meine Wurzeln. Meine Oma sagte zu mir, daß ich zu viel Energie habe. Das kann sein, aber ich kann sie nicht sinnvoll einsetzen.

Leider kenne ich keine Indigos. Meine Freundin ist Autistin, und ich muß feststellen, daß es Ähnlichkeiten zwischen Autisten und Indigo-Menschen gibt. Bestimmt haben einige Indigo-Kinder auch autistische Züge. Das kommt wohl daher, daß sie sich nie richtig verstanden fühlen und somit in ihre eigene Gefühlswelt verkriechen. Ich glaube, meine Lebensaufgabe ist es, ein neues Bewußtsein einzuführen.

Ich habe seit der Grundschule viele Probleme in der Schule gehabt. Ich war ständig unkonzentriert, weil die Themen einfach langweilig waren und das meiste nur »Mist« war, den wir für die Neue Zeit nicht brauchen werden. Meiner Meinung nach sind viele Lehrer doof, denn sie wissen selbst nicht, was sie ihren Schülern beibringen. Ich denke, daß viele Kinder heutzutage (nicht nur Indigos) eher »unterfordert« sind.

Eine Schulreform mit diesen Eigenschaften könnte ich mir gut vorstellen:

- Uniformen, Disziplin, Zucht, Ordnung, System, Struktur, klare Linien, klare Gefühle und dennoch viel Entscheidungsfreiheit. Keine absolute Autorität
- unkompliziertes Denken und Erklären
- lehren ohne Umschreibungen
- immer sofort auf den Punkt kommen
- Neutralität, unparteiisch sein
- in Teamarbeit gemeinsam ein Ziel anstreben
- Begründungen
- unterscheiden, welche näheren Erklärungen zum besseren Verstehen führen und welche einfach überflüssiges Randdenken oder Umschreibungen sind, die das Begreifen nur erschweren
- Ehrlichkeit, Aufrichtigkeit
- anhand von Beispielen Erklärungen veranschaulichen
- Logik, Flexibilität

Als ich sehr klein war, hatte ich auch mal einen Schutzengel nötig, und er hat mich vor dem Ertrinken bewahrt. Abends stelle ich mir vor, daß ein Engel mir ein Lied vorsingt. Wir haben nicht nur einen Schutzengel um uns, sondern mehrere, die jeweils verschiedene Aufgaben für verschiedene Bereiche haben. Ein Engel paßt auf einen auf, wenn man zur Arbeit geht, ein anderer, wenn man seelische Probleme hat, usw. Natürlich dürfen Engel nie ohne unsere Erlaubnis eingreifen. Wenn man an sie denkt und auf ihre Hilfe vertraut, geben wir ihnen die Erlaubnis. Wir haben einen Hauptengel, der in Notfällen auch ohne unsere Erlaubnis eingreifen darf. Alle anderen halten sich zurück.

Der Hauptengel ist schon immer bei uns gewesen. Er kennt den Menschen ganz genau. Er kennt seine Schwachstellen und Macken, aber auch die Stärken und Talente. Er weiß einfach alles.

Engel lieben uns, wie kein menschliches Wesen es je könnte. Oftmals bringen sie uns mit Absicht in Problemsituationen, damit wir sie um Hilfe bitten und sie die Führung übernehmen können. Wenn wir um Hilfe bitten, geben wir unserem Engel die Erlaubnis, das zu tun, was er schon immer tun wollte, nämlich uns Menschen auf den richtigen Lebensweg bringen. Sie freuen sich, uns helfen zu können. Engel helfen aber nicht, indem sie unsere Probleme wegnehmen oder das Leben für uns leichter machen. Dann könnten wir ja keine Lernerfahrungen sammeln. Sie helfen uns, die Problemen zu überwinden. Engel können verschiedene Farben und Größen haben. Manche sind nur mickrige 15 Meter hoch andere wiederum über 50 Meter. Engel sind weder männlich noch weiblich. Sie können Gestalten von Menschen annehmen. Normalerweise sind sie einfach nur liebevolle Lichtgestalten. Je geistiger sich ein Mensch entwickelt hat, um so höher und edler ist auch sein Engel. Einfache, nicht sehr geistig entwickelte Personen haben auch einfache Engel (die sind deshalb aber nicht schlechter).

Wir leben in der 3. Dimension und machen bis zum Jahre 2012 den Sprung in die 5. (4. ist die Jenseitswelt). Wir Menschen stehen genau vor der Prüfung wie damals die Bewohner von Atlantis. Doch die Atlanter haben sich zu sehr in die Technik verbohrt und mediale Fähigkeiten mit der Technik verbunden. Sie haben Gottes Kräfte miß-braucht, um sie für die Technik einzusetzen. Der mensch-liche Gencode wurde geknackt. Menschen wurden mit Stieren (Zentauren), Fischen (Nixen) und anderen Tieren gekreuzt. Es gab Klone, künstlich erzeugte Sklaven. Des-halb war damals ein Untergang nicht zu vermeiden.

Wir dagegen haben diesen Machtmißbrauch nicht in diesem Ausmaß begangen, deshalb werden wir den »Sprung« auch schaffen.

F., Jugendliche, Deutschland

29. Das Leben ist ein Geschenk

Ehrlich gesagt weiß ich gar nicht, ob ich ein Indigo-Kind bin. Vor kurzer Zeit bin ich in der Bibliothek auf das Buch »Die Kinder des neuen Jahrtausends« von Jan Udo Holey gestoßen und habe festgestellt, daß meine Fähigkeiten nahezu identisch mit denen eines Indigo-Kindes sind. Natürlich wußte ich schon lange vorher, daß ich »anders« bin – nur, jetzt habe ich den Namen, den die Menschen uns gaben, gefunden.

Meine Fähigkeiten sind nicht bahnbrechend. Ich be-ginne gerade erst damit, Dinge wie Telepathie und Teleki-nese* anwenden zu können. In Gesprächen kann ich nach kurzer Zeit aktiv mitdiskutieren, ohne eigentlich et-was über das Thema zu wissen. Ich greife dann auf Infor-mationen zurück, die ich eigentlich gar nicht haben kann.

Ich habe einen außergewöhnlich guten Draht zu kleinen Kindern, zu Tieren und Pflanzen und gebe sogar meinem Kleiderschrank einen Namen.

Es ist hart und deprimierend, ein Wesen der Neuen Zeit zu sein! Jeden Tag wird man mit neuen Herausforderungen konfrontiert. Man hat einen unglaublichen Wissensdurst, fängt an, Sigmund Freud zu lesen und ihn für überholt zu halten. Man startet den Versuch, mit seinem Physiklehrer über das Raum-Zeit-Kontinuum zu diskutieren, weil man gerade mal eben zwischen den Hausaufgaben und dem Einkaufen eine neue Theorie entwickelt hat, und wird ausgelacht, als abergläubisch abgestempelt oder beschimpft, da man mit fünfzehn nicht »wissender« sein kann als seine Lehrer oder die weise Großmutter. Man besitzt ein großes Wissen und hat die Gewißheit, darauf nicht zurückgreifen zu dürfen, weil man sonst – wegen Vorurteilen und der Minderwertigkeitskomplexe anderer – vielleicht seine Freunde und Fürsprecher verlieren könnte. Die Intoleranz ist groß, und der Rand der Verzweiflung scheint häufig nah, jedoch würde ich es mir nie anders wünschen (im Gegensatz zu meiner Freundin).

Meine Mutter hat mich mit 22 Jahren bekommen, und als ich vier war, ließen sich meine Eltern scheiden. Ich bin achtmal umgezogen und habe nie irgendwo Wurzeln geschlagen. Was andere als furchtbaren Schicksalsschlag sehen, sehe ich als gute Erfahrung. »Das Leben ist eines der schwersten«, heißt es so schön. Für mich ist es okay, doch es ist furchtbar, mit anzusehen, wie schnell Menschen aufgeben. Immer wieder setze ich mich hin und helfe den Menschen, indem ich versuche, ihnen klarzumachen, was für ein Geschenk das Leben ist und daß es ohne gut kein schlecht gäbe. Die meisten von ihnen sind unwissend, und obwohl ich soviel weiß, kann ich ihnen nicht helfen, weil sie nicht verstehen. Das ist schade.

Ich kenne noch zwei Mädchen, von denen ich vermute, daß sie Indigo-Kinder sind. Denn obwohl ich alle meine Freundinnen sehr gern habe, kann ich nur mit den beiden sprechen – sie haben ähnliche Erlebnisse und Probleme durchgemacht. Sie teilen meine Schwächen und Stärken und heben sich aus der Menge ab. In erster Linie, denke ich, bin ich hier, um die Menschen vor sich selbst zu bewahren. Sie handeln, ohne wirklich zu wissen, was sie gerade tun, und sind somit eine Gefahr für sich, ihre Mitmenschen und ihre Umwelt.

Ich bin eine sehr schlechte Schülerin. Obwohl ich drei Sprachen lerne und auf eine der besten Schulen hier gehe, fühle ich mich unterfordert. Meine Lehrer sind in meinen Augen intolerant, teilweise dumm, und ich wage sogar zu behaupten, unfähig. Ich lerne nebenher im Eigenstudium Magie, Theologie, Psychologie, Biologie (in Anfängen) und ein wenig Quantenphysik. Ich versuche viele Lehrgänge mitzumachen, um nicht nur dieses sture Zeugs, das man ungefähr einmal in seinem ganzen Leben braucht (nämlich um das seinen Kindern zu zeigen), in mich hineinzustopfen und mit meinem wenigen Wissen auf der Strecke zu bleiben. Ich versuche, mich wenigstens einigermaßen in der Schule zu halten und tolerant zu sein, was angesichts der Intoleranz meiner Mitmenschen nahezu unmöglich ist. Ich würde gerne studieren oder hätte gerne einen Privatlehrer. Ein Jahr im Ausland ist oft zu teuer, als daß es ein Alleinerziehender bezahlen könnte, um seinem Kind die Art von Wissen, die es braucht, greifbar zu machen. Toleranz, Förderung, Unterstützung und mehr Möglichkeiten für Menschen wie mich sind unglaublich wichtig.

Mein Rat an Lehrer, Eltern und andere: Gebt uns nie das Gefühl, daß wir »Besserwisser« sind, die die Weisheit mit Löffeln gefressen haben. Auch wenn wir häufig spöttisch so bezeichnet werden, wie ich hier zu Hause, wir sind nicht allwissend!

Wir sind die, die euch helfen können, aus diesen alten Systemen der Unwissenheit, Intoleranz etc. zu entkommen. Etwas Neues beginnt. Wir sind hier, um dieses Neue einzuleiten und für euch dazusein.

Wir sind keine dummen, nervenden Kinder. Wir sind nur anders. Und das solltet ihr akzeptieren. Lernt mit uns, von uns, für uns, aber bleibt nicht stehen, weil alle sagen, es ist eben so, da es immer schon so war. Es ist anders. Es wird anders werden. Helft uns dabei, euch zu helfen. Lebt *mit* uns, nicht gegen uns. Dies gilt jetzt ganz gezielt für mich und meine Freundinnen, andere können das ja nun ganz anders empfinden. Des weiteren hoffe ich, ihr könnt mir helfen, indem ihr mir mit euerem Wissen über Indigokinder weiterhelft.

Kennst du deine Engel? Lichtwesen? Das ist eine sehr schwierige Frage. Für manches reicht ein deutscher Wortschatz von 400.000 Begriffen nicht aus, um es zu beschreiben. Irgendwann kommen auch bei mir die Worte, und dann werde ich es euch mitteilen.

Ich wünsche mir, daß die Menschen lernen, mit sich selbst und ihrer Umgebung klarzukommen. Bei dem Tempo, das alle vorlegen, bleiben viele einfach auf der Strecke, und am Ende zerstören sie sich selbst, weil sie von ihrer Technik überholt worden sind.

A., Jugendliche, Deutschland

> *KIA ORA*
> *I*ch habe mich an deinem Holz gewärmt,
> *in deinem Wasser erfrischt.*
> *Ich bin auf deine Bäume geklettert,*
> *habe mich auf deiner Erde ausgeruht.*
> *Ich habe deine Menschen geliebt,*
> *mich an deinem Anblick erfreut.*
> *Ich habe deine Luft geatmet,*
> *mich an deinen Früchten gesättigt.*
> *Ich habe unter deiner Sonne gelebt,*
> *unter deinen Sternen geschlafen.*
> *Ich habe zu deiner Musik getanzt,*
> *in deiner Stille Energie getankt.*
> *Ich habe dir vertraut, habe dich geliebt.*
> *Und werde es für immer tun.*

30. Wir sind eine Patchworkfamilie

Meine Tochter ist 5 Jahre alt. Seit zwei Jahren kenne ich den Begriff »Indigo-Kind«. Im Kindergarten fiel meine Tochter durch ihr andersartiges Verhalten auf. Ihre Erzieherin erforschte damals gerade das Phänomen »Indigo« und lieh mir das Buch »Das Indigo-Phänomen«, das ich mir später dann auch selbst gekauft habe. Anfangs habe wir beide die Ratschläge sehr beherzigt und sind gut damit gefahren, doch mit der Zeit drangen meine alten Verhaltensmuster und Zweifel wieder durch, und der Umgang mit meiner Tochter wurde immer anstrengender.

Da wir eine Patchworkfamilie sind, ist das Leben mit meiner Tochter sehr nervenaufreibend. Ich persönlich bin ja offen für alles und auch gerne bereit, mich selbst zu ändern. Mein Lebensgefährte hingegen nicht. Er ist der

Meinung, daß Kinder Respekt vor der Obrigkeit (also ihm) haben müssen, ihm gehorchen und einsichtig sein müssen etc. Er ist diesbezüglich sehr konservativ.

Meine Tochter ist den ganzen Tag in Bewegung und spricht fast ununterbrochen. Sie läßt es nicht zu, wenn ich mich mit jemandem unterhalten möchte (das schätzen ja die meisten Kinder nicht), und muß immer im Mittelpunkt stehen. Sie ist sehr sensibel und bricht bei jeder Kleinigkeit sofort in Tränen aus. Andererseits kann sie bei anderen Dingen vollkommen gefühlskalt sein. Teilweise ist sie sehr aggressiv und stark aufgeladen, so daß man in ihrer Nähe selbst wütend wird.

Am anstrengendsten ist die Tatsache, daß sie keine Schuldgefühle hat und der Überzeugung ist, daß alles, was sie tut, richtig ist, und alle anderen falsch liegen. Und – sie tut nichts, aber auch gar nichts, was man ihr sagt. Es braucht rhetorisches Können, um sie zu etwas zu bewegen. Wie empfinde ich ihren Unabhängigkeitsdrang? Der stört mich überhaupt nicht. Im Gegenteil, ich möchte, daß sie so selbständig wie möglich ist. Auf der Gefühlsebene sind wir beide voneinander abhängig. Wir lieben und vergöttern uns gegenseitig, aber einen gewissen Freiraum braucht natürlich jeder Mensch.

Am schlimmsten ist die Tatsache, daß ich selbst das Gefühl habe, ich mache alles falsch mit ihr. Ich weiß, daß sie viel Liebe und Nachsicht braucht, aber man kann doch nicht immer nachgeben! Manche Dinge gehen eben nicht!

Meine Tochter könnte man schnell als hyperaktiv einstufen. Das ist sie aber im herkömmlichen Sinne nicht. Sie schläft viel und ist sehr wohl in der Lage, auch eine gewisse Zeit sich ganz ruhig zu beschäftigen. Was ADS betrifft, könnte das eher auf sie zutreffen. Sie scheint die meiste Zeit des Tages in einer anderen Welt zu leben, und man muß sie manchmal regelrecht »wachrütteln«, wenn man etwas von ihr möchte.

Ich lehne jede Form der althergebrachten Therapie ab, sowie jede Art von Psychopharmaka. Trotzdem muß ich zugeben, daß ich bis vor kurzem wieder einmal so verzweifelt war, daß ich tatsächlich mit meiner Tochter zum Psychologen gehen wollte. Gott sei Dank fiel mir wieder obengenanntes Buch in die Hände, und ich tauche jetzt wieder intensiver in das Thema Indigo ein. Es ist sehr nervenaufreibend. Diese Schuldgefühle! Dieser Zwang, sich zu ändern! Dieses Zwischen-allen-Stühlen-Sitzen! Positiv ist das nicht.

Andererseits habe ich eine ganz besonders intensive Beziehung zu meinem Kind, obwohl ich arbeite und ich es die meiste Zeit des Tages nicht sehe. Es ist schon immer so gewesen, als wären wir eine Einheit in zwei verschiedenen Körpern. Ich fühle mich von ihr sehr geliebt, und das ist natürlich wahnsinnig schön und macht mich stark. Ich möchte, daß sie selbstbewußt und gütig ist; weiß, was sie will und wie sie es erreicht. Ich wünsche ihr, ebenfalls einmal eigene Indigo-Kinder großzuziehen. Was sie beruflich einmal machen wird, ist mir noch ziemlich gleichgültig. Einen Beruf findet man schneller, wenn man weiß, wie man selbst tickt.

Welche Schulreformen ich mir wünsche? Mehr Ganztagsschulen, in denen die üblichen Fächer unterrichtet und auch Hausaufgaben gemacht werden oder es nachmittags ein Sportangebot gibt und wo die Kinder auch Alltägliches lernen, wie Kochen etc. Der Vorteil ist, gerade bei berufstätigen Eltern, daß die Kinder gut aufgehoben sind und etwas lernen und nachmittags nicht allein sind und schlimmstenfalls in schlechte Kreise geraten.

Ich wollte, daß wir für unsere Tochter eine Schule mit jahrgangsübergreifenden Klassen finden. In ihrer Klasse wird mit wenigen Kindern die 1., 2. und 3. Klasse unterrichtet. Die Kleinen fragen die Großen, die Großen helfen den Kleinen.

Das schönste ist die grenzenlose Liebe, die sie (zumindest meine Tochter) entgegenbringen können. Die Stärke der Persönlichkeit (auch wenn es wirklich extrem anstrengend sein kann), die innere und äußere Schönheit, die Weisheit, die in seltenen Momenten plötzlich durchdringt.

M., Tochter 5 Jahre, Deutschland

31. Man kann mich mit Gedanken beschenken, aber auch zerstören

Auf die Bezeichnung Indigo-Kind kam ich erst ziemlich spät, nachdem ich das Buch »Mary« von Ella Kensington gelesen hatte. Die Adresse des Verlages war auf der letzten Seite notiert, und ich schrieb dem Verleger einen Brief meiner Begeisterung und meinen Dank dafür, daß ich endlich einen Wink in eine Richtung bekam. Später erhielt ich dann die Telefonnummer einer Autorin, die ich direkt anrief und mit der ich mich unterhielt. So erhielt ich die Bestätigung der Vermutung, daß ich ein Indigo-Kind sein könnte. Jetzt bin ich mir wirklich sicher.

Ich nehme die Gefühle anderer Menschen wahr und kann Energien umleiten. Ich erlöste eine Zeitlang negative Energien und kann Gedanken hören. Ich sende Impulse energetischer Informationen, welche das wörtlich Erklärte näher beschreiben oder, besser gesagt: die Bilder und Gefühle weitersenden.

Es ist teilweise sehr schön, ein Kind der Neuen Zeit zu sein und mit Weisheit und von Liebe erfüllt in die Welt blicken zu können. Andererseits bin ich ein ziemlicher Einzelgänger. Ich kann mich zwar ein wenig anpassen, aber es gibt so viele Informationen in einem Raum, daß ich mich nur schwer auf eine Sache konzentrieren kann. Anders zu sein ist für mich mit viel Ärger verbunden. Es fällt mir wirklich schwer, mich in dieser Welt zurechtzufinden, da ich mit meiner Wahrnehmung meistens alleine bin und ich mich in letzter Zeit eher schlecht als recht fühle.

Ich denke, daß ich einen ziemlich intensiven Lernprozeß durchlebe – von den Höhen der Lichtreiche bis hierher, wo ich im Moment bin, in die Tiefe des Schattens – so daß alle nur erdenklichen Ängste und Schreckensbilder, aus denen ich mich befreien konnte, mich wieder einholen. Es wird erwartet, daß ich funktioniere, doch wie? Es ist nicht leicht, und ich war in meinem Geist an Punkten, an denen ich mich besser nicht hätte blicken lassen, doch dient es mir zum Lernen.

Ich denke, ich kenne Indigos, die sich dessen nicht bewußt sind. Trotzdem findet eigentlich fast den ganzen Tag ein Reger Gedanken- und Gefühlsaustausch auf telepathischer Ebene statt. Bei dem Energiefacettenreichtum ist es nicht immer schön und angenehm.

Wie meine Lebensaufgabe in der Welt aussieht? Hm, ich denke, ich kann das noch nicht so genau sagen.

Ich denke, ich habe dieses Leben begonnen, um mit

meinem Karma ins reine zu kommen. Ich strebe den Aufstieg an.

Die Schule ist bei mir seit etwa drei Jahren beendet, wobei die Jahre in der Berufsschule nicht mitgerechnet sind. Es war keine einfache Zeit. Ich war ständig abgelenkt und habe mich kaum für den Stoff interessiert. Zeitweise habe ich Motivationsschübe bekommen, die jedoch nicht lange anhielten.

Es ist kaum zu beschreiben, wie ich mich in meiner Schulzeit verkapselt habe und wo ich in meiner damaligen Klasse stand. Das Problem war, daß ich Gelerntes nicht mehr in mein Gedächtnis zurückrufen konnte, daß ich Gelerntes durch ein Konzentrationsdefizit nur mit Mühe einsetzen konnte. Ich erinnere mich, daß ich in den ersten Klassen der Grundschule ein gutes Verständnis für Zahlen hatte und lange Zahlen multiplizierte. Es machte mir Spaß. Doch als ich die 3. Klasse wiederholen mußte, weil ich fast das halbe Schuljahr der 2. Klasse im Krankenhaus war, verflog meine Motivation, und ich sah mich einer neuen Klasse gegenüber, in der ich keinen guten Start hinlegen konnte wie zu meinem Schulbeginn.

Es sollte in Deutschland Schulen und Zentren extra für Indigo-Kinder geben, da könnte das erkannt werden, was die Kleinen schon von allein zustande bringen, und sie könnten entsprechend betreut werden.

Wie Eltern und Erwachsene uns helfen und unterstützen könnten? Hm. Ich genoß eine Erziehung, welche durch Unterdrückung und Lieblosigkeit gekennzeichnet war. Meine Mutter hat alles in ihrer Macht Stehende getan, so sagt sie, doch nachdem sie so viele Male an meinem Krankenbett gestanden hatte, als diese Zeit vorüberging und meine Gesundheit mit der Pubertät stabiler wurde, hatte sie das Gefühl, ihre Aufgabe erledigt zu haben. Danke, Mama.

Der Punkt ist, emotional präsent zu sein und sich selbst auf diesem langen Weg des Großziehens nicht zu sehr durch Belehrungen und Ärger aufzuopfern. Am besten geht man mit mir um, wenn man durch eine gewisse Schicht von Verunsicherung durchblickt, die Geduld nicht verliert und mich nicht geistig verurteilt. Man kann mich mit Gedanken beschenken, aber auch zerstören. Wenn man das verstanden hat, liegt Achtsamkeit in der Luft, die ich leider nur selten mit anderen Menschen auf dieser Ebene teilen konnte.

Meine Engel kenne ich nicht persönlich, sie standen mir nur wenige Male mental zur Seite und bauten mich auf. Es gab eine Zeit, in der ich alle Menschen in ihrem besonderen Licht gesehen habe, doch Lichtwesen, welche nicht materialisiert schon anwesend waren, habe ich nicht gesehen. Über meine Herkunft könnte ich, denke ich, noch so einiges herausfinden, ich bin mir aber nicht sicher.

Ich denke, daß unsere Welt reich beschenkt wurde, jedoch ist das ein oder andere Geschenk für materielle Menschen nicht zu sehen, oder wenn der Nutzen erkannt wurde, ist er schon beinahe wieder geraubt worden.

Ich wünsche mir, daß ich lerne, besser mit den Energien und meinen Fähigkeiten umzugehen, daß ich endlich einen Platz im Leben habe, daß es in Deutschland mehr Orientierung für Indigos und Suchende gibt und daß mehr über das Thema Angst gesprochen wird. Zu gegebener Zeit werde ich mich gewiß selbst darum kümmern und meine Ideen verwirklichen.

E., Jugendliche, Deutschland

32. Ich fühle einfach, daß ich anders bin als andere

Meine Mutter hat mir von den Indigo-Kindern erzählt. Sie hat mir im Internet einige Websites über dieses Thema gezeigt. Ich hab mir die »Symptome« angesehen und erstaunlich viele Ähnlichkeiten entdeckt. Ich habe vor etwa einem Monat einen anerkannten IQ-Test gemacht, weil bei mir der Verdacht bestand, daß ich ein »Under Achiever*« bin. Ich hatte schlechte Noten in der Schule, obwohl die Lehrer der Meinung waren, daß ich sehr intelligent sein könnte. Das Ergebnis war ein IQ von mehr als 130 (der Test war zu allgemein und nicht genau genug, um höhere Werte zu ermitteln). Ich hatte die volle Punktzahl erreicht. Meine sonstigen Eigenschaften kenne ich nicht genau. Ich fühle einfach, daß ich anders bin. Manchmal habe ich das Gefühl, die Gedanken anderer Menschen lesen und mit Tieren reden zu können. Ich spüre auch oft, daß es Menschen, die mir sehr nahestehen, nicht gutgeht, egal wie weit sie von mir entfernt sind. Ich habe seltsame Träume, die Déjà-vus zur Folge haben.

Ich bin im Moment eher verwirrt. Es ist seltsam, wenn man von einem auf den anderen Tag erfährt, daß man »anders« ist. Aber ich fühle mich nicht besonders gut bei dem Gedanken. Ich laufe oft durch die Straßen und nehme ganz unscheinbare Dinge sehr deutlich wahr. Neulich, als ich zur vollen Stunde an einer Kirche vorbeilief, konnte ich nicht nur die Glocken läuten hören (also den normalen Ton), sondern auch sämtliche Obertöne bis hin zur Hörgrenze.

Ich habe viele soziale Kontakte, auch wenn Menschen mir immer sehr differenziert gegenübertreten. Wenn ich einen Menschen ansehe, dann verbinde ich mit ihm immer eine bestimmte Farbe. Und so entsteht bei mir die Sympathie zu bestimmten Lebewesen. Alles hat für mich eine Farbe. Mein Leben ist – mal abgesehen von den normalen Begebenheiten, die einem tagtäglich passieren – ziemlich ungewöhnlich. Ich bin täglich einem Schwall von Gefühlen ausgesetzt, die von Euphorie über Leere bis hin zu Todesangst reichen.

Ich kenne keine anderen Indigo-Kinder, obwohl ich glaube, neulich eins gesehen zu haben. Es ist ein Freund eines Freundes. Ich kann nicht sagen, daß wir befreundet sind; wir kennen uns und verstehen uns recht gut.

Meine Lebensaufgabe besteht darin, sie erst einmal zu finden. Wir sind ein (oder mehrere) Leben lang auf der Suche nach dieser Aufgabe. Sie kann sich aber auch ändern. Und wenn wir sie gefunden haben, dann, glaube ich, haben wir so etwas wie die »Erleuchtung« erfahren.

In der Schule habe ich Schwierigkeiten. Mein letztes Zeugnis fiel trotz einer 5 und einer 6 im Schnitt ganz gut aus: 2,6. Für die Fächer, die mich interessieren, kann ich mich unwahrscheinlich begeistern. Da hänge ich mich wirklich rein und versuche soviel wie möglich zu erfahren. Andere Fächer interessieren mich nicht so richtig, das kann man auch an den Noten ablesen. Es ist aber nicht so, daß mich ein Fach überhaupt nicht interessiert.

Es liegt auch am Lehrer, wenn der Unterricht oder der Unterrichtsstoff langweilig ist.

Schulreform? Hmm, das ist eine gute Frage – damit habe ich mich noch nie richtig auseinandergesetzt. Natürlich würde ich andere Unterrichtsmethoden einführen und vielleicht auch Lehrern empfehlen, sich alle zwei bis drei Jahre einer Fortbildung zu unterziehen. Eltern und Lehrer, die mit Indigo-Kindern zu tun haben, sollten sich einer Beratung unterziehen, weil ich glaube, daß viele damit überfordert sind. Man sollte ihnen helfen, eine Verbindung zu den Kindern aufzubauen.

Meine intuitive Wahrnehmung? Ich habe schon oft darüber nachgedacht. Es passiert manchmal scheinbar zufällig und manchmal so, als hätte ich es genau in dem Moment gewollt. Ein Beispiel: Ich besuchte neulich eine Vernissage in unserer Schule. Es waren viele Leute da, die ich kannte, und ich war gerade dabei, ein Bild zu fotografieren, als ich jemanden sagen hörte: »Hey XX, du bist ja auch da!« (XX ist in diesem Fall ein Freund von mir, der nicht auf meine Schule geht) Ich drehte mich um, und in dem Moment, als ich XX sah, war es, als würde mich ein Blitz durchfahren. Es war kein schmerzhafter Blitz, mehr eine Art »Lähmung« für den Bruchteil einer Sekunde, und da sah ich einen Kreis mit vielen Symbolen drin. Ich bin richtig zusammengezuckt, hat man mir dann gesagt. Ich habe mir nichts weiter dabei gedacht, weil ich die Symbole nicht deuten konnte.

Unsere Welt zu beschreiben würde den Rahmen dieses Fragebogens sprengen. Aber stichpunktartig werde ich mich darüber auslassen: Unsere Welt ist eine Symbiose aus Gegensätzen. Alles hat seinen Platz, alles ist im Gleichgewicht. Da unsere Welt aber in Bewegung ist – immer und überall –, verschieben sich diese Gewichte häufig, und dann kommt es zu Situationen. Ich schreibe hier bewußt nur »Situationen«. Nehmen wir an, genau an diesem Punkt, an dem ich sitze, befindet sich die gleiche Menge an Freude wie an Trauer. Durch eine Bewegung verschiebt sich die Trauer nun um eine »Einheit« nach rechts, und die Freude überwiegt. Im Moment fühle ich mich gut, ich freue mich ohne ersichtlichen Grund.

M., 18 Jahre, Deutschland

33. Du bist alles irgendwie

Daß ich anders bin, weiß ich, schon seit ich neun bin. Da habe ich das erste Mal eine Aura gesehen. Daß es Indigo-Kinder gibt und daß ich eins bin, habe ich erst mit 25 Jahren erfahren, als ich die Bücher von Drunvalo Melchizedek gelesen habe. Daraufhin habe ich mir noch zwei Bücher über Indigos gekauft. Es war für mich eine große Erleichterung, ein Zugehörigkeitsgefühl zu diesen Menschen zu entwickeln, die meine Gedanken und Gefühle nachvollziehen können.

Ich konnte mich in der Schule nie der Hierarchie der anderen Kinder beugen und hatte dadurch immer wieder Kontaktprobleme. Ich habe mit 13 Jahren meine Oma ins Jenseits begleitet, sie war zu dem Zeitpunkt schon 18 Monate tot. Nach diesem Erlebnis habe ich noch einigen Seelen weitergeholfen, bis es mir zuviel wurde und ich meinen Schutzengel gebeten habe, sie zu jemand anderem zu schicken. Im Alter von 14 Jahren habe ich Handauflegen, Pendeln, den Umgang mit Edelsteinen, Fernheilung und Tai-Chi gelernt. Durch dieses Wissen wurde ich unabhängiger von der Zuneigung Gleichaltriger. Ich hatte viel Kontakt zu spirituell entwickelten Erwachsenen, die mich zum Teil verstanden.

In den Seminaren merkte ich, daß ich auch mit den Händen sehr feinfühlig bin. Ich habe während einer

Fernheilung bei einer Frau Nierensteine gespürt, von denen ich vorher nichts wußte. Außerdem habe ich während der Seminare fast alle meine vorigen Leben gesehen, obwohl ich jetzt glaube, daß das nicht so wichtig ist.

Ich helfe gerne, wenn es wirklich nötig ist, aber wenn ich spüre, daß die Leute ihr Leiden mißbrauchen, um Zuwendung zu bekommen, werde ich aggressiv und kann sie nicht trösten. Das war bei mir schon als Kind so. Ich konnte es damals nur nicht zuordnen und habe mich dann als sehr hartherzig empfunden.

Es ist manchmal die größte Belastung, ein Wesen der Neuen Zeit zu sein! Als mir auf dem Edelsteinsymposium bei einem Workshop richtig klar wurde, daß ich Indigo bin, habe ich geweint. Ich hatte das Gefühl, mein Herz fließt über, zerspringt, dehnt sich aus, und das alles gleichzeitig. Dann habe ich eine große Belastung gespürt und das Gefühl gehabt, der Verantwortung nicht gewachsen zu sein, bis mir die Seminarleiterin gesagt hat: »Wir müssen nichts tun, nur so sein, wie wir sind. Allein dadurch verändern wir schon.« Das hat mir sehr geholfen. Es ist wahr, ich habe es erfahren – trotzdem habe ich oft das Gefühl, soviel tun zu müssen.

Mein Leben? Ich wachse. Ich male Mandalas*, seit ich 14 bin. Wie ein Mandala ist auch mein Leben, es bewegt sich zur Mitte, dann nach außen und immer wieder zur Mitte. Meine Freunde fragen oft: »Tust du noch das gleiche, oder machst du was Neues?« Ich selbst empfinde mich nicht als unstet – für mich hat das alles einen Sinn, und ein Plan steht dahinter – für andere bin ich manchmal sehr schnell.

Als ich einmal Liebeskummer hatte, führte ich ein Gespräch mit dem NLP-Therapeuten meiner Mutter.

Nach einer Woche hat er mich wiedergesehen, und ich hatte das Erlebnis komplett verarbeitet. Das Thema war damit erledigt. So ist das bei mir meistens. Wenn ich sehe, wo das Problem liegt, habe ich es schon erledigt.

Im Berufsleben habe ich große Probleme mit künstlicher Autorität. Ich bin Floristin und hatte drei Chefinnen, die etwa 30 Jahre alt waren, mit ihnen kam ich nie zurecht. Ich bin zu gerade, rede keinem nach dem Mund und differenziere mehr, als die meisten vertragen. Mein jetziger Chef ist 50. Er verfügt über eine natürliche Autorität. Damit komme ich gut aus – er respektiert mich, ich ihn.

Außer meinen 15-jährigen Bruder kenne ich leider keinen anderen Indigo. Allerdings sind sehr viele Indigo-Kinder Kunden bei mir im Blumenladen. Es gibt immer wieder tolle Begegnungen mit ihnen. Ich würde gerne Indigos in meinem Alter kennenlernen.

Ich glaube, daß die Mandalas, die ich male, Teil meiner Aufgabe sind, obwohl die Zeit, sie öffentlich zu machen, noch nicht dazusein scheint. Ich habe mehrere kopfgesteuerte Versuche gemacht, sie zu veröffentlichen, die aber scheiterten. Vielleicht bietet das Internet mir Möglichkeiten dazu. Ich bin erst seit ein paar Monaten online und mit einem PC ausgestattet. Außerdem ist es meine Aufgabe, zu sein, wie ich bin, und meine Mitmenschen dadurch zu Veränderungen anzuregen. Obwohl mir das noch gar nicht so lange bewußt ist, färbe ich scheinbar auf meine Umgebung ab, allein dadurch, daß ich so selbstverständlich mit Spiritualität umgehe. Ich sage viele Dinge, die sich andere nicht trauen. Und siehe: die konservativsten, starrsten Menschen kommen auf einmal von sich aus auf mich zu und interessieren sich für Heilsteine und

Bachblüten. Sie sehen einfach, daß es mir gutgeht und guttut, und möchten diese Erfahrungen selbst machen. Ich denke, diesen Effekt sollte man nicht gering einschätzen, und er tröstet mich immer wieder, wenn alles andere nicht schnell genug geht.

Die Schule war für mich etwas, was man mit möglichst wenig Arbeitsaufwand und den am besten zu erzielenden Ergebnissen hinter sich bringen muß. Das habe ich geschafft, mit der Hilfe meiner Eltern, viel Verständnis und Geduld, und vielen Wutausbrüchen meinerseits. Die ersten sechs Schuljahre habe ich jeden Mittag eine Stunde auf die Schlechtigkeit der Welt im allgemeinen und meiner Lehrer im besonderen geschimpft. Meine Mutter hat mich schimpfen lassen und gestrickt, bis die Hausaufgaben fertig waren. Wenn die Widerstände zu groß waren, hat sie mir auch mal meine Hausaufgaben gemacht. Das kann ich übrigens nur weiterempfehlen, es sparte auf beiden Seiten Nerven, ich fühlte mich nicht im Stich gelassen, und das Abi habe ich trotzdem.

Den Stoff in der Schule fand ich größtenteils öde. Kaum etwas davon braucht man später wirklich. Ich bin jetzt 26 Jahre alt und arbeite, ich kann es jetzt also beurteilen. Mit dem Schreiben hatte ich immer schon einige Schwierigkeiten, die auch die modernsten Rechtschreibkurse nicht ganz beheben konnten.

Schulreform? Energielehre (Aura, Chakren, Farben, Meridiane, Meditation) und vor allem Bewegung, Tai-Chi, inneres Kind, Hohes Selbst, Mittleres Selbst und ihre Zusammenarbeit etc. sollten unbedingt in die Schule integriert werden.

Kleine Klassen wären toll. Mehr Anleitung, wie ich lerne, als was ich lerne. Heutzutage muß noch so viel aus-

wendig gelernt werden, obwohl man es nachlesen kann.
Warum?

Schullösungen? Moderne Medien und Umgang mit ihnen.
Viel selbständig machen lassen und vor allem keine Angst
vor dem Ergebnis. Ehrlichkeit der Lehrer. Jedes Indigo
durchschaut Lügen oder widersprüchliche Aussagen. Die
Lehrer werden dann verzweifeln. Nur die Wahrheit wird
helfen.

Wie Eltern und Lehrer helfen könnten? Mit Ehrlichkeit.
Entwickelt euch, und gebt Schwächen zu. Nur so könnt
ihr auf Rücksicht hoffen; immer erst überlegen: »Muß ich
das wirklich verbieten?« Kein Machtkampf aus Prinzip. Ihr
werdet verlieren.

Meine Mutter hat nach diesen Prinzipien drei Kinder
gut erzogen. Gefühle zeigen, das konnte sie lange nicht.
Vor allem ich habe ihr deshalb schwer zugesetzt, aber jetzt
hat sie es gelernt, und wir haben ein super Verhältnis.
Man muß nicht immer stark sein, aber man muß immer
den wahren Grund für eine Entscheidung zugeben. Seid
lieb zueinander, das hilft immer.

Unsere Welt ist wunderschön, und alle entwickeln sich.
Gerade ist es mal wieder ganz konkret: Einer will Krieg,
und keiner geht hin. Die Leute brauchen Verluste und
Krisen, um sich zu verändern. Sie tun es nicht freiwillig,
solange das Leben bequem ist. Viele alte Strukturen gehen
kaputt, aber ich empfinde es als Segen, nicht als Fluch,
denn durch den Aufbruch alter Strukturen ist Wachstum
möglich – ich glaube fest an den Phönix aus der Asche.

Ich glaube auch, daß das gar nicht mehr so weit weg
ist. Die Menschen müssen nur noch lernen, es zu sehen.
Wir tragen dazu bei, indem wir das Gesunde, Schöne,

Wachsende, Blühende hervorheben und das Augenmerk der Menschen darauf lenken, sei es nur für eine Sekunde. Viele Augenblicke zusammen geben auch einen Tag! Das ist etwas, was jeder jeden Tag tun kann: das Schöne sehen und es mitteilen, ein Lächeln, ein nettes Wort, ein lieber Gedanke. Das verändert die Welt. Das ist der Trick, denn wenn du dich veränderst, veränderst du alles, weil du alles bist.

S., 26 Jahre, Deutschland

34. Liebe ist das einzige, was wirklich ist

Hallo Carolina, Liebe ist das einzige, was wirklich ist. Liebe ist das einzige, was existiert. Nur die Wirklichkeit, das, was ist, ist vollkommen, total und in sich vollständig und ganz. Es benötigt nichts, es bedarf nichts. Es ist einfach. Das ist Sein, und das ist das, was die Liebe ist. Nur Wahrheit existiert. Und die Wahrheit kann nicht bedroht werden, weil sie formlos ist. Über das, was formlos ist, kann nicht diskutiert werden, es ist selbsterklärend, selbstoffenbarend und selbstexistent.

Nur die Wirklichkeit existiert. Sie ist die Kraft, die Macht und Güte der Liebe, die jederzeit, überall, gleich und ohne Ausnahme alles umgibt und Leben nährt. Sie ist die Essenz des Seins.

In der Präsenz der Liebe gibt es keine Fragen, und Wahrheit ist eine mühelose, sich selbst aufzeigende Verständlichkeit, die keiner mentalen Aktivität bedarf. Bewegung hält inne. Statt dessen präsentiert sich eine Stille, die alles Leben umschließt, nicht unterbrochen oder übertönt werden kann, weil sie das Sein ist, was Liebe ist. Es ist die Liebe, die sich der Liebe selbst gewahr wird, ohne Identität, ein Sein ohne Anforderungen.

Im Feld der Liebe verliert jede Unwirklichkeit seine Bedeutung und seine Wirklichkeit. Im Zentrum des Seins, erkannt durch eine unbeschreibliche Präsenz der Liebe, fallen alle Illusionen ab. Und Wissen, das keinen Namen hat, aber total in seiner Wirklichkeit ist, nährt einen, weil das Selbst sich auflöst und keine Nahrung mehr braucht. Das, was übrig ist, ist die Wirklichkeit, die Liebe, das Sein, ohne Form, ohne Bedürfnisse; es präsentiert sich als das »Ich«, ein liebevolles Allsein, wahrgenommen durch eine universale Präsenz, ohne Grenzen und Inhalt.

Krankheit, Leid, Probleme, Einschränkung entstehen aus der Ignoranz der Liebe und des wahren Seins, des echten Selbst. Leid wird nur durch einen Grund geschaffen, aus dem Glauben, daß das »Ich« die Persönlichkeit ist. Nichts kann geheilt werden, ohne daß der Kontext des »Selbst« verschoben, erweitert, oder in einen neuen Zusammenhang gesetzt wird. Heilung geschieht nur durch Rekontextualisierung* (Zusammenhänge wiederherstellen). Die Unwirklichkeit, die Positionalität des Ego wird für einen weiteren Kontext von Existenz und Selbstidentität »geopfert«. »Opfern« ist dann nichts anderes als das Wählen von etwas Wirklicherem und Liebevollerem gegenüber dem Unwahren.

Es gibt einen Ort (ein Feld, eine Wirklichkeit), an dem es keine Fragen mehr gibt, an dem nichts unklar ist, an dem alle Probleme verschwinden, an dem alles Leid aufhört und Heilung nichts anderes ist, als das Selbstverständliche, denn es ist die Bewegung des Bewußtseins von »Wahrnehmung« zu »Gewahrsein«, ein Sprung vom Unwahren zum Wahren, worin alle Illusionen demaskiert und fallengelassen werden. Das geschieht ohne Mühe, weil Liebe ohne Mühe ist. Liebe ist das, was heilt, weil sie wirklich ist. Wenn man sich die Frage stellt: »Wer bin ich?«, dann wird diese Frage nicht beantwortet werden können, oder sie wird mit Verhaftung und Begrenzung, mit Rollen, Aspekten, Form und Inhalt angegeben. Das »Ich« ist dann die Geschichte von »mir«. Gott spricht zu keinem. Kein Wesen, das Gott erkannt hat, beansprucht, von Gott angesprochen zu werden. Wie denn auch, wenn die Realisierung Gottes das Sein Gottes selbst ist?

Das »Ich«, das sich als Existenz selbst realisiert hat, stimmt sich auf Gott in einem stillen inneren Wissen ein.

In diesem stillen inneren Wissen verweilt das Selbst, die Liebe, die Wirklichkeit. Es ist das Zentrum, das überall ist. Viele Menschen haben viele Fragen. Viele Menschen haben viele Probleme. Viele Menschen sind – innerhalb ihrer Erfahrung und Illusion – von ihrem inneren Wissen, von ihrem Zentrum getrennt. Sie wissen nicht, wer sie wirklich sind. Sie wissen nicht, was Liebe ist. Sie wissen nicht, was Stille ist. Sie wissen nicht, daß sie in Wirklichkeit wissen, still sind und die Liebe selbst sind.

Wenn man die Menschen zu ihrem Zentrum bringt, bringt man sie in ein Feld von Gewahrsein, in dem alles, was sie dachten, nicht existiert. In dem sie Heilung finden, weil sie in einem Feld, in einer Dimension sind, die einen weiteren, unbegrenzten Kontext zum »Sein« hat.

Heilarbeit ist nichts anderes als »processing«. Es ist Problemlösung auf der Ebene des Problems. Processing verstärkt das Problem, indem man sich mit dem Problem beschäftigt. Das, worauf man sich konzentriert, manifestiert sich. Zu sagen, ich arbeite an etwas, sagt der Existenz, daß es dieses Etwas geben muß, damit man daran arbeiten kann.

Weiter kommt das spirituelle Ego ins Spiel, was wahrscheinlich der stärkste Faktor ist. Heiler definieren sich als Heiler, und schon haben sie ihr Ego bis ins Unermeßliche gestärkt, denn jede Identifikation ist eine Verhaftung und stärkt das Ego. Ein besonderes Spiel des Ego ist die Suche nach Erleuchtung oder Spiritualität, wobei es in Wirklichkeit nach der Identifikation sucht, nicht nach dem Sein.

Es sucht das »Ich bin spirituell« oder das »Ich bin erleuchtet« oder das »Ich bin ein Heiler«. Wobei es auf subtile Art durch die Hintertür hineinschleicht und tief verwurzelt ist. Heiler sehen sich noch als getrennt vom zu Heilenden. Sie glauben, daß sie selbst etwas tun oder etwas verändern und daß sie helfen. In Wirklichkeit stärken sie ihr Ego, und zu 90% erschaffen sie sich selbst ihre Erfahrungen in der Heilarbeit.

Ich erinnere mich noch, wie ich und Melvin (Schamane und »Heiler«) uns zusammengesetzt und uns gefragt haben, warum die Menschen immer wieder mit den gleichen Problemen zurückkommen.

Die Antwort ist ganz einfach. Man muß selbst im Gewahrsein des Absoluten verweilen und die Person, die vor einem ist, als das erkennen, was sie wirklich ist, und sie so daran erinnern, weil man sich selbst erinnert. Man muß selbst in jedem Augenblick des Jetzt im Zentrum verweilen. Man verweilt in der Präsenz der Liebe, die alles und jeden umgibt. Man nimmt gar nicht wahr, daß »die Person vor dir« nicht im Zentrum ist, denn das ist in Wirklichkeit eine Illusion. Man sieht die Liebe, man sieht das Zentrum – überall –, als das, was wirklich ist.

Das schafft eine Anziehung, ein Feld der Wirklichkeit, die, wenn sie kritische Masse erreicht, den freien Willen zu überbrücken vermag. Denn das einzige, was einen davon abhält, ganz zu sein, ist der eigene Wille, es nicht zu sein. Es ist das Festhalten an der bekannten Identität. Doch Liebe, die kritische Masse erreicht, ist unwiderstehlich. Sie lädt ein, sie berührt warm und sanft und doch so kraftvoll, wie ein riesiger Magnet kleine Eisenteile anzieht. Schmeckt die Person einmal die Liebe, dann ist Liebe das einzige, was von Bedeutung ist.

Jemand, der die Präsenz der Liebe realisiert hat, der innerhalb des Feldes der Liebe verweilt, benötigt keine Technik, kein Tun, kein Verändern, kein Mittel. Er muß nur sein, und seine Präsenz heilt; nicht weil er es will. Er hat keinen Willen, nicht weil er sich selbst als Heiler identifiziert, sondern weil er weiß. Er hat sich selbst erkannt und weckt das Wissen in anderen.

Melvin sieht seine Funktion darin, Menschen in ihr Zentrum zu bringen, wo sich ihr Bewußtsein aus dem Teufelskreis der Ursache löst. Bei den Menschen, die wirklich geheilt werden, ist es offensichtlich, daß sie von sich aus bereit sind, ihr vertrautes Bewußtsein zu verlassen und neue Perspektiven einzunehmen.

Inwieweit ist Heilarbeit dann sinnvoll? Es ist wie bei Drogen. Drogen bringen uns kein Hochgefühl, sondern sie unterdrücken das Tief. Sie unterdrücken die niedrigen, dichten Energiefelder* und ermöglichen der Person so, in hohe Bewußtseinszustände einzutauchen. Die gleiche Wirkung hat Energiearbeit. Obwohl es keine wirklichen Ursachen und Wirkungen gibt. Sie hebt die Person in ein höheres Energiefeld (Bewußtseinszustand) durch die Suppression von negativen Feldern.

Energiearbeit ohne die Evolution des Bewußtseins hat keinen Sinn. Die Person wird nur für eine bestimmte Zeit angehoben, doch ihr Bewußtsein erweitert sich nicht, und sie fallen wieder zurück.

In Wirklichkeit ist alles, was ist, genau so, wie es ist, perfekt und ganz. Nichts benötigt Heilung, denn alles bewegt sich im Rahmen seiner maximalen Potentialität, die verwirklicht ist. Alles manifestiert sich aus dem Feld des selbstexistenten Bewußtseins und geht natürlich seinen Lauf. Alles Tun ist eine Illusion, denn jede Sequenz, Zeit,

Linearität ist nur eine Wahrnehmung des Ego in Zeit und Raum des sich natürlich ausdrückenden Seins. Und das, was ist, ist Liebe. Anstatt sich auf Illusionen zu konzentrieren, ist es weitaus machtvoller, sich auf die eigene Evolution zu besinnen und sein Gewahrsein so zu erweitern, daß man die Liebe auch als Liebe erkennt. Je intensiver das Sein, desto unbedeutender das Tun. Die, die nicht im Sein verweilen, glauben, viel tun zu müssen.

Doch letztlich ist das alles ohne Bedeutung, denn das Spiel wird auf allen Ebenen gespielt, und alles, was ist, ist Liebe.

Ich arbeite, seit ich 17 bin, an Konzepten und Ideen für »Indigo-Programme« und leite die Jugendorganisation einer Religionsgruppe in Österreich, in die ich hineingeboren wurde. Ich habe also schon einige Erfahrung mit Seminaren, Workshops und Camps. Ich bin zu James Tyman nach Amerika gereist, um mit ihm mit der jungen Generation zusammenzuarbeiten. Leider besitzt er für mich nicht die erforderliche Integrität und innere Wirklichkeit, so daß ich mit ihm zusammenarbeiten könnte.

Ich und meine Schwestern S. (19, zur Zeit in Neuseeland) und J. (19, in Amerika) sind seit vielen Jahren mit der Thematik Spiritualität und Bewußtsein vertraut. S. hat auch 6 Monate die Endeavor Academy besucht (A Course In Miracles). Wir haben alle Erfahrung mit Workshops und Camps. Zusätzlich möchte sich M. (in Amerika mit meiner Mutter) für die Arbeit mit der jungen Generation anbieten. Er hat meine Reise begleitet (ich traf ihn mit 17), und seine Präsenz von Liebe ist für mich immer noch transformierend. Er findet insbesondere zur jungen Generation Zugang (wie zu mir).

B., 20 Jahre, Deutschland

Aus der Tiefe der Liebe
Das Spiel ist vorbei. Wir haben unsere Rolle gut gespielt,
und jetzt beenden wir den Kampf.
In der Einheit finden wir uns selbst,
da ich sage, ich liebe dich.
Oh, alles, was ich dir anbieten kann, ist mein Herz.
Es ist eben nur ein einfaches Spiel.
Du bist mein wertvollster Schlüssel.
So viel mehr wartet auf uns,
so glücklich und fröhlich
spielend in der Wärme der Sonne.

S.F., Mallorca

35. Du warst schon mal mein Kind

Meine Tochter ist jetzt fünfeinhalb Jahre alt. Als sie ca.
vier Jahre alt war, sagte sie, nachdem wir etwas über den
Tod im Fernsehen gesehen hatten (wörtlich wiedergege-
ben): »Weißt du Mama, ich war auch schon mal tot, doch
jetzt bin ich wieder hier, und du warst schon mal mein
Kind, und ich war schon mal deine Mutter, aber du warst
ein anderes Kind, und ich war eine andere Mutter.«

In dem Moment wußte ich, daß sie ein sehr spiritueller Mensch ist, eine wiedergeborene Seele. Ein Jahr später, nachdem mir meine Tochter immer wieder spirituelle
Botschaften mitgeteilt hat (die ich seitdem aufgeschrieben
habe), habe ich auf einer esoterischen Messe das erste
Mal etwas von Indigo-Kindern gehört und mir ein Buch
darüber gekauft. Da wußte ich, daß ich ein Indigo-Kind
habe.

Manchmal ist es wirklich sehr anstrengend, es wechseln sich sehr schöne und innige Momente mit schwierigen ab, in denen sich meine Tochter sehr willensstark und dominant verhält und den Erwachsenen wie eine kleine Königin etwas befehlen will. Dann müssen wir ihr immer wieder klarmachen, daß es so nicht geht. Eigentlich habe ich viel Geduld, doch ab und zu bringt sie mich an meine Grenzen der Belastbarkeit. Doch ich fühle, daß uns ein starkes Band von Vertrauen und Liebe verbindet. Vor allem seit sie mir einmal sagte, daß sie sich vom lieben Gott mich als Mama ausgesucht habe, weil sie eine Mama haben wollte, mit der sie über diese Dinge reden kann.

Vielleicht bin ich auch ein Indigo-Kind, weil ich schon von Kindheit an die Aura von Menschen, Tieren und Pflanzen sehen kann. Zum Glück konnte ich damals und kann auch heute noch mit meinen Eltern darüber reden. Meine Tochter erzählt ab und zu auch meiner Mutter, was sie wahrnimmt, z.B. von verstorbenen Menschen und Tieren (ihre beiden Uromas und unser Hund) und anderen feinstofflichen Wesen, die sie sieht. Ich denke, daß ich von ihr noch einiges lernen kann, obwohl sie noch ein Kind ist. Ich glaube, daß ich die schwierige Aufgabe habe, immer wieder die Balance zu halten, sie einerseits wie ein »normales« Kind zu behandeln und wachsen zu lassen und auf der anderen Seite darauf zu achten, daß sie ihre Fähigkeiten nicht verlernt und es schafft, ihre Lebensaufgabe zu finden.

Sie spricht mit Pflanzen, Tieren und Steinen. Sie ist sehr mitfühlend. Sehr willensstark und präsent beharrt sie auf ihrem Standpunkt. Sie kann sehr gut allein sein, will vieles allein machen und ist sensitiv.

Einerseits motiviere ich sie und lobe sie für alles, was sie schafft, und ich bin stolz, daß sie schon vieles allein kann. Aber manchmal macht es mich auch ein bißchen traurig, zu sehen, wie sie sich immer mehr abnabelt und in vielen Dingen keine Hilfe mehr von mir braucht. Ich denke, es geht wohl vielen Müttern so.

Am besten hört sie, wenn sie Fernsehverbot, Süßigkeitenverbot, Computerverbot oder Ausgehverbot bekommt. Daneben haben wir einige feste Regeln aufgestellt, an die sie sich halten muß. Ab und zu schließen wir aber auch einen Kompromiß, der die Verbote mildert. Meistens hilft es auch, wenn man ihr genau erklärt, warum sie etwas tun soll. Dann tut sie es oft freiwillig und sagt zu mir sogar, daß ich recht habe.

Meine Tochter ist nicht hyperaktiv, sondern sehr aufgeweckt, neugierig, aktiv und kann sich sehr gut auf etwas konzentrieren, vorausgesetzt, es macht ihr Spaß. Ansonsten kann sie auch sehr sprunghaft sein und hält sich dann nicht lange bei einer Sache auf. Wie schon gesagt ist sie auch sensitiv und nimmt feinstofflichere Ebenen wahr.

Auf ihre Sensitivität gehe ich ein, indem ich ihr zuhöre, auf Fragen antworte und ihr glaube, was sie sagt. Wenn sie mir sagt, daß sie ein Erinnerungskind, ein Sternenkind, ein Herzkind und ein Regenbogenkind ist, erkläre ich ihr, daß es noch andere Kinder gibt, die so sind wie sie.

Ich denke, wir alle können von diesen Kindern lernen, wenn wir dazu bereit sind und uns trauen, auch unsere Schwächen und unsere Gefühle zu zeigen, und sie nicht von oben herab, sondern immer mit Respekt behandeln.

Ich wünsche mir für meine Tochter, daß sie ihre Lebensaufgabe und den für sie richtigen Beruf findet und gegen alle Wiederstände, die sich ihr im Leben entgegenstellen, ankommt und stark genug ist, das für sie als richtig Erkannte auch durchzusetzen. Daß sie gute Freunde hat und behält, die sie so annehmen, wie sie ist. Daß sie ihre spirituellen Fähigkeiten nie verliert, auch wenn sie diese mal eine Zeitlang zur Seite stellen muß. Daß sie immer genug zu essen, immer ein Dach über dem Kopf und ein Bett zum Schlafen hat. Daß sie immer genug Geld hat, um gut leben zu können. Daß sie den für sie richtigen Partner findet und daß wir, mein Mann und ich, immer in Kontakt mit ihr bleiben, egal wie ihr Lebensweg auch aussieht, und ich wie eine gute Freundin für sie sein kann. Daß sie ein langes und glückliches Leben hat und sich ihre Lebenswünsche erfüllen.

Ich mag die mitfühlende Art der Indigos, ihr starkes Selbstbewußtsein und ihren starken Willen, ihr Gefühl für Gerechtigkeit. Sie wissen selbst am besten, wer sie sind, und ordnen sich nicht unter, wenn sie es nicht selber wollen. Anders als andere Kinder haben sie nicht diesen übergroßen Respekt vor Menschen, sondern sagen offen und ehrlich ihre Meinung. Was die Schule betrifft, haben wir vor, unsere Tochter auf die Montessorischule zu schicken.

U., Tochter 5 ½ Jahre, Deutschland

36. Meine Mutter hat ihre Träume und damit ihr Lachen verloren

Daß ich anders bin als andere Menschen, habe ich schon immer gewußt. Daß es dafür auch einen Namen gibt, weiß ich erst seit gestern. Gesagt hat es mir mein Freund, der es wiederum von seiner Mutter weiß.

So genau läßt sich nicht sagen, welche besonderen Eigenschaften ich habe. Ich bin nicht gerne mit Leuten meiner Altersklasse zusammen. Ich kann mit ihnen über einen längeren Zeitraum nichts anfangen. Ich akzeptiere keine Menschen, die über mich bestimmen wollen. Ich hasse Ungerechtigkeit. Ich habe andere Hobbys, höre andere Musik. Ich bin laut meiner Familie gefühlskalt.

Als ich meinen Freund kennenlernte, habe ich das erste Mal in meinem Leben so etwas wie Liebe gegenüber einem anderen Menschen empfunden, obwohl ich gerne auch mit anderen Menschen zusammen wäre. Es gibt allerdings nur sehr, sehr wenige Menschen, die mich verstehen, mich respektieren und mich so nehmen, wie ich bin. Also bin ich eine Einzelgängerin geworden. Aber manchmal bin ich selbst den Menschen, die mich mögen, unheimlich. Ich weiß Dinge, die sie nicht wissen, ich habe vor nichts Angst und falle immer auf die Füße. Die Menschen haben einfach Angst vor allem, was sie nicht kennen und verstehen.

Ich liebe das Leben, aber es ist schwer, in dieser Zeit zu überleben. Man muß mit viel Ablehnung zurechtkommen. Das hat jedoch auch seine Vorteile, denn man lernt, wer seine wahren Freunde sind, und man lernt, zu kämpfen und zu überleben. Ich weiß nicht, wie es ist, wenn man nicht für jede Kleinigkeit kämpfen muß, wenn man nicht ständig anderen Menschen erklären muß, warum man ist, wie man ist. Ich bin stark, und ich weiß, daß ich es schaffen werde. Dennoch bin ich oft nahe daran, aufzugeben.

Wie erfahre ich mein Leben? Hart, aber es hat etwas Magisches. Besonders schwer ist für mich das Zusammenleben mit meiner Mutter. Sie hat viele Probleme mit sich selbst, und meistens läßt sie ihre ganze Wut und ihren ganzen Frust an mir aus. Wir haben viel zu oft Streit. Ich sage ihr immer, sie soll das Leben nicht so ernst nehmen und daß es zu kurz ist, um ständig Angst zu haben vor dem, was vielleicht in 10 Jahren ist. Ich glaube, meine Mutter hat ihre Träume und damit auch ihr Lachen vor langer Zeit verloren.

Mein Vater ist lockerer. Ich hab mehr von ihm mitbekommen als von meiner Mutter. Er nimmt nicht alles ganz so ernst. Mit ihm habe ich sehr selten Streit. Ich sehe ihn aber auch nur einmal die Woche.

Mein Freund ist der erste Mensch, der mich wirklich versteht. Er ist mein Seelenverwandter. Zwischen uns herrscht Harmonie, und wir hatten in den sieben Monaten seit denen wir zusammen sind, noch nie Streit. Er versteht, wie ich denke und wie ich fühle. Er ist meine Brücke zu anderen Menschen.

Ich bin auf der Erde, um zu helfen, um Ungerechtigkeiten, besonders an Kindern und ethnischen Minderheiten, zu verhindern und ihnen ein glückliches, friedliches Leben zu ermöglichen.

Ich habe große Schwierigkeiten in der Schule. Bis zu den Osterferien war ich auf dem Gymnasium. Dort war es ein ständiges Auf und Ab. Ich hatte immer sehr große Probleme mit anderen Schülern, war vom ersten Tag an Außenseiter. Mit Lehrern bin ich noch nie ausgekommen. Ich habe es immer gehaßt, daß sie mich wie ein kleines Kind behandelt haben. Wie soll ich jemanden respektieren, der mir nicht denselben Respekt entgegenbringt? Im Unterricht selbst war es immer von meinem Interesse abhängig, ob ich etwas gelernt habe oder nicht. Wenn mich ein Thema interessiert hat, war ich Feuer und Flamme und habe irrsinnig schnell gelernt. Wenn mich ein Thema gelangweilt hat, habe ich nichts gelernt.

Den Lehrern hat auch nie gepaßt, daß ich gemacht habe, was ich wollte, und ihnen ohne Angst vor Konsequenzen Kontra gegeben habe. Irgendwann habe ich dann begonnen, mit älteren Schülern Kontakt aufzunehmen und »Metal« zu hören. Dadurch habe ich einige Menschen gefunden, die mich akzeptieren. Vor den Osterferien habe ich dann beschlossen, die Schule zu wechseln, und eine Gesamtschule gefunden, die mich aufnimmt. Die Lehrer dort freuen sich, daß ich komme, und lehnen mich nicht von Anfang an ab.

Ich würde mir eine Schule wünschen, in der man nach seinem Wissen und nicht nach dem Alter beurteilt wird. Es sollte nur kleine Klassen mit nicht mehr als sechs Schülern geben. Individuelle Betreuung wäre mir dabei sehr wichtig. Die Schüler sollten in den Fächern gefördert werden, in denen sie Talent und Interesse zeigen. Der Lehrplan sollte mit dem Schüler gemeinsam abgesprochen und der Lehrstoff der Lerngeschwindigkeit des jeweiligen Schülers angepaßt werden.

Die Lehrer sollten motiviert sein und ihren Beruf und den Umgang mit den Schülern lieben. Und sie sollten in der Lage sein, den Schülern diese Liebe auch zu vermitteln. Noten würde ich abschaffen. Sie setzen einen bloß unter Druck. Jedem Schüler sollte selbst überlassen sein, wieviel er lernen will.

Was ich den Erwachsenen empfehlen würde? Akzeptiert, daß ich anders bin, und unterstützt mich bei dem, was meine Aufgabe ist. Hört auf, gegen mich zu sein und mich immer fertigzumachen!

Ich sehe keine Engel. Aber ein weißer Wolf begleitet mich, solange ich denken kann. Wenn es mir schlechtgeht, ist er in meiner Nähe und gibt mir die Kraft, die mir fehlt. Er kommt aus den Highlands, von dem Ort, den ich über alles liebe und an dem ich schon immer sein wollte. Er hat etwas Mystisches, und genau das sehe ich in den Augen des Wolfes. Wenn der Wolf bei mir ist, spüre ich nur Frieden, Kraft und Glück.

Ich wünsche mir Frieden. Unsere Welt ist krank und verletzt. Nur die Kinder sind in der Lage, sie zu heilen. Aber wir töten, quälen und verletzen sie. Die Menschen müssen lernen, tolerant zu sein und auch solche Menschen zu akzeptieren, die anders sind. Wir müssen aufhören, unseren Kindern beizubringen, einander zu hassen. Kein Kind hat von sich aus eine menschenfeindliche Einstellung oder haßt andere Kinder. Wir müssen aufhören, ihnen beizubringen, sich immer in der Norm zu bewegen und mit der Masse zu laufen und zu denken.

J., 16 Jahre, Deutschland

37. Am wenigsten ertrage ich die künstliche Ungerechtigkeit

Ob ich ein Indigo-Kind bin? Ich bin mir nicht sicher, aber einige »Energiearbeiterinnen« sprachen mich darauf an. Sie hielten mich für ein Indigo-Kind. Woran erkennt eine

25jährige dies, ohne sich nur auf Aussagen der Eltern zu verlassen? Gibt es frühe Indigos, sozusagen Prototypen? Könnte die 70er-Generation dazugehören? Ich kann fühlen, was andere Menschen fühlen. Ich weiß, wer oder was gut für mich ist, und handele so. Ich bin lieber allein.

Ich hatte nie das Gefühl, ein Kind zu sein; ich habe das Gefühl, daß das Elend der Welt auf meinen Schultern lastet.

Ich glaube, es ist meine Aufgabe, zur Verbesserung der Welt aktiv beizutragen; andere Menschen sind zu langsam, ich werde aggressiv, wenn mich ein anderer Mensch nicht versteht und ich mich wiederholen muß. Ich weiß, wann meine Lieben in Gefahr sind.

Es ist eine Zerreißprobe, ein Kind der Neuen Zeit zu sein! Ehrlich gesagt, kann ich nicht nachvollziehen, wieso Indigo-Kinder nicht so emotional sein sollen. Mich bringt sogar ein verärgerter Mensch, der mit mir in der U-Bahn sitzt, aus der Fassung. Ich steige dann aus und nehme die nächste Bahn.

Ich bemerke jede Verstimmung im Gemüt anderer Menschen, deshalb war ich auch immer gut in der Schule. Ich hatte einfach Mitleid mit den Lehrern, die sich mit »dummen« Kindern rumschlagen mußten.

Das Leben ist anstrengend. Solange ich dafür sorge, daß Tiere und Pflanzen und viel Natur um mich sind, ist es nicht so schlimm. Manchmal kann und will ich nicht sprechen, dann bin ich mit mir selbst beschäftigt, und das kann dauern. Schon als Kleinkind habe ich mich fast wie ein autistisches Kind verhalten. Zum Glück hat niemand versucht, mich zu therapieren.

Man sollte Kinder nicht dazu zwingen, irgend etwas zu

essen. Ich wollte nie Fleisch essen – das tue ich bis heute nicht –, nicht aufgrund moralischer Bedenken, sondern weil Fleischessen negative Gefühle in mir auslöst. Ich fühle mich dann deprimiert, ängstlich und frustriert. Ein Homöopath sagte zu meiner Mutter: »Das ist bei vielen Kindern jetzt so, die fühlen die Todesangst des Tieres, das es vor dem Schlachten hatte.« Im Fleisch der Tiere setzen sich »Angsthormone« ab, die ich dann mitesse und fühlen kann.

Wichtig für Kinder ist es, daß die Eltern und Erwachsenen immer alles erklären. Sobald sich der Sinn eines Verbots, einer Arbeitsaufgabe etc. erschließt, ist es einfach, damit umzugehen. Wenn das Verbot nicht so wichtig ist (bestimmte Nahrungsmittel essen oder nicht), sollte das Kind tun dürfen, was es will. Es weiß sehr genau, was gut für es ist. Geduld, Aufmerksamkeit und Einfühlungsvermögen sind sehr wichtig. Ein Aha-Effekt stellte sich ein, nachdem meine Mutter folgendes gesagt hatte: »Gerade hasse ich, was du tust, aber dich selbst liebe ich immer.« Ich weiß, ich war und bin nicht einfach, aber dieses Gefühl vermittelt zu bekommen hilft.

Ich weiß, wie mein Engel aussieht und daß er früher männlich war. Ich weiß, daß ich in früheren Leben Krieger war, einer der Kriegsführer, ein Vorgesetzter, ein Anführer. Ich habe daher vieles gutzumachen.

Am wenigsten ertrage ich künstliche Ungerechtigkeit. Jeder von uns ist Gott, auch die Tiere und Pflanzen. Das sollte verstanden werden. Jeder einzelne Mensch sollte immer wissen, wie wichtig und wertvoll er oder sie ist. Wir sollten uns selbst lieben, damit wir auch andere lieben und uns um deren Wohl kümmern können. Dies ist das Zeitalter des Dienens, und wir sollten die Lektionen in Demut, zu schätzen wissen.

A., 25 Jahre, Deutschland

38. Ich mag es nicht, wenn Leute hektisch sind

Seit vorgestern weiß ich, daß ich ein Indigo-Kind bin. Eine Frau hat es mir gesagt. Meine Mama hat mich am Freitag zu einem Channeling-Abend mitgenommen, und da hat diese Frau E. mit einem männlichen Wesen, Alkazar, gechannelt. Dann haben wir (über 20 Personen) Fragen stellen oder von unseren Problemen erzählen dürfen. Ich habe Alkazar am meisten gefragt. Ich habe ihm auch erzählt, daß meine Schulkollegen sagen, daß ich nicht so bin wie sie. Ich habe das auch so empfunden. Das war schon immer sehr schrecklich für mich, weil mich niemand versteht. Er hat mir dann gesagt, daß ich ein Indigo-Kind bin. Das Witzige ist, daß ich kurz vorher ein Buch über Indigo-Kinder gelesen hatte.

Ich war schon immer sehr ruhig und sensibel. Oft bin ich einfach langsam, und ich mag es nicht, wenn Leute hektisch sind. In der Schule bin ich die einzige, die aufpaßt. Aber ich passe nur auf, damit der Lehrer weiß, daß wenigstens eine Person zuhört. Ich schaue ihnen tief in die Augen, bevor sie anfangen zu schreien. Meistens beruhigen sie sich dann. Manchmal will ich ihnen nicht mehr helfen, weil sie mir nicht geben können, was ich mir wünsche. Nämlich, daß sie sehen, wer ich bin.

Ich finde auch, daß ich mit Tieren anders umgehe als viele Menschen. Ich habe zwei Pferde und einen Kater.

177

Ich verstehe meinen Kater. Ich bin die einzige, die mit ihm redet. Ich rede mit ihm, wie mit einem erwachsenen Menschen. Ich finde, es ist normal, ein Kind der Neuen Zeit zu sein, weil ich in diesem Leben immer schon so war. Ich finde es blöd, wenn mich meine Mama verehrt, als sei ich etwas Besonderes. Ich hätte viel lieber, daß es normal wäre!

Im Kindergarten habe ich viele Dinge sehr bewußt wahrgenommen. Ich habe über Sachen nachgedacht, die für dieses Alter untypisch sind. Zum Beispiel habe ich mir überlegt, daß manche Wörter eigentlich eine andere Bedeutung haben können, wenn man sie wörtlich übersetzt. Z.B.: Ketchup. Das könnte bedeuten: Catch up! Auf deutsch: Hol auf! Ich konnte schon damals englische Bücher lesen, denn mein Vater ist Amerikaner. Im Kindergarten war ich die erste, die schreiben konnte. Ich fand das nicht merkwürdig.

Ich kann es nicht leiden, wenn Menschen streiten. Meine Eltern streiten sich oft. Dann gehe ich in mein Zimmer und bin traurig und wütend. Meine Eltern gehen immer weg, wenn sie merken, daß ich ihnen zuschaue oder zuhöre – das macht mich wahnsinnig.

Ich habe auch bemerkt, daß mein Kater genau dann ins Haus will, wenn ich mit meinen Hausaufgaben anfange. Dann muß ich ihn immer streicheln. Es ist, als ob er wüßte, daß die »Hüs« langweilig für mich sind.

W., Jugendliche, Österreich

Ich sitze hier, bin traurig, bin glücklich,
möchte immer hier sitzen bleiben.
Nie mehr raus in die Welt. Ich habe diese Welt so satt!
Diese Verlogenheit, dieser Haß, dieses verdammte Theater.
Hier bin ich allein. Überall bin ich allein.
Jeder Mensch ist allein.
Jeder muß selbst überleben.
Ich möchte aus meinem Körper herausschlüpfen.
Frei sein. Der Erde nicht angehören. Unsichtbar sein.
Ruhe haben.
Es wird so viel gesprochen. Es wird so viel Lärm gemacht.

39. Dieses Leben gehört nicht mir, sondern dient einem höheren Ziel

Sehr geehrte Frau Hehenkamp,
seit einiger Zeit beschäftige ich mich nun, ursprünglich aus wissenschaftlichen Motiven, mit übersinnlichen Phänomenen bzw. mit dem, was in mir schlummern könnte. Ich gehöre wohl zu jener Sorte Mensch, die Sie als Indigo-Kinder bezeichnen, obwohl ich bereits 24 Jahre alt bin. Demnach müßte ich, am 9.9.1978 geboren, eines der ersten sein und sehe meine Aufgabe darin, diejenigen, die nach mir kommen, zu »befreien«. Ich muß Ihnen von vornherein sagen, daß ich über einen starken Verstand verfüge, der es mir ermöglicht, sehr rational und wissenschaftlich zu denken, doch ich gehe einfach davon aus, daß es »mehr« gibt, als man mir all die Jahre weismachen wollte.

Vor gut einem Jahr ging ich das erste Mal im Internet in einen Chatroom »Astrologie«, dort durfte ich wundervolle Menschen kennenlernen, die mich in einigen meiner »Theorien« bestätigen konnten. Diese Menschen schenkten mir Verständnis für das, was ich bin bzw. sein soll. Sie zeigten mir auf unterschiedliche Weise, daß mein Denken, Handeln und Fühlen nicht falsch ist und ich kein »Spinner« bin. Ich wollte nie jemand mit besonderen Fähigkeiten sein. Ich erstellte mir die unterschiedlichsten Masken, um mich in vielen gesellschaftlichen Schichten bewegen zu können, und sah meinen bisherigen Lebensweg als große Sammlung von Erfahrungen an. Auch ich konnte mich nie mit vordefinierten Antworten abgeben, wollte mich nie damit abfinden, daß es »halt so ist«.

Vorgestern wurde ich von einer Frau »erkannt«, die mich schon lange beobachtet hat. Sie erst machte mich auf das »Indigo Phänomen« aufmerksam. Meine anfängliche, angeborene, Skepsis hielt nicht lange vor, denn diese Person ist ähnlich veranlagt wie ich selber.

Durch Ihre Theorien, Ihr Buch, fand ich Bestätigung in meinen Vermutungen, und ich weiß nun, daß dieses Leben nicht mir gehört, sondern einem höheren Ziel dient. Auch ich sah mich häufig als androgynes Wesen, da ich durch einen simplen IQ-Test meiner stark ausgeprägten weiblichen Seite bewußt wurde. Ich sollte sie verdrängen, weil unsere Gesellschaft derartige Denkweisen bei einem Mann nicht akzeptiert, ja viele Ignoranten hielten mich bereits für homosexuell. Das bin ich nicht, ich habe jedoch erkannt, daß jemand wie ich nicht für eine herkömmliche sexuelle Beziehung geeignet ist.

Es fällt mir schwer, Ihnen zu erklären, was ich denke bzw. fühle. Ich habe mich gestern im »Raum« geoutet, wenn auch nicht vor der Masse, sondern lediglich vor meinen engsten Freunden, die ich dort fand. Ich habe auch schon eine Gleichgesinnte getroffen, zu der ich mich stark hingezogen fühle, aus Gründen, die ich bislang noch nicht verstehen konnte.

Ich kommuniziere nicht bewußt mit Pflanzen oder Tieren, doch ich habe festgestellt, daß sich viele Tiere in meiner Gegenwart wohl fühlen. Es hieß, der Hund einer Bekannten möge keine Fremden und sei ihnen gegenüber aggressiv und ablehnend. Ich verstand ihre Verwunderung nicht, als dieser Hund einen ganzen Tag lang nicht von meiner Seite wich. Derartige Dinge passierten mir schon häufiger. Ich bin mir meiner inneren Kräfte noch nicht bewußt. Aber ich vermute, daß Kräfte in mir schlummern, die man noch nicht wissenschaftlich erklären kann.

Ich weiß, daß ich nicht allein bin und es jede Menge Menschen gibt, die für eine bessere Welt kämpfen würden, wenn endlich jemand den Anfang macht. Ich sehe »uns« als fremde Wesen, die nicht von dieser Welt kommen.

Ich weiß, wie schwer es für »uns« ist, und ich weiß, wie sehr wir leiden, wenn wir nicht verstanden und akzeptiert werden. Ich vermute, meine Aufgabe liegt darin, den anderen zu zeigen, daß sie nicht allein sind. Alles macht auf einmal einen Sinn, ohne daß ich es mit meinem Verstand erklären könnte. Ich suche nun den Kontakt zu Ihnen, damit ich Ihnen helfen kann, diese Kinder auf ihre Aufgabe vorzubereiten, und ich möchte dabei selber Erfahrungen sammeln und wissen, was ich bin.

M., 24 Jahre, Deutschland

40. Es ist wie ein zartes Pflänzchen, das erst langsam wächst

Unsere Tochter ist 13 Jahre alt. Daß sie ein Indigo ist, weiß ich seit ungefähr zwei Jahren. Einen Indigo in der Familie zu haben bedeutet eine Reise zu sich selbst. Diese Kinder fordern uns zu absolutem Umdenken heraus. Sie konfrontieren uns mit unseren eigenen Fehlern und stoßen uns immer wieder mit der Nase darauf. Das ist oft hart an der Grenze des Erträglichen. Alte Erziehungsmethoden greifen nicht mehr. Das macht es oft sehr schwierig, da ich mir selbst erst Wissen aneigne, wie ich meinem Kind in dieser Zeit helfen kann.

Meine Tochter zieht sich sehr oft in sich selbst zurück, als ob sie sich auf einer einsamen Insel befände. Sie schottet sich nach außen total ab. Mit Autorität kann sie nichts anfangen. Sie durchschaut sofort, was dahintersteckt. Sie will verstanden werden. Sie will als das respektiert werden, was sie ist. Ein göttliches Wesen mit einem Auftrag hier auf der Erde. Die Schule ist für sie eine extreme Herausforderung, da sie sich nur mit wenigen Kindern versteht.

Wie ich ihren Unabhängigkeitsdrang empfinde? Das ist okay so. Mein Mann hat mehr Schwierigkeiten damit. Vor allem hat die Umwelt damit massive Probleme, da meine Tochter Dinge sagt, die andere vielleicht nicht einmal denken. Dann kommen solche Aussagen wie: »Der mußt du mal so richtig den Arsch versohlen.« – »Das kannst du doch nicht mit dir machen lassen.« – »Die tanzt dir auf der Nase herum.«– »Wenn du jetzt nicht hart durchgreifst, wird das nie etwas mit ihr.« usw.

Im Moment bin ich dabei, mir Wissen anzueignen,

um mein Kind besser verstehen zu können. Zur Zeit hilft nur ganz viel Liebe und Verständnis. Es ist wie ein zartes Pflänzchen, das erst langsam wächst und sich dann zu einer starken Blume entwickelt. Es ist eine Gradwanderung, da mein Mann mit diesen Dingen nichts zu tun haben möchte. Er fühlt aber auch, daß er gar keine andere Wahl hat, da alles, was wir bisher ausprobiert haben, nicht mehr funktioniert. Ich denke, er ist im Moment froh, daß ich mich so intensiv um unser Kind bemühe.

Meine Tochter ist hochsensibel. Sie bekommt sehr schnell Stimmungen mit, die nicht echt sind, und reagiert sofort mit Aggressivität darauf. Bevor ich mir bewußt war, daß ich ein Indigo-Kind habe, ist es mir sehr schwergefallen, mit dieser Aggressivität umzugehen. Heute stehe ich hinter meiner Tochter. Das macht mich selbst zur Außenseiterin. Dann kommen solche Reaktionen wie: »Schlecht erzogen.« – »Ich wußte ja schon immer, daß die Mutter bescheuert ist.«

Früher hat mich das sehr gekränkt und verletzt. Mittlerweile habe ich mich von meinem Mann getrennt und einen ganz neuen Freundeskreis aufgebaut, der sich mit Lichtarbeit und spirituellem Wachstum beschäftigt. Dort fühle ich mich getragen, aufgefangen und so angenommen, wie ich bin. Das stärkt mich und hilft mir, diese Angriffe nicht mehr persönlich zu nehmen.

Meine Tochter fordert mich heraus, umzudenken, neue Wege zu gehen. Sie ist mir bei meinem Wachstum behilflich. Sie stößt mich immer wieder an weiterzugehen. Was ich toll finde? Daß meine Tochter es geschafft hat, sich ihr Rückgrat nicht brechen zu lassen. Daß sie es geschafft hat, ihren ganz persönlichen Weg zu gehen.

Daß sie in der Lage ist, ihre Aufgabe zu erkennen und

zu leben. Daß sie ein Mensch ist, der seine eigene Wahrheit lebt und dazu stehen kann. Daß sie sich nicht von außen beeinflussen läßt.

Ich mag ihre Ehrlichkeit, ihren Hang, hinter die Dinge zu schauen. Ich finde es toll, daß Indigos hier sind, um das System zu sprengen. Es ist an der Zeit, die alten Strukturen abzuschaffen. Dafür danke ich allen Indigos von ganzem Herzen. Wir helfen euch und sind für euch da.

Ich wünsche mir eine Schulform, in der Kinder ihre ganz persönlichen Fähigkeiten entwickeln können. Diese Schulform sollte den Kindern die Möglichkeit geben, sich auf das Leben vorzubereiten. Leistungsdenken sollte ganz wegfallen. Ich wünsche mir, daß auf der ganzen Welt Indigoschulen aufgebaut werden. Die Kinder sollen keine Noten mehr kommen.

In Liebe und in Hochachtung vor dem, was ihr euch vorgenommen habt.

H., Tochter 13 Jahre, Deutschland

Es ist mir zum Weinen zumute,
doch meine Augen sind trocken.
Es ist mir zum Schreien zumute, doch mein
Mund bleibt still.
Es ist mir zum Davonrennen zumute,
doch meine Beine stehen still.
Mein Körper ist gelähmt vom Gefühl des
Verlustes.

41. Ich verstand

Hallo, soeben habe ich erstmals auf Ihren Webseiten einiges über Indigo-Kinder gelesen und mich in sehr vielen Dingen wiedererkannt – eine kritische Gegenprüfung konnte hieran nichts ändern. Doch wie bin ich überhaupt auf Ihre Seiten gekommen?

Nachdem ich mich Anfang April entschloß, mein Physikstudium endgültig an den Nagel zu hängen, begab ich mich im Internet – dies schien mir zunächst der einzige und beste Weg zu sein – auf die Suche nach meinem Glück. Was ich dort fand, war erstaunlich. Ich stieß auf Informationen, die man nicht einfach so in der Zeitung lesen kann. Es ging um Entdeckungen, die bewußt vor der Öffentlichkeit geheimgehalten werden sollten, es ging um politische Verschwörungen und um einiges mehr.

Es ist letztlich vollkommen egal, worum es dort im Detail ging. Wichtig ist, was es in mir bewirkte: Ich verstand. Das Gelesene und mein Instinkt bildeten – erstmals, soweit ich mich erinnern kann – eine Einheit. Sie verschmolzen (miteinander). An diesen zwei bis drei Tagen und Nächten habe ich Informationen in mich hineingezogen, ich war quasi unersättlich. Ich fühlte mich sehr glücklich – ja, zunächst schien es wirklich so, als ob die Suche nach meinem Glück, die ich ja zuvor aus einer großen inneren Unzufriedenheit heraus startete, ein voller Erfolg gewesen sei.

Doch dieses neue Bewußtsein – ich bin mir nicht sicher, ob ich es mir gegenüber schon so genannt habe – brachte unmittelbar nicht nur Gutes. Schnell wurde mir klar, wie deprimierend es ist, in dieser Gesellschaft zu leben. Auswege in andere Gesellschaften, nach denen ich zunächst verzweifelt suchte, stellten sich ebenfalls als nicht möglich heraus.

Um mit meinem neuen Bewußtsein umzugehen, mußte ich mich aus meiner Isolation der letzten Tage befreien und Menschen finden, mit denen ich mich über meine neuen Erkenntnisse unterhalten konnte. Da aus meiner bisherigen Umgebung niemand dafür in Frage kam, suchte ich wieder im Internet. Gestoßen bin ich auf N. Schnell konnte ich seine Spur an ein sich im Aufbau befindendes spirituelles Seminarzentrum am Bodensee verfolgen. Mir war sofort klar: Dort mußt du hin!

Um nicht aufdringlich zu wirken, wartete ich etwa zwei Tage, an denen ich N. schrieb. Als er mir einmal nicht innerhalb von 24 Stunden antwortete, hatte ich keine Geduld mehr und rief ihn an, um meinen Besuch anzukündigen. Da ich eine unheimlich große und schöne Kraft spürte, die mich wegzog, hatte ich meine Tasche schon längst gepackt. So saß ich wenig später im Zug. Das Wichtigste, was ich am Bodensee lernte, war, mich von meinem neuen Bewußtsein nicht in die Knie zwingen zu lassen. Ich habe jetzt keine Angst mehr. Dies und der Besuch meiner Freundin geschahen in den letzten 20 Tagen, und was ich jetzt schreibe, geschah in den letzten 20 Jahren: Mit schätzungsweise drei Jahren – ich kann es wirklich nicht genau sagen – äußerte ich meinen Unmut am Verzehr von Fleisch. Während ich die Wurst zunächst zwar widerwillig aß, bestand ich darauf, wenigstens nicht die »Pelle« mitessen zu müssen. Mit der Zeit wurde der Kampf zwischen mir und meinen Eltern immer heftiger, da ich mich strikt weigerte, Fleisch zu essen, auch Fisch aß ich nicht mehr lange. Ich erwähne dies, weil ich am Bodensee das Gefühl bekam, es sei ein wichtiger Aspekt. Später in der Schule bestellten meine Eltern täglich eine Flasche Milch für mich – sie hofften, daß ich sie in der Schule trinke, da ich es zu Hause nicht tat. Ich stellte die Flasche immer wieder heimlich ungeöffnet zurück – es war mir aufgrund der Verschwendung dieses Rohstoffes peinlich. Mir war klar, daß es keinen Sinn machen würde, mit meinen Eltern darüber zu reden.

Eier esse ich zeitweise, Käse erst seit wenigen Jahren, Milch trank ich erst seit wenigen Jahren, jedoch seit meiner Woche am Bodensee nicht mehr.

Im Zuge auftretender Konzentrationsschwierigkeiten (hierauf werde ich im weiteren Kapitel näher eingehen) ließ ich im Herbst 2002 mein Blut auf Mangelerscheinungen infolge der vegetarischen Ernährung untersuchen. Es war alles in Ordnung, bis auf eine Schilddrüsenunterfunktion, gegen die ich mittlerweile Tabletten nehme. Um eine wichtige Klausur zu bestehen, aß ich zur Beruhigung meines Gewissens und um sicherzugehen, durch die fleischlose Ernährung nicht doch unter einer Mangelerscheinung zu leiden, um die Jahreswende 02/03 wenige Scheiben Putenwurst – man hatte mir erzählt, sie sei geruchsarm.

Sie zu essen war trotzdem nicht sehr leicht. Ich versuchte sehr lange, meine Nase an den Geruch zu gewöhnen, um mich beim Verzehr nicht zu erbrechen. Ich konnte dem Fleischverzehr außer dem tatsächlichen Bestehen der Klausur jedoch nichts abgewinnen, so daß ich ihn mittlerweile wieder eingestellt habe.

Geboren bin ich in ländlicher Umgebung, und ich hatte viel Kontakt zu unseren Hunden. Bis zur 6./7. Klasse muß ich ein unauffälliges Kind gewesen sein. Ich kann mich nicht erinnern, jemals Probleme mit der Schule gehabt zu haben. Doch das änderte sich nun. Mein Verhältnis zur Schule wurde zwanghaft. Die Noten in Mathematik fuhren zunächst Achterbahn (so nannte es mein Lehrer), schließlich pegelte ich mich auf einen Schnitt von 3 bis 4 ein, ich schwamm also immer gerade so mit. Ich zog mich zurück, traf mich nur noch selten mit

Gleichaltrigen, wurde depressiv und merkte schnell, daß ich aus meiner Familie und den mir durch die Gesellschaft vorgezeichneten Mustern: Schule – Studium/Ausbildung – Berufsleben, ausbrechen mußte. Meine Gedanken, die ich im Alter von 10 bis 12 hierzu hatte, habe ich noch klar vor Augen: »Um mich aus dem mich umgebenden System zu befreien, benötige ich Geld.« Als realistischste Möglichkeit, an Geld zu kommen, kristallisierte sich für mich die folgende heraus: Ich wollte durch technische Schutzrechte Geld mit meinen Ideen verdienen. Ich hoffte, daß ich mit genügend Geld auch genügend Zeit zum Nachdenken und Philosophieren haben würde. Ich habe nie von meinen Gedanken erzählt, weil ich wußte, daß man mich nicht ernst nehmen würde.

Ich erzählte meinen Lehrern oft von meinen Ideen, schließlich überredete mich einer von ihnen, mich bei »Jugend forscht« zu beteiligen. Die Teilnahme brachte mir in der Schule und der Stadt Ruhm ein. Ruhm, der mir peinlich war. Und so schlug ich die Bitte meines Lehrers aus, mich erneut an dem Wettbewerb zu beteiligen.

Statt dessen wurde ich das mit Abstand jüngste Mitglied in einem Erfinderverein, in dem ich viel lernte. Energie, meine Ideen umzusetzen, hatte ich jedoch nur zeitweise. Ich hatte depressive Phasen, die Sekunden, Stunden, Tage oder Monate dauerten.

Die Hoffnung, daß das Lernen an der Uni besser ist als in der Schule, habe ich bald aufgegeben und nach fünf Semestern, beim zweiten Anlauf, den Absprung vom Studium geschafft. Ich merkte ständig, daß ich das Lernen für die Uni und das Ausarbeiten kreativer Gedanken nicht vereinbaren konnte. Ich brauchte nach kreativen Phasen mindestens zwei Wochen, um mich wieder auf das Lernen für die Uni einzustellen.

A., 25 Jahre, Deutschland

42. Ich habe parallel immer einige Lösungen im Kopf

Ob ich gewußt habe, daß ich ein Indigo bin? Ich vermute es eher, als daß ich es weiß. Beim Stöbern im Internet bin ich auf eine Seite gestoßen, auf der es um diese Art von Kindern geht. Etliche Merkmale, die diese Kinder beschreiben, treffen auch auf mich zu.

Als Kind war ich ein Außenseiter. Mit Gleichaltrigen hatte ich wenig zu tun, sie fanden mich immer zu erwachsen. Am liebsten war ich mit Erwachsenen zusammen. Die Gespräche waren einfach interessanter. Ich sprach mit Pflanzen, hauptsächlich mit denen in meinem Zimmer, und mit meinem Kater. Für viele war dies unverständlich.

Ich hatte eine Lernschwäche und habe wahnsinnig gestottert. Erst mit 17 Jahren habe ich das endlich in den Griff bekommen. Ziemlich früh habe ich mich für Esoterik interessiert. Allerdings muß ich zugeben, daß dieses Interesse in meiner Familie verbreitet ist.

Ich hatte keine einfache Kindheit. Meine Mutter hatte komplizierte Beziehungen, und irgendwann wurde ich zu ihrem Berater. Jetzt bin ich 21 Jahre alt, von zu Hause ausgezogen und mit meinem Freund zusammengezogen. Ich mag mein Leben, obwohl es manchmal schwierig und unverständlich erscheint. Ich studiere jetzt Ägyptologie und muß ziemlich viel lernen. Das Lernen bereitet mir einige Schwierigkeiten, da ich Legastheniker bin. Ich liebe meine Freiheit auf körperlicher Ebene sowie auf geistig-mentaler Ebene. Ich lasse mich ungern einschränken, und mit Autoritäten habe ich meine liebe Not. Ich finde, das Leben hat viel zu bieten, vor allem Rätsel, die entschlüsselt werden wollen. Außerdem gibt es so viele interessante Gebiete, die man noch erforschen kann, wie die Philosophie, alte Kulturen oder die Erde selbst. Ich halte mich ungern in großen Menschenmengen auf, ich fühle mich danach immer ausgelaugt und bin aggressiv. Meine Lieblingsbeschäftigung ist das Zeichnen und Malen. Was bei mir sehr hervorsticht, ist meine Abneigung gegen jede Art von Routine. Ich langweile mich schnell.

Ich weiß, daß ich irgend etwas in diesem Leben bewirken werde. Was es ist? Keine Ahnung.

Ich finde es unbedingt notwendig, daß man in der Schule den Stoff langsam vermittelt. Vor allem kleinere Lerngruppen wären wünschenswert. Es sollte während des Tages auch mehr Pausen geben, in denen die Kinder mit Musik und Bewegung abgelenkt werden.

Die Erwachsenen sollten die Kinder ihren Weg gehen lassen. Sie sollten ihnen mit Rat und Tat zur Seite stehen, aber ihren Geist nicht durch überholte antiquierte Werte einschränken. Ich habe eine gute intuitive Wahrnehmung. Wenn ich in der S-Bahn sitze und an nichts denke, sehe ich manchmal die Aura der Menschen. Außerdem träume ich von Dingen, die dann auch eintreffen. Meinen Engel kenne ich nicht, da ich nicht an diese Geschöpfe glaube. Das liegt wahrscheinlich daran, daß ich die katholische Religion ablehne. Es gab aber Momente, in denen ich von einer höheren Macht beschützt wurde. Meine Herkunft ist mir nicht bekannt. Allerdings bin ich der Überzeugung, daß ich in meinem letzten Leben von irgend etwas, sei es körperlich oder seelisch, abhängig war. Deshalb will ich in diesem Leben äußerst frei sein.

Wie ich die Welt sehe? Vorsicht! Meine Meinung ist radikal. Ich glaube, daß die Erde ein lebender Organismus ist.

Menschen sind für mich sterbliche Dummköpfe, die nichts anderes als ihr Ego und ihren Status, den sie erreichen möchten, sehen. Ich würde mir wünschen, daß sich die Menschen ändern, daß sie mehr nach der Devise »Toleranz, Akzeptanz und Frieden« leben. Der Mensch hingegen ist ein parasitärer Virus, der die Erde nach und nach zerstört. Des Menschen Konkurrenzgesinnung und sein Wettbewerbverhalten ermöglichen es ihm nicht, die symbiotische Einheit von Mensch und Erde und von Erde und Kosmos zu erkennen. Erst wenn der Mensch es schafft, über seine eigene Lebensgrenze hinauszusehen, ist es möglich, die Erde zu beschützen und Frieden auf Erden zu erhalten.

R., 21 Jahre, Deutschland

43. Reiki als Lösung

Schon seit einigen Jahren versuche ich meine Vergangenheit aufzuarbeiten. Jedoch gelingt es mir nur mit sehr geringem Erfolg. Vor einigen Monaten begann für mich eine Verkettung von positiven Umständen, die mein Leben sehr stark veränderten. Es begann mit der Bewilligung eines Computerkurses durch das Arbeitsamt. Während dieses Kurses lernte ich M. kennen, die sich gerade mit Reiki selbständig machte.

Ich bat M. um eine Reikisitzung. Ich wußte nicht, in welcher Weise Reiki wirkt, nur daß es das innere Gleichgewicht stärken sollte. Meine Reaktion darauf war enorm: Ein Auge zuckte, das andere tränte, und vor meinem Kopf pulsierten dunkle Wolken, die mit jedem Atemzug abgestoßen wurden. Danach füllte sich der Raum, den die Wolken hinterlassen hatten, mit schönen blauen Wolken, die dann zu einem Ganzen wurden. Nach dieser Sitzung gab es viele Gefühle; Verwirrtheit, Befreiung, Erleichterung, Nachdenklichkeit, weitere Tränen und immer wieder zuckende Augen, noch Wochen später. Es war ein absolutes Gefühlschaos, aber ich war glücklich und fühlte mich sicher.

Zeitgleich hatte ich mir ein Buch über Indigo-Kinder gekauft. Diesen Rat gab mir einige Monate zuvor eine Frau, die sich mit alternativer Medizin beschäftigte, meine Kinder kannte und in einem Zeitungsartikel über Indigos gelesen hatte. Ich entdeckte immer mehr von mir selbst und begann zu verstehen. Ich las meiner Schwester Auszüge aus dem Buch vor, und sie sprach das aus, was mir immer mehr im Kopf herumspukte. Sie fragte: »Hast du schon überlegt, ob du eines dieser Indigo-Kinder bist?«

Nachdem ich dieses Buch zu Ende gelesen hatte, beschäftigte ich mich wieder mit Reiki. Mein älterer Sohn (8 Jahre) und ich waren die Versuchskaninchen. Schon nach wenigen Wochen waren unsere Kopfschmerzen verschwunden, und ich hatte das Gefühl, meinem Sohn wieder ein Stückchen näher zu kommen und selbst stärker zu werden (mein Selbstwertgefühl hatte aufgrund meiner Schlafkrankheit und einiger negativer Erfahrungen sehr gelitten). Selbst meine Schlafkrankheit (Narkolepsie) wurde bedeutend schwächer. Vor und nach jeder Sitzung unterhielt ich mich mit M. und erfuhr, daß sie während einer Lebenskrise eine Hellseherin besucht und daß ihr diese Erfahrung sehr geholfen hatte, ihr Leben in den Griff zu bekommen.

Ich rief wenige Wochen später bei der Hellseherin an und erkundigte mich nach den Preisen, konnte mich aber noch nicht endgültig zu einer Sitzung entschließen. Dann verlor ich in kürzester Zeit fast alle Tageskinder (ich arbeite als Tagesmutter), und bald darauf verließ mein Mann nach einem heftigen Streit das Haus. Merkwürdigerweise war ich nicht hoffnungslos, sondern sah darin eine neue Chance. Ich blühte in wenigen Tagen regelrecht auf. Jetzt war es an der Zeit, einen Termin mit der Hellseherin zu vereinbaren. Ich erhoffte mir davon einen Wink, in welche Richtung ich beruflich gehen sollte und ob ich mich für eine vorübergehende Trennung oder eine Scheidung entscheiden sollte.

Zwei Tage später besuchte ich die hellsichtige Beraterin. Wir gingen in ein Zimmer, dort setzten wir uns einander gegenüber. Sie sah mich eine Weile durchdringend an, und ich hatte das Gefühl, sie zapfte mich an. Es war nicht unangenehm oder beängstigend, nur ein merkwürdiges Zittern in der Magengegend.

Nach wenigen Minuten stellte sie Fragen, die eher einer Feststellung glichen. Sie erklärte, daß sie sich mit meinem höheren Selbst verbinden würde und ich sie möglichst nicht ansprechen sollte. Ich dürfe ihr zum Schluß drei Fragen stellen. Gegen Ende dieser Sitzung fiel mir nur eine Frage ein: Bin ich auf dem richtigen Weg? Die Antwort: Ja! Sie verabschiedete sich von meinem (göttlichen) höheren Selbst, und dann begannen wir zu reden.

Ich erfuhr unter anderem, welche Aufgabe ich in diesem Leben habe, da mußte ich wieder an das Indigobuch denken. Ich sagte, daß ich gerne wüßte, ob ich einer dieser Indigos bin. Sie sah mich an, schmunzelte und meinte: Wenn Sie einer sein möchten, dann werden Sie einer sein!

In dieser Sitzung erfuhr ich auch, daß sich in wenigen Monaten meine spirituelle Seite entfalten wird. Während der Reikisitzungen habe ich manches Mal ein Auge gesehen, daher ahnte ich, daß ich irgendeine Fähigkeit besitze.

Seit ich M. kenne und mehr über die Aura erfahren

habe, habe ich das Gefühl, einen Schatten um die Menschen herum zu erkennen. Vor allem wenn ich vom Licht geblendet oder geistesabwesend bin. Eigentlich habe ich diese Schatten schon früher wahrgenommen, aber ich konnte damit nichts anfangen. Als ich dieser hellsichtigen Beraterin gegenübersaß und sie ansah, hatte ich das Gefühl, daß mir ein wenig schwindlig wurde. Doch vielleicht habe ich mir das nur eingebildet.

Eines weiß ich mit Sicherheit. Ich konnte schon vielen Menschen helfen, die auf mich gehört haben. Irgendwie wußte ich immer, was richtig ist und was falsch.

Es ist mir wichtig, zu wissen, ob ich ein Indigo bin oder nicht. Genauso wie es mir wichtig war, kirchlich zu heiraten (nicht wegen des weißen Kleides). Ich habe das Gefühl, aufgewacht zu sein und endlich zu wachsen. Endlich ergibt alles in meinem Leben einen Sinn, nicht so wie früher, als ich oft weinte und mir wünschte, endlich zu Hause zu sein. Jetzt sehe ich zum ersten Mal in meinem Leben alles positiv.

Wo finde ich mehr über das Thema Indigos? Ich lebe in Österreich, gibt es hier auch Ansprechpartner? Ich möchte wissen, ob meine Kinder und ich Indigos sind. Vor allem geht es mir um meine Kinder, denn ich möchte ihnen helfen, ihren Weg zu finden, komme jedoch mit den normalen Erziehungsmethoden nicht weiter. Sie bringen mich fast täglich an meine Grenzen.

Mein älterer Sohn Alexander (8 Jahre) zeigt sehr viele negative Eigenschaften, die absolut typisch für Indigos sind. Er ist ein so starker Träumer, daß ich oft verzweifle. Seine Hausaufgaben sind eine Katastrophe und das Lernen mit ihm unmöglich. Als er klein war, konnte man ihm alles erklären, er war ausgesprochen intelligent. Er plapperte mit jedem; es gab kein Geheimnis, das er nicht auch wildfremden Menschen erzählt hätte. Es gab fast niemanden, der sich seinem Charme widersetzen konnte. Wollte er im Zug das gleiche Essen wie das Kind gegenüber, so bekam er es angeboten (dabei hatten wir immer selbst etwas mit). Manchmal war mir das schon peinlich. All das änderte sich schlagartig, als sein Bruder auf die Welt kam.

Mein jüngerer Sohn Andreas (4 ½ Jahre) ist eher kleinwüchsig und hat ein spitzes Ohr, fast wie ein Kobold oder ein Elf. Er setzt meistens seinen Willen durch.

Fleisch ißt er kaum, er ist penibel und weigert sich zu essen, wenn nur ein paar Nudeln zuviel auf dem Teller sind oder die Soße nicht neben den Nudeln sondern darauf ist. Er war ein Schreibaby und hat es fabelhaft verstanden, seinen älteren Bruder vom Podest zu stoßen. Er ist äußerst feinfühlig, aber nur, wenn es nicht nachteilig für ihn ist. Er merkt, wenn ich auf jemanden sauer bin, ohne daß ich es sage oder offen zeige. Er kuschelt sehr viel, seit einigen Monaten legt er sich vor dem Schlafengehen auf meinen Bauch, dann fühle ich mich richtig glücklich. Vielleicht hat er die Probleme, die mein Mann und ich haben, schon vor uns bemerkt. Oft habe ich das Gefühl, er möchte mich beschützen, dabei ist es doch er, der Schutz braucht.

H., 30 Jahre, Österreich

44. Alles fügt sich wie zu einem Puzzle zusammen

Ich habe einen fünf Monate alten Sohn, und ich lese gerade in Ihrem Buch »Das Indigo Phänomen«. Dieses Buch ist mir, und da bin ich mir hundertprozentig sicher, durch göttliche Fügung in die Hände geraten. Beim Lesen läuft mir fast pausenlos eine Gänsehaut über meinen Körper, und ich habe den starken Drang, Ihnen diese Mail zu schreiben. Die Wesensmerkmale der Indigo-Kinder, die Sie in Ihrem Buch beschreiben, treffen so sehr auf mich zu, daß ich oft gar nicht mehr wagte weiterzulesen, so sehr haben mich Ihre Zeilen ergriffen. Ich wurde als zweites Kind in eine Bauernfamilie geboren. Da ich das zweite Mädchen war, hatte ich später oft das Gefühl, meinem Vater wäre es lieber gewesen, ich wäre ein Bub gewesen. Der Bub kam dann zwei Jahre später.

Ich hatte eine glückliche frühe Kindheit. Ich war sehr aufgeweckt, frech und intelligent. Ich konnte fast zur gleichen Zeit wie meine ältere Schwester lesen und rechnen. In der Volksschule habe ich mich fast gelangweilt, ich hatte eine besonders rasche Auffassungsgabe, ging gerne in die Schule, vor allem da ich meine Lehrerin sehr liebte. Ich wurde mit viel Strenge (auch Schlägen) erzogen. Ich fühlte mich oft ungerecht behandelt und schrie meinen Zorn hinaus, was wiederum Schläge einbrachte. Meine Kindheit war von Angst geprägt. Meine Eltern hatten nicht viel Zeit für uns Kinder, da es sehr viel Arbeit auf dem Bauernhof gab. Ich und meine Geschwister mußten schon sehr früh mithelfen.

Ich war viel mit Tieren zusammen und liebte sie abgöttisch. Ich kann mich noch erinnern, wie traurig ich war, wenn ein kleines Kätzchen starb oder einfach nicht mehr zurückkam. Ich beobachtete sehr viele Kälbergeburten, und es war jedesmal ein Erlebnis – ich saß dann viele Stunden vor dem kleinen Kalb, sah ihm in die Augen und redete mit ihm.

In unserer Familie war es damals »Pflicht«, jeden Sonntag in die Kirche zu gehen. Auch mußten wir sämtliche Andachten besuchen. Meine Mutter betete auch vor dem Zubettgehen mit uns. So kam ich sehr früh mit »Gott« in Berührung.

Als ich 13 Jahre alt war, erkrankte meine Mutter an Krebs. Mir war damals bewußt, was diese Diagnose bedeutete. Ich betete jeden Abend im Bett zu Gott und war mir sicher, daß sie wieder gesund würde. Ich sah immer sehr genau, wie es ihr gerade ging, und litt mit ihr mit. Heute weiß ich, daß ich einen Teil ihres Leides übernommen habe. Zwei Jahre später starb sie mit gerade mal 40 Jahren. Ich konnte nicht verstehen, warum Gott meine Gebete nicht erhört hatte, und wandte mich von ihm ab.

Mein Vater ist ein sehr »starrer, harter« Mann. Er konnte nicht über Gefühle reden. So trauerten wir jeder für sich allein. Weder Verwandtschaft noch Leute aus dem Dorf besuchten uns. Alle gingen uns aus dem Weg.

Zu dieser Zeit ging ich auf eine höhere kaufmännische Schule. Ich wurde zwar akzeptiert, aber ich hatte immer das Gefühl, nie in eine Clique zu kommen. Darüber war ich immer sehr traurig. Auch war kein Lehrer dabei, der mein »Ansehen« verdient hätte bzw. den ich gern hatte. Den Lehrern war ich egal, sie erzeugten nur Druck und paukten uns den Lernstoff ein. In den Jahren der Schulzeit wurde ich immer frustrierter, unausgeglichener und unglücklicher. Die Jugend, von der ich als Kind immer geträumt hatte, wurde eine sehr schlimme, traurige Zeit. Da war nichts mit Tanzengehen, Freundehaben, Spaßhaben.

Ich war nur das Mauerblümchen, ich paßte nicht dazu.

Wenn ich einmal in einem Kreis junger Leute stand, dauerte es nie lange, und ich stand bald wieder außerhalb dieses Kreises.

Mein Selbstwert wurde immer kleiner und meine Traurigkeit und Aggression immer größer. Mit Anfang Zwanzig kam die negative Seite meines Wesens immer mehr zum Vorschein, und ich durchlebte schwerste Depressionen, verbunden mit tiefster Einsamkeit. In dieser tiefen Verzweiflung, die Jahre andauerte, wandte ich mich wieder an Gott und bat ihn, mir zu helfen. Ich konnte mich während der Arbeit nicht mehr konzentrieren, merkte mir nichts mehr und hatte Angst, vollkommen »verrückt« zu werden. Meine rasche Auffassungsgabe, meine Schnelligkeit beim Arbeiten und Lernen waren weg. Es rotierten nur noch schwere, schwarze Gedanken in meinem Kopf – Tag und Nacht, viele Jahre lang. Doch tief in mir war ein Funken Glaube, »das« zu überstehen. In meiner Phantasie malte ich mir dann aus, wie ich vor vielen Leuten einen Vortrag über Depressionen hielt und somit vielen Menschen helfen konnte.

Ja, dann kam ich durch »Gottes Hilfe« zu Menschen, die mir weiterhalfen. Ich besuchte Seminare über Homöopathie, Bachblüten und Astrologie. Bei Menschen, die sich für solches Wissen interessieren, fühlte ich mich wohler. Durch mein Horoskop erfuhr ich, daß ich keinen einzigen »Erdpunkt«, sondern nur »Wasserpunkte« habe. Da wußte ich, daß ich hochgradig sensibel bin und nicht in der Realität lebe (was ich immer gespürt habe). Jetzt war mir klar, warum mir das Leid von anderen Menschen (die ich oft gar nicht kannte) immer so naheging.

In Deutschland besuchte ich einen Lehrgang für ganzheitliche Massage. Dort lernte ich mit meinen mittlerweile 33 Jahren meinen Lebensgefährten kennen. Wegen meines mangelnden Selbstwertgefühls war ich fest davon überzeugt, nicht »gut genug« für einen Mann zu sein, und glaubte schon nicht mehr an eine eigene Familie – obwohl ich schon als kleines Kind immer den Wunsch hatte, einmal eine Familie zu haben.

Mein Lebensgefährte war damals noch verheiratet, er ließ sich scheiden und zog innerhalb eines halben Jahres zu mir. In dieser Zeit der großen Veränderungen hatte ich wieder Depressionen, verbunden mit Wut und Aggressionen, die mein Lebensgefährte zu spüren bekam. Er blieb trotzdem bei mir. Ich kam mit der Situation sehr schwer zurecht und zweifelte an unserer Beziehung. Da bat ich Gott um ein Zeichen, ob wir zwei zusammengehören. In der folgenden Nacht schickte er mir einen Traum, in dem er mir deutlich zeigte, daß wir zusammengehören. Ja und dann wurde ich schwanger.

In der Schwangerschaft ging es mir psychisch und physisch sehr gut, ich las geistige Literatur, hörte klassische Musik und nahm kein einziges Medikament. Die Geburt war dank homöopathischer Mittel sehr kurz und leicht. Unser kleiner Sohn war weder blau, noch war er mit Blut oder Käseschmiere bedeckt. Er hatte die Augen auf und sah mich an.

Vor etwa drei Wochen besuchte ich eine Frau, die »channelt«. Der Engel, der durch sie sprach, sagte mir wundervolle Dinge; ich saß da, und ich spürte, wie mein Herz aufging und wie leicht ich mich anfühlte. Unter anderem sagte er mir, daß mein kleiner Sohn ein »Indigo-Kind« ist und daß ich durch ihn, und durch die Schwingung, die zur Zeit auf unserer Erde herrscht, mein eigentliches Wesen (meine Seele kommt von der Sonne) wieder leben werde. Wie freue ich mich darauf!

Für mich fügt sich alles wie zu einem Puzzle zusammen.

Auch wenn mein Leben bis jetzt wirklich sehr schwer für mich war, möchte ich mit niemandem tauschen.

Ich möchte jetzt endlich meine Lebensaufgabe erfüllen (Arbeit mit Kindern), und ich werde meinen Sohn unterstützen, damit er es als »Indigo-Kind« leichter hat als ich, aber das wird sowieso der Fall sein, da wir heute in einer anderen Zeit leben und es viel mehr solcher Kinder gibt.

J., 36 Jahre, Österreich

45. Er glaubt sich im Recht

Mein Sohn ist sechs Jahre alt, ob es ein Indigo-Kind ist, weiß ich nicht, es könnte aber sein, da bei dem Indigo-Selbsttest bis auf drei Nullen alle Fragen zutreffend waren. Er ist mein drittes Kind, mir fiel auf, daß er niemals ein echtes Baby war, denn er hatte von Anfang an einen Gesichtsausdruck wie ein Erwachsener, hat nie gespielt, nie gesprochen wie ein Baby.

Seine Sprachentwicklung setzte sehr früh ein. Er ist sehr ungeduldig und nicht beeinflußbar wie andere kleine Kinder. Mein Sohn denkt und entscheidet unabhängig von mir als Mutter und hat sich trotz sehr liebevoller Behandlung (eigentlich hätte es ein Muttersöhnchen werden müssen) schon von mir abgenabelt. Er denkt eigenständig und läßt sich nichts einreden. In der Kirche bemerkt er über den Köpfen der Menschen bunte Lichter und Strahlen. Bis vor einem halben Jahr war er extrem ängstlich. Er weiß um Gefahren, welche andere Kinder einfach nicht sehen oder bedenken. Er flippt aus, wenn andere nicht so schnell begreifen, was er meint. Er ist Meister im analytischen Denken und erkennt auch schwierige Zusammenhänge. Wenn wir diskutieren, muß ich am Ende oft zugestehen, daß er recht hat. Er gibt auch unter großem Druck nicht nach, weil er sich im Recht glaubt und meist auch recht hat. Er ist sehr intuitiv. Ich bin aus der mit ihm gemachten Erfahrung heraus dazu übergegangen, in vielen Situationen nicht meine Meinung durchzuboxen, da es sich im nachhinein immer herausgestellt hat, daß er recht hat.

Er konnte sehr früh mit Zahlen jonglieren, obwohl er dies nicht mit mir geübt hat. Er weiß, daß er anders ist, hat aber mittlerweile die Kurve gekriegt und geht auf das Niveau der anderen herunter, versteckt seine Überlegenheit vor ihnen. Er macht dies, weil er – ich nenne es so – fast süchtig danach ist, mit anderen Kindern zu spielen.

Seinen Unabhängigkeitsdrang? Ich habe anfangs dagegen angekämpft, lebe aber jetzt damit, er ist eben einfach so – ich setze nur da Grenzen, wo es ganz dringend sein muß. Er ist übervorsichtig, d.h., er paßt im Grunde genommen besser auf sich selbst auf, als ich es könnte. Also lasse ich ihn laufen.

Da er rot sieht, wenn es nicht nach seinem Kopf geht, versuche ich immer, ihn zuerst aus dieser emotionalen Stimmung herauszuholen. Dann rede ich sanft, lieb erklärend mit ihm – die Argumente müssen einfach richtig sein. Er diskutiert es dann mit mir aus, und in der Regel schließen wir einen Kompromiß. Wenn er über die Stränge schlägt, ist Stubenarrest angesagt. Das Allerschlimmste für ihn ist, allein sein zu müssen.

Wenn er übermüdet ist, geht er nicht freiwillig schlafen. Niemals! Der Körper ist dann total erschöpft, aber er hält sich rein mental wach. Dann wird er hyperaktiv und rennt wie irr herum. Ich nenne es immer »Er dreht am Rad«. Dies ist dann der Punkt, an dem er ungenießbar wird und ich ihn ins Bett zwinge. Ich beobachte, wann er sich durch sein Verhalten selbst schadet, greife dann ein und setze einen autoritären Punkt. Anders geht es nicht. Ansonsten arrangiere ich mich mit ihm, ich akzeptiere dieses Anderssein, da er seinen Weg so oder so geht und keinen Millimeter davon abweicht.

Ich bin sehr stolz auf ihn, da er irgendwie immer alles richtig macht. Toll ist, daß er nicht an der rauhen Wirklichkeit zerbricht. Er ist sehr sensibel und kommt nicht damit zurecht, wenn andere lügen, wenn gemobbt wird, wenn Menschen grausam und gemein sind.

In Gemeinschaften wie im Kindergarten und in der Schule paßt er sich blitzschnell den Gegebenheiten an und läuft unauffällig mit. Er ist erst ganz ruhig und nimmt eine beobachtende analysierende Haltung ein. Wenn er sich dann orientiert, sich einen Überblick verschafft hat und der Meinung ist, daß er sich in einer Gesellschaft befindet, von welcher keine Bedrohung ausgeht, fängt er an, sich zu öffnen, und läuft im Rudel mit.

M., Sohn 6 Jahre, Deutschland

46. Ich kann Ungerechtigkeit nicht ertragen

Mir war schon immer klar, daß ich anders bin. Von der Indigo-Kind-Theorie habe ich allerdings erst vor wenigen Stunden erfahren. Natürlich weiß ich nicht, ob ich ein echtes Indigo-Kind bin, aber mir kommt so vieles sehr bekannt vor. Ich habe im Internet den Selbsttest gemacht, und sehr viele Punkte treffen auf mich zu.

Ich hatte schon als Kind ein großes Problem mit Autorität. Ratschläge und Regeln meiner Mutter habe ich immer erst in Frage gestellt und für mich geprüft. Wenn mir die Ansicht meiner Mutter sinnvoll erschien, habe ich die Regel befolgt – wenn nicht, dann habe ich mich schon in frühester Kindheit gewehrt.

Ich wollte, so oft es ging, draußen sein, im Wald mit anderen spielen, bin mit Vorliebe in fast hüfttiefen Pfützen herumgewatet, von Garagendächern gesprungen und auf jedes Tier zugegangen, weil ich wußte, daß mir die Tiere nichts tun.

Ich konnte als Kind schlecht allein sein. Ich wollte nicht schlafen, sondern erleben. Ich konnte auch oft nicht schlafen, weil mein Kopf immer weitergearbeitet hat. Der Kinderarzt hat zu meiner Mutter gesagt: »Sie denkt zuviel!«

Ich war von klein auf davon überzeugt, daß es Gestalten gibt, die viele Menschen nicht sehen. In der 3. Klasse hatte ich eine heftige Diskussion mit meiner Religionslehrerin (evangelischer Unterricht – ich war und bin nicht getauft, ging aber trotzdem hin). Sie hatte unvorsichtigerweise behauptet, es gäbe keinen Teufel. Ich war außer mir! Ich habe zwar nie an Gott als großes Wesen im Himmel und den Teufel in Form eines menschenähnlichen Wesens mit Pferdehuf geglaubt, aber ich wußte, es gibt »Das Böse« und »Das Gute« auf der Welt. Nachdem ich mit meiner Lehrerin eine halbe Stunde lang diskutiert hatte (ich wußte selbst nicht, woher die Argumente in meinem Kopf kamen), habe ich mit den Worten aufgegeben: »Na, wenn Sie meinen. Sie sind ja schließlich Lehrerin – dann müssen Sie so was ja wohl wissen.« Aus lauter Protest habe ich dann den Rest von dem, was als »Glauben an Gott« bezeichnet wird, aufgegeben. Ich hatte beschlossen, an mich selbst zu glauben. Da war ich noch keine neun Jahre alt.

Ich hasse es, wenn jemand versucht, mich zu hetzen. Ich kann und konnte auch schon immer alle Menschen erst einmal leiden. Es gibt wenige, von denen ich sagen würde, daß ich sie hasse. Und selbst die versuche ich zu verstehen. Nur wenn jemand wirklich meine Existenz bedrohen will (Wohnung, Verdienst etc.) werde ich zur Furie. Freunde verteidige ich immer mit Händen und Füßen und rede stundenlang mit ihnen über ihre Probleme, bis wir eine Lösung finden.

Ich war von klein auf überempfindlich. Ich habe meiner Mutter den »Struwwelpeter« aus der Hand genommen, weil ich die Grausamkeit der Geschichten nicht ertragen konnte. Ein Schlaflied mit der Zeile »Morgen früh, wenn Gott will, wirst du wieder geweckt« hat mich zutiefst erschüttert, ich bekam einen Weinkrampf, und meine Mutter wußte nicht, was sie machen sollte. Als ich mich beruhigt hatte, habe ich sie gefragt: »Und was ist, wenn Gott nicht will?« Überhaupt konnte und kann ich Ungerechtigkeit nicht ertragen. Mit sieben Jahren habe ich einmal alle meine Stofftiere zu mir ins Bett geholt (über hundert Stück!), weil ich dachte, die anderen Stofftiere wären neidisch auf die drei, die immer in meinem Bett lagen. Und dann habe ich mich die ganze Nacht vom Kopf- zum Fußende und wieder zurückgedreht, weil ich es unfair fand, daß ein paar Tiere zu meinen Füßen liegen mußten.

Ich war sehr frühreif, habe mich schon mit vier oder fünf Jahren bewußt befriedigt (ich wußte damals nicht, was dieses Gefühl bedeutet, aber es war herrlich!), und mir war auch nicht wirklich klar, daß man »das nicht tut«. Mit elf hatte ich den ersten richtigen Beischlaf mit einem Gleichaltrigen, und ab da konnte ich es nicht erwarten, erwachsen zu werden, damit ich es mit »richtigen« Männern aufnehmen konnte – diesem Gleichaltrigen fühlte ich mich, wie überhaupt allen Gleichaltrigen, haushoch überlegen.

In der Grundschule war ich der reinste Entertainer, war die Beliebteste der Klasse und hatte immer super Noten. Mir hat es Spaß gemacht, den anderen zu helfen, und ich fühlte mich in dieser Gemeinschaft geborgen.

Der Bruch kam nach dem Wechsel zum Gymnasium. Keiner aus meiner alten Klasse kam mit mir. Meine »heile Welt« war zerstört. Alle wollten auf einmal erwachsen und vernünftig sein. Ich zog mich in mein Schneckenhaus zurück. Der Unterricht war nicht mehr kreativ und anregend, stupides Lernen war angesagt. Ich machte oft keine Hausaufgaben, lernte nur vor Klausuren, vergaß dann alles sofort wieder und fragte mich, wozu ich den ganzen Blödsinn denn überhaupt lernen sollte. Auch heute muß ich mich selbst austricksen, um mir Dinge zu merken, die mich nicht interessieren. Ich kann mir sonst nur Dinge merken, die mich interessieren und in denen ich einen Sinn sehe. Ich weiß von fast jedem Tier, was es frißt und wie es lebt, ich kenne die Wirkung von Hausmitteln, kann mir Vitamingehalte von Lebensmitteln merken, aber wehe, es fragt mich jemand nach dem Namen eines Politikers.

Ich fühle mich bei älteren Menschen wohler, weil sie

mehr Lebenserfahrung haben und man besser mit ihnen reden kann. Auch mein Freund ist 22 Jahre älter als ich.

Ich habe eine sehr intensive Beziehung zu Tieren. Ich habe das Gefühl, ich kann Tieren Energie und Lebenswillen geben. Ich habe schon viele Tierbabys großgezogen und gesund gepflegt: Tauben, Elstern, Amseln, Spitzmäuse, Wildkaninchen, Igel, Mauersegler, Fledermäuse etc. Glücklicherweise hatte ich eine Mutter, die das erlaubt hat. Ich weiß oft Dinge, bevor sie ausgesprochen werden. Es ist eine Art Eingebung – Sätze, die gleich gesagt werden, Personen im Fernsehen, die gleich gezeigt werden, etc. Wenn ich sehr intensiv an etwas denke, dann kann ich in 90 % der Fälle damit erreichen, daß genau das Gegenteil von dem passiert. Einige Billardspiele habe ich gewonnen, indem ich sehr intensiv daran gedacht bzw. mir bildlich vorgestellt habe, daß die Kugeln des Gegners ins Loch rollten – was sie dann nicht taten. Das klappt aber nicht bei allen Personen.

Ich kann sehr oft die Grundstimmung von Häusern erspüren – ob darin glückliche Menschen lebten oder ob darin Verbrechen geschahen. Mit meinem Freund war ich vorletztes Jahr in Ulm (das erste Mal in meinem Leben), und wir sind durch die Stadt spaziert. Bei einem Gebäude wurde mir schon vom äußeren Anblick ganz komisch beklommen zumute, und ich sagte zu meinem Freund: »Das Haus hat aber eine beklemmende Ausstrahlung.« Auf dem Rückweg durch die Stadt gingen wir an einer Touristengruppe vorbei, die dieses Gebäude betrachtete, und wir hörten, wie der Fremdenführer sagte: »Von diesem Balkon aus hat der Stadtregent die Todesurteile verkündet.« Mir lief ein Schauer über den Rücken.

Bin ich ein Kind der neuen Zeit? Wenn ich das tatsächlich bin: sehr kompliziert! Menschen verstehen meine Intuitionen nicht, die meisten Menschen spüren Stimmungen von Gebäuden nicht und können nicht mit Tieren in Kommunikation treten. Das sind Dinge, die man besser für sich behält und nur stückchenweise freigibt.

Ich bekomme irgendwie immer, was ich will – es dauert, aber ich vertraue inzwischen darauf. Selbst die Fledermaus kam zu mir, obwohl ich mitten in der Stadt wohne und meine Mutter immer sagte: »Da mußt du aufs Land ziehen. Dort gibt es Fledermäuse.«

Meine Lebensaufgabe sehe ich darin, den Menschen wieder Vertrauen in ihre Instinkte und ihre Intuitionen zu schenken, sie langsam an altes Wissen heranzuführen. Ihren Blick für das Wesentliche zu öffnen. Ich schreibe – und in diesen Romanen versuche ich diese Dinge zu verarbeiten, damit andere sie verstehen und Vertrauen gewinnen oder zumindest anfangen, Dinge zu sehen. Bisher ist aber noch nichts veröffentlicht.

Die Erwachsenen sollten versuchen, uns zu verstehen. Sie sollen unserem »Wissen« vertrauen, mit uns reden, bereit und offen sein, mit alten Normen zu brechen, um mehr zu erfahren und innerlich zu wachsen. Sie sollten uns niemals einsperren und unterdrücken! Das ist das Schlimmste, was ich mir vorstellen könnte. Wir wissen, was wir brauchen, was wir können und was wir wollen. Ich habe beispielsweise von klein auf den Verzehr von Fleisch verweigert. Meine Mutter hat irgendwann einen so großen Druck auf mich ausgeübt, weil sie Angst hatte, ich könnte mich ohne Fleisch nicht richtig entwickeln, daß ich irgendwann aufgegeben habe, nur damit sie ruhig ist. Warum konnte sie nicht akzeptieren, daß ich wußte, was gut für mich ist?

Ich glaube, ich kann die Aura von einigen Menschen, von einigen Tieren und von Bäumen sehen. Aber ich bin mir nicht so sicher, ob das nicht doch physikalisch erklärbare Phänomene sind, die ich da sehe. Ich tue mich sehr schwer damit, solche Phänomene wirklich zuzulassen – einerseits will ich sie wahrnehmen, aber andererseits machen sie mir auch angst, weil ich dann noch klarer erkennen muß, daß ich anders bin als andere. Das mit der Herkunft ist eine gute Frage, und ich würde gerne mal eine Rückführung machen. Ich habe von klein auf das Gefühl, daß ich durch einen Messerstich im Rücken sterben werde, ich kenne genau die Stelle, ich spüre sie – vor allem wenn mir etwas angst macht. Vielleicht ist das keine Information aus der Zukunft, sondern eine »Erinnerung« aus einem früheren Leben?

Ich wünsche mir, daß die Menschen aufwachen, Phänomene als etwas Wunderbares annehmen und sich nicht davor verstecken. Dieses Versteckspiel macht Menschen wie mir das Leben schwer – wir können mit niemandem reden und fangen an, unsere Fähigkeiten zu verdrängen.

F., ältere Indigo, Deutschland

Das Leben lebt Leben auseinander.

47. Nachtbesuch

Vor kurzem habe ich erfahren, was Indigo-Kinder sind und daß ich eines bin. Irgendwie fasziniert es mich, weil nicht jeder solche Gedankengänge macht wie ich.

Ich habe mein nachdenkliches Wesen immer mit der Trennung meiner Eltern erklärt und dachte: »Andere Jungs in deinem Alter haben halt Besseres zu tun, als sich den Kopf über Dinge zu zerbrechen, die im Grunde nichts bringen.« Meine Gedanken waren mir immer sehr intim, und ich habe mich nur engsten Bekannten und Familienmitgliedern anvertraut. Ich hatte auch Probleme, meine Fähigkeiten preiszugeben, weil ich Angst vor Druck, Überlastung und Versagen hatte. Aber vor allem wollte ich keinesfalls auffallen. In der Schule wurde ich gehänselt, nicht weil ich Angst vor meinen Mitschülern hatte (ich war auch nicht auf den Mund gefallen) oder weil ich Angst hatte, jemandem weh zu tun, egal ob verbal oder physisch. In meiner Schulzeit bin ich irgendwie in mir verlorengegangen. Der starke Streß ließ mich passiv werden. Ich war jahrelang wie in Trance versetzt. Ich fürchte manchmal immer noch, daß ich mich nie wieder richtig davon erholen werde. Aber irgendwann mit 20 Jahren machte es »klick«, und mein Geist kehrte plötzlich wieder zurück. Ich spürte ein großes Interesse an Wissen und fing das erste Mal an, Bücher zu lesen. Ich sehe mich seitdem als ein anderer Mensch. Allein in diesem Leben habe ich schon drei Leben hinter mir: einmal als Kind, dann als eine Art Zombie und schließlich als das, was ich jetzt bin.

Das erste wirklich bahnbrechende Erlebnis hatte ich mit 16 Jahren. In meinem Bett lag ein kleines Radio, das an der Steckdose angeschlossen war. Das Radio hatte ich im Bett, weil ich aus Angst vor Geister-Besuch nachts nicht ohne Geräuschkulisse einschlafen konnte und zu der Zeit meine Stereoanlage defekt war.

Ich hatte zwei Nächte vorher ein ungewöhnliches Kratzen, wie mit Fingernägeln auf dem Teppich, vernommen. Ich dachte aber in jener Nacht nicht mehr darüber nach und zog das Kabel vom Radio wieder aus der Steckdose, aus Angst, ich könnte am Morgen drüber stolpern (ich begreife nicht, wie ich zu diesem Gedankengang gekommen war).

Nach einiger Zeit schlief ich auch ohne Geräuschkulisse ein. Nachts wurde ich wach, denn neben mir spielte das Radio, ohne Strom oder Batterien. Zuerst wunderte ich mich nicht besonders. Aber ich fing an, mich zu wundern, denn obwohl es dunkel war, konnte ich die Raumumrisse erkennen. Das Scharren begann und hörte nicht mehr auf, außerdem war es viel lauter als an den Vorabenden. Es bewegte sich auf mich zu, und ich spürte sein Näherkommen.

Aus Panik flüchtete ich aus meinem Zimmer. Als ich die Tür erreicht hatte und sie einen Spalt öffnete, hörte ich, wie mein Stiefvater nach Hause kam. Versuche, zu schreien, scheiterten, ich bekam keinen Ton raus. In dem Moment war es auch schon direkt hinter mir, es raubte mir den Atem und saugte meine Energie auf. Ich spürte den »Körperkontakt« zu diesem Wesen nur kurz, denn ich wurde ohnmächtig. Sofort darauf wachte ich im Bett wieder auf. Es war ganz dunkel. Das Kratzen war weiter entfernt, und ich hörte es noch zwei- oder dreimal. Rasch machte ich das Licht an und griff instinktiv zu einer Flasche mit blauen Ölen für spirituelle Notfälle – die hatte ich mal von meiner Oma bekommen –, ich hielt sie in die Höhe, und der ganze Raum leuchtete in dieser blauen Farbe. Danach konnte ich die ganze Nacht nicht mehr schlafen.

Ich habe Gott sei Dank nie wieder so einen Angriff erlebt. Aber Besuche bekomme ich immer noch. Die zeitlichen Abstände zwischen solchen Besuchen sind meistens ziemlich lange. Inzwischen sehe ich diese Menschen oder Wesen sehr genau. Ich bin dann in einer Art Starre (nicht immer), aber ich kann sie mit bloßem Auge sehen, manche kann ich flüstern hören und sie sogar anfassen, ihre tiefe Liebe spüren. Wegen meiner selten positiven Erfahrungen mit Geisterwesen, habe ich noch immer Angst, erschreckt zu werden. Ich will in dieser Hinsicht aber noch an mir arbeiten. Ich hoffe, daß einigen von euch da draußen mein kleiner Bericht etwas weiterhelfen konnte. Viel Segen auf Eurem Weg wünsche ich Euch ...

S., 24 Jahre, Deutschland

48. Wir leben ewig, hier sind wir auf einer spannenden Durchreise

Im Grunde genommen habe ich schon immer gewußt, daß ich ein Indigo bin, obwohl ich die Bezeichnung Indigo-Kind nicht kannte.

Es fällt mir nicht leicht, darüber zu schreiben, aber ich hätte viel dafür gegeben, wenn mir jemand damals gesagt hätte: »Hey, du bist normal, das ist okay, was du empfindest, es gibt andere Menschen, die genauso denken.«

Ich war immer anders, und ich bin es noch heute. Als Kind hatte ich oft Besuch von Wesen, mit denen ich mich stundenlang unterhalten habe. Sie waren fast durchsichtig, hell schimmernd und sehr nett. Wir haben viel vom Zuhause gesprochen, davon, wie es war, dort zu leben, und was der Unterschied zwischen diesem Ort und dem Hier und Jetzt ist. Ich habe oft an meinem Schreibtisch gesessen und die Blume des Lebens und andere geometrische Figuren gemalt. Ich konnte mich sehr lange damit beschäftigen – mit einer Ernsthaftigkeit, die meine Eltern an meinem Verstand zweifeln ließ.

Meiner Tante habe ich im Alter von sechs Jahren eine Fingermassage gezeigt, die ihre Arthritis beträchtlich gelindert hat – und so fand ich auf fast jedes Problem eine Lösung. Ob richtig oder falsch, spielt ohnehin keine Rolle, Hauptsache ist, es funktioniert. Der Mutter einer Freundin habe ich einmal geraten, etwas Bestimmtes zu essen, um ihre Krankheit zu heilen, aber sie hat es als Unfug abgetan. Es kam oft vor, daß die Leute meinen Rat als Unfug abtaten. Das hat mich immer sehr bedrückt.

Für mich lebt jedes Ding. Ich habe Holzstücke am Wegrand aufgehoben, mit mir herumgeschleppt und dann an einem anderen Ort wieder abgelegt, weil ich spürte, daß sie genau dort sein mußten. Im Kindergarten, und später in der Schule, sind sie an mir verzweifelt. »Ihr Kind ist aus dem Kindergarten abgehauen – das haben wir noch nie erlebt!« – »Ihr Kind hat sich unter die Schulbank gesetzt und jegliche Leistung verweigert!« – »Ihr Kind war in verbotenen Räumen!« – »Ihr Kind hat sich aus Protest auf das Schuldach gesetzt!«– Immer war ich es, die etwas angestellt hatte, was niemand zuvor gewagt hat. Meine Eltern haben mich oft verflucht, weil keine Art von Autorität bei mir zog und keine Bestrafung eine Wirkung zeigte. Ich sagte immer: »Ja, ja!«, und machte dann trotzdem, was ich für richtig hielt.

Kinder in meinem Alter haben mich nie sonderlich interessiert, weil ich mit ihnen nicht über das sprechen konnte, was mich wirklich bewegte. Erwachsene haben mich hingegen als zu merkwürdig empfunden und kamen auch nicht mit mir klar. Irgendwann begann ich, die Gefühle der Menschen zu spüren. Ich las praktisch, was sie dachten oder wie sie sich fühlten, und versuchte, darauf einzugehen. Meist kannte ich ihre Namen schon, bevor sie sie mir nannten. Ich träume immer sehr intensiv – und oft genug tritt das Geträumte auch ein.

Ich beschäftigte mich früh mit Literatur, Philosophie, Psychologie und esoterischen Themen. Ich weiß, daß ich hier auf der Erde nur auf der Durchreise bin und daß alles, was mir passiert oder was ich mache, ein Geschenk ist. Ich sammele meine Erfahrungen, und sie sind aufregend. Tief in meinem Inneren spüre ich meinen Platz im Leben, auch wenn ich ihn noch nicht gefunden habe. Ich weiß, daß alles, was passiert, seine Richtigkeit hat. Bisher war mein Leben eine Reise durch das Chaos, weil ich mich niemals wirklich verstanden gefühlt habe. Aber ich weiß, daß ich eine Aufgabe habe – und ich bin bereit, sie zu erfüllen.

Ich bin glücklich, diese Erfahrungen mit den hier lebenden Wesen teilen zu dürfen. Heute ist mein Leben kein großes Chaos mehr. Ich habe nicht mehr diese große Sehnsucht nach meinem Zuhause, sondern gehe aufrecht und mit Liebe meinen Weg durch dieses Leben. Das liegt auch an Menschen, die mich so akzeptieren, wie ich bin, ohne mir einen Stempel aufdrücken zu wollen. Ich habe versucht, meine Eigenschaften, so gut es geht, in mein jetziges Leben zu integrieren. Das bedeutet für mich vor allem, meinen spirituellen Weg zu gehen und andere Menschen auf diesem zu begleiten, sofern sie das wünschen. Ich fürchte mich auch nicht mehr davor, als unnormal gekennzeichnet zu sein, denn was, bitte, ist schon normal?

Leider kenne ich keine anderen Indigos in meinem Alter.

Das ist sehr schade, weil ich mich gerne über meine Erfahrungen und über alltägliche Schwierigkeiten im Jetzt, zum Beispiel mit dem Erhalten von Botschaften, austauschen würde. Die Tochter meiner Freundin ist jetzt drei Jahre alt, und sie ist ein Indigo. Mit ihr komme ich super klar, weil sie eine ähnliche Lebensauffassung hat. Leider wohnt sie sehr weit von mir entfernt.

Meine Ankunft auf der Erde stand vom Zeitpunkt meiner Zeugung an unter einem kritischen Stern. Als ich geboren wurde, gab man mir eine extrem geringe Überlebenschance. Daß ich dennoch überlebt habe, hatte damit zu tun, daß ich hier gebraucht werde. Das war mir schon sehr früh klar.

An meiner Auffassung hat sich heute nicht viel geändert. Allerdings mußte ich viel dafür lernen. Ich hatte eine harte Lehrzeit. Ich begleite die Menschen in meinem Umfeld auf einem kleinen Stück ihres spirituellen Weges, wenn sie das möchten. Ich finde Lösungen. Allerdings weiß ich, daß das noch lange nicht alles ist – meine Lebensaufgabe habe ich noch nicht erfüllt, genaugenommen habe ich sie vielleicht nicht einmal begonnen. Ich weiß, wenn meine Aufgabe hier erfüllt ist, werde ich nach Hause zurückkehren. Und darauf freue ich mich sehr.

Die Zeit im Kindergarten, in der Schule und später an der Uni war sehr schwierig für mich. Ich kam niemals damit zurecht, stillzusitzen, Dinge zu tun, nur weil man sie mir sagte, oder Sachen auswendig zu lernen, die eigentlich für das Leben völlig unwichtig sind. Dennoch lernte ich mit Leichtigkeit.

Eine Schulreform wäre sehr wünschenswert, weil an der

Schule und an der Uni Sachen gelehrt werden, die einfach nicht mehr in unsere heutige Zeit passen. Als sei es das Ziel, von der Wahrheit abzulenken.

Mutter Erde hat uns mit allem Wissen ausgestattet, welches wir für das Überleben auf ihr brauchen. Warum komplizieren wir dieses Leben so sehr? Wäre es nicht einfacher, wenn wir wieder den natürlichen Weg gehen würden, statt in dieser hochtechnologierten Welt nur Teilaspekte unseres Seins zu erfahren?

Wenn wir ohne Zwang lernen könnten und den Schwerpunkt auf die echten Interessen legen würden, wären die schlechten Ergebnisse der Pisastudie bald kein Thema mehr.

Grundsätzlich müssen Menschen lernen, die richtigen Fragen zu stellen. Dann können diese auch beantwortet werden. Eltern, Lehrer, Mitmenschen sollten grundsätzlich zuhören, respektieren und nachdenken. Denn die Wahrheit liegt in jedem von uns – wir müssen nur die Augen aufmachen und hinschauen.

Ich bin begleitet von Lichtwesen. Sie sind eigentlich immer da, und sie lieben und respektieren mich. Ich kenne sie seit einer langen Zeit und liebe sie. Ich kenne sie genauso, wie sie mich kennen. Dazu muß ich sie nicht sehen oder hören – ich weiß einfach, daß sie immer da sind. Meine Herkunft ist weit weg von hier, aber mit nur einem Gedanken zu erreichen. Das ist mein Zuhause, wonach ich mich schon lange sehne. Ich wußte nicht, weshalb ich mich in meinem irdischen Zuhause nicht wirklich daheim fühlte. Dort, wo ich herkomme, spielen weder Zeit noch Raum eine Rolle. Ebenso gibt es kein richtig oder falsch. Es gibt aber auch nicht Glück, Schmerz, Freude oder Leid. Es gibt keine Farben, keine Formen. Dort ist das Sein. Hier ist die Welt überladen mit allerhand Dingen, die wir zum Leben überhaupt nicht brauchen.

Allerdings sind die Erfahrungen, die wir hier machen können, vielschichtiger. Die wahre Lehre wird zugunsten dieser fiktiven, erfahrungsreichen Welt vernachlässigt. Das ändert sich aber langsam, und das ist gut so. Ich würde mir wünschen, daß wir das Leben, wann immer es geht, als eine aufregende Reise betrachten, denn genau das ist es auch. Es kann nichts passieren, also keine Furcht, denn wir hören mit dem Tod nicht auf zu existieren. Wir leben ewig, hier sind wir auf einer spannenden Durchreise.

L., 31 Jahre, Deutschland

49. Gedankenschnelligkeit

Ich weiß, schon seit ich neun oder zehn Jahre alt bin, daß ich nicht »normal« bin, und hatte – und habe auch noch – Probleme, mich in »die Gesellschaft« einzugliedern. Den Begriff Indigo-Kind habe ich durch eine Freundin kennengelernt, die wohl auch eins ist. Ich hatte nie den Drang, mich in Gruppen einzuordnen, ich war lieber allein, anstatt mich um die Belanglosigkeiten der anderen zu kümmern, und konnte auch nie richtige Gespräche mit anderen Menschen führen.

Ich merke sofort, wenn sie etwas nicht ehrlich meinen, wenn sie mich anlügen oder gar nicht bei der Sache sind.

Die Menschen kommen meist nicht mit meinen Gedankensprüngen zurecht, da ich anscheinend im Geiste etwas schneller und, während sie auf einem Thema noch rumkauen, schon wieder bei einem anderen bin. Aus

Langeweile lasse ich meinen Gedanken oder meinem Humor freien Lauf und philosophiere vor mich hin. Mit meinem (recht schwarzen, ironisch-sarkastischen) Humor kommen nur wenige Leute klar.

Ich habe gelernt, mich zusammenzureißen und mich »normal« zu benehmen, aber es geht nur für kurze Zeit. Irgendwann muß ich einfach wieder so sein, wie ich bin.

Wie es ist, ein Kind der Neuen Zeit zu sein? Nicht gerade toll, da man als Außenseiter in die Bahnen eines normalen Lebens gezwungen wird. Damit treten immer wieder Probleme auf. Wenn man sich seinen Weg bahnt, bekommt man nur Steine in den Weg gelegt oder endet als Eremit, Außenseiter oder im Kloster, nur damit man endlich seine Ruhe hat.

Normale Menschen verstellen sich meistens, was ich durchschaue. Dann habe ich auch keine Lust, mit ihnen zu reden, weil es mir nicht liegt, mich zu verstellen oder mich anzupassen.

Ein weiteres Problem ist die Schnelligkeit meiner Gedankensprünge, mit der die meisten nicht zurechtkommen. Andererseits langweile ich mich in Gesprächen oft und fange dann an, auf was völlig anderes (zum Beispiel meinen Hund) zu achten und irgendeinen Kommentar diesbezüglich loszulassen. Das bringt meine Gesprächspartner meist völlig aus dem Konzept, da sie nicht verstehen, daß ich gleichzeitig sie und meinen Hund beachten und ihnen auch noch antworten kann.

Nun zu meinem Leben: Ich hatte meiner Meinung nach die perfekte Kindheit. Ich bin mit zwei älteren (normalen) Brüdern, einem Hund, zwei Katzen und einem Kaninchen in einem Dorf in der Nähe von Hamburg aufgewachsen. Ich hatte also Dorfgemeinschaft und Großstadtflair, wenn ich wollte. Meine Eltern sind seit 33 Jahren verheiratet, verstehen sich immer noch sehr gut und lieben einander auch. Als Jüngste hatte ich recht viele Freiheiten und war ein recht glückliches Kind, bis auf die Tatsache, daß mich nie jemand verstanden hat. Damit konnte ich leben.

Mit zehn Jahren entwickelte ich eine Berührungsangst, die ich immer noch habe und von der ich nicht weiß, woher sie stammt. Auch damit kann ich leben, denn ich mag andere Menschen nicht so sehr. Ich fing mit vier an zu reiten und war schon immer sehr tierverbunden. Tiere durchschauen alles ähnlich schnell wie ich. Ich habe mich immer als Außenseiter gesehen, auch wenn ich von den »Cliquen« um mich herum sicher gerne aufgenommen worden wäre. Die waren mir aber einfach zu dumm. Ich habe mich ihnen angeschlossen, wenn ich Lust drauf hatte, und bin wieder gegangen, wenn ich es wollte. Das haben sie akzeptiert.

Nach dem Abi bin ich zwecks Germanistikstudium in K. mit einer Freundin zusammengezogen, die ich seit elf Jahren kenne und die die einzige Person ist, mit der ich zusammenleben kann. Hier ist es eigentlich ganz lustig, auch wenn die Menschen noch humorloser sind als im hohen Norden.

Ich habe eine Freundin, die 20 Jahre älter ist als ich und die wohl auch ein Indigo ist. Mit ihr bin ich jetzt seit drei oder vier Jahren befreundet. Ich habe sie übers Reiten kennengelernt. Wir verstehen uns super und haben viel Spaß. Sie hat noch eine andere Freundin, die zu uns gehört, aber zu ihr habe ich keinen engen Kontakt, auch wenn wir uns sehr gut verstehen. Meine Mitbewohnerin ist kein Indigo-Kind, aber sie ist ein toller Mensch, und sie versteht mich.

Vielleicht ist es meine Aufgabe, den Menschen zu zeigen, wie schön das Leben ist, wenn man sich selbst und den Rest der Welt nicht so ernst nimmt. Ich möchte Menschen zeigen, daß man, auch ohne sich zu verstellen, leben kann und keine falschen Kompromisse eingehen muß. Es gibt keinen fest vorgeschriebenen Weg. Man kann die Richtung immer ändern.

Ich hatte in der Schule Probleme, da mich der Stoff nicht interessiert hat. Sportunterricht ist die sinnloseste Erfindung der Welt. Ich wußte zwar immer, was der Lehrer meinte, konnte ihm die Antwort aber nicht für ihn verständlich darstellen. Zudem waren meine Texte nicht ordentlich strukturiert, und meine Konzentration war auch nicht die beste. Meistens habe ich mich im Unterricht mit anderen Sachen beschäftigt.
Es sollte keinen Sportunterricht mehr geben. Wenn ein Lehrer merkt, das Kind ist schlau, das kann gleichzeitig unterm Tisch lesen und zuhören, dann soll er es lesen lassen, anstatt sich aufzuregen.

Den Eltern möchte ich raten: Ignoriert die Gedankensprünge, wir verstehen euch schon, und laßt uns unsere Freiheiten (z.B. nebenbei Beschäftigungen).

Meine intuitive Wahrnehmung beschränkt sich auf die Gedanken der Menschen. Man könnte mich quasi als Empathen und teilweise auch Telepathen bezeichnen.

Ich glaube nicht an Gott und den Teufel. Ich glaube nicht, daß die Welt einen Plan erfüllt, auch wenn ich glaube, daß man durch die Kraft seiner Gedanken Einfluß auf die Natur, Wind, Wasser etc. nehmen kann. Ich glaube, selbst wenn eine besondere Energie uns erschaffen hat, interessieren wir sie jetzt reichlich wenig. Die Menschen sind selbst für das verantwortlich, was sie tun. Unsere Welt ist ziemlich am Ende, da die Menschen ihre eigene Lebensgrundlage (die Erde) zerstören und sich gegenseitig umbringen.

Ich wünsche mir, daß ich nicht gezwungen wäre, ein normales Leben zu führen, und nicht auf so vieles angewiesen wäre, z.B. Finanzierung durch Eltern, Job etc. Dann hätte ich Zeit, mich auf das zu konzentrieren, was wirklich wichtig ist, und ich könnte meine Lebensaufgabe finden, aber so füge ich mich zum Teil meinem Schicksal und lebe menschlich ...

A., Jugendliche, Deutschland

50. Er konnte mit seinen Worten ganze Gruppen im Herzen berühren

Mein Sohn ist neun Jahre alt. Den Begriff Indigo-Kinder habe ich erst vor drei Jahren kennengelernt.

Besonders war er schon seit seiner Geburt. Er hatte einen besonderen Blick und eigenartige Augen, wie ein Zauberer. Wo immer ich mit ihm hinging, habe ich seltsame Reaktionen von Menschen erlebt. Viele fanden ihn »unheimlich und irgendwie außerirdisch«. Später veränderten sich seine Augen, und er konnte mit seinen Worten ganze Gruppen so im Herzen berühren, daß ihnen Tränen in den Augen standen. Heute ist er eher traurig und meistens ziemlich unnahbar.

Ich finde es sehr schön, mit einem Indigo-Kind zu leben, es ist aber auch sehr anstrengend.

Mein Sohn will jede Grenze mit Klarheit gesetzt bekommen. Wenn ich mit ihm über Grenzen rede, gehe ich in meine Sternen-Power, verbinde mich mit Erde und Maria. Damit funktioniert es, und ich »erreiche« ihn. Ich bin alleinerziehend, und was mich besonders traurig macht, ist die »Außenwelt«, die von mir nicht akzeptable Reaktionen erwartet. So wird mir dringend nahegelegt, meinem Kind Ritalin* zu geben.

Er kann Gedanken lesen und weiß meistens, was wirklich los ist. Er kann oft nicht unterscheiden, ob er etwas gesagt oder nur gedacht hat. Er beeinflußt andere – ohne Worte. Er kann regelrecht krank machen. In seiner Gegenwart fühlt man sich oft unwohl. Am schlimmsten finde ich seine Arroganz und Kälte gegenüber allem, was lustig, heiter und einfach schön ist.

Er hat vor nichts und niemandem Respekt gehabt undgemacht, was er wollte. Er war einfach nicht mehr greifbar für mich.

Als mein Kind mit sechs Jahren hätte in die Schule gehen können, standen wir vor folgendem Problem. Mein Sohn redete nicht mehr. Er war auf vielen Bereichen begabt – überdurchschnittlich –, aber emotional zurück. Leicht autistische Züge – sagte man mir in der Therapie. So blieb er noch ein Jahr im Kindergarten. Ich zog dann aus einem Gebiet sozialer Brennpunkte in ein eher ländliches Wohnviertel, und mein Sohn begann sich zu öffnen.

Ich war mit ihm in einer Spieltherapie – das hat nicht viel Sinn gehabt, denn der Therapeut hat ihn nie wirklich erreicht. Dann hatte ich ihn in einer Waldgruppe »Specials«, das war gut. Meine spirituelle Lehrerin leitete diese Gruppe. Mein Sohn sagte einmal in einer Sternstunde der Offenheit: »Es gibt nur zwei Menschen, die mich durchschauen: S. (diese Lehrerin) und neuerdings auch du.« Neu

221

dazugekommen ist ein Freund von mir, der hellsichtig ist und mit ihm Klartext redet (über Respekt) und mit ihm Übungen macht (wie er mit seiner Energie umgehen kann). Das ist gut, und obwohl mein Freund erst dreimal bei uns war, zeigt sein Umgang schon jetzt Erfolg. Seit er diese Energieübungen mit ihm macht, kann mein Sohn mich wieder als Mutter annehmen und ertragen.

Ich wünsche mir, daß er seinen Sternenanteil heilen kann. Ich wünsche mir, daß er das tun kann, was er sich vorgenommen hat. Er will Menschen heilen. Ich wünsche mir für ihn, daß er mit mir noch ein bißchen das »Frauen- Energie aushalten« ausprobiert. Damit er später die Liebe richtig genießen kann.

An meinem Sohn mag ich seine Schnelligkeit. Ich finde es schön, mit ihnen zu reden. Über dies und das. Am meisten mag ich bei Indigo-Kids den Moment der Begegnung. Er ist so intensiv, so direkt, so tief.

K., Sohn 9 Jahre, Deutschland

Wäre nicht verwundert,
wenn du plötzlich davonfliegen würdest,
umgeben von einem warmen Licht,
erfüllt von Wissen und reiner Liebe.
Würdest du mich besuchen in meinen Träumen
und mir erzählen von Wesen,
die Wörter wie Macht, Haß oder Eifersucht nicht kennen?
Würdest du mich mitnehmen
ins Reich der Liebe, des Lachens,
um mit mir zu tanzen den Tanz der Einheit?

51. Ich wollte Anerkennung

Durch Zufall bin ich im Internet auf Ihre Indigo-Kinder-Theorie gestoßen. Obwohl ich nicht mehr als Kind bezeichnet werden kann, erinnere ich mich an Eigenschaften, Verhaltensweisen, Gedanken und Taten, die den von Ihnen skizzierten gleichen. Ich bin nicht davon überzeugt, ein Indigo zu sein, aber es gibt mir zumindest eine mögliche Erklärung für all die offenen Fragen und Schuldgefühle, die sich über die Jahre aufgestaut haben.

Erstaunlicherweise kann ich mich an sehr vieles aus meiner frühsten Kindheit erinnern. Ich hatte mit vier bis sechs Jahren den Drang, herumzurennen, und erkannte im Moment des Rennens meinen Zwang, dies zu tun. Andererseits suchte ich, so oft ich konnte, mein Zimmer auf und wollte schon im Kindergarten lesen. Ich versuchte es mir beizubringen, was natürlich nicht funktionierte. An dem Tag, als ich lesen konnte, verkroch ich mich in meinem Zimmer, was zu Folge hatte, daß ich mich in der achten Klasse als lesesüchtig bezeichnen mußte. Ich mußte in meinem Zimmer immer lesen, den ganzen Tag.

Ein anderer Punkt war, daß ich sehr früh anfing, über Dinge zu reflektieren, die nicht kindgemäß sind. Ich würde mich heute nicht als übermäßig intelligent bezeichnen und war es damals auch nicht. Weitaus wichtiger ist das Wissen des Gesamten, das Kleine im Großen etc. Das Prinzip der Harmonie, welches ich, ohne vorher davon gehört zu haben, auf einmal in mir entdeckte. Ich erinnere mich bewußt daran, weil ich einer Klassenkameradin, in die ich in der 5. Klasse verliebt war, eine Liebeserklärung schrieb, welche nicht meinem Alter entsprach, in der ich aber gesamtheitliche Prinzipien beschrieb.

Ich war sehr unruhig, so daß meine Eltern mich zum Schulpsychologen schickten, was für mich eine Schande darstellte und mich beschämte. Dieser konnte aber nur sagen, daß er so etwas noch nie erlebt habe und daß er ihnen nicht weiterhelfen könne. Dies teilte mir meine Mutter mit, was einerseits ein hämisches Grinsen in meinem Inneren zur Folge hatte, andererseits in mir die Frage aufwarf: Bin ich krank?

Auch wenn ich mit den Jahren ruhiger wurde, bezeichnete man mich immer noch als »Wirbelwind«. Das machte mich unsicher. Einerseits hatte ich das Gefühl, zu kurz zu kommen, andererseits wollte ich nicht hören: »Immer wenn du da bist, ist so eine Energie im Haus, alles ist so stürmisch.«

Ich war und bin ein stürmischer und oft undiplomatischer Rebell gewesen, der nur harte Fakten und Begründungen akzeptierte. Das verunsicherte meine Eltern. Es überforderte sie auch. Wenn ich heute mit meinem Vater darüber spreche, sagt er, daß sie wirklich nicht mehr wußten, was sie machen sollten.

Heute ist klar, daß beide Parteien im Moment und im Affekt Dinge taten und sagten, die nicht gut waren. Ich wollte aber zu keinem Zeitpunkt etwas Böses, auch nicht, als ich mit 19 bis 21 Jahren meine Pubertät nachlebte und mich unkorrekt verhielt. Heute weiß ich, daß ich Anerkennung und, vor allem, Liebe von meinen Eltern wollte.

Andererseits wurde mir gerade von dieser Seite und auch von Freunden eine Gefühlsarmut diagnostiziert, obwohl ich in meinem Inneren einen Weltschmerz trug. Heute ist diese Ahnung durch mein Studium bestätigt bzw. durch kognitives Wissen erweitert worden.

Das Leid der Welt und der Menschen riß mich am Anfang meines Studiums so zu Boden, daß ich unfähig war, richtig zu leben, zu studieren und zu empfinden. Obwohl mir schon immer klar war, daß es Dinge gibt, die man empirisch nicht erfassen kann, war ich bestrebt, alles

»wissenschaftlich« anzugehen, wohl wissend, daß alles auf irgendeinem Glauben basiert.

Meine Gestalt ist für einen Mann eher zart. Ich wurde auch schon als androgyn bezeichnet, trotz meines dichten Bartwuchses und einer Halbglatze. Damals empfand ich es als eine Beleidigung, aber ich habe es als Teil meiner Erscheinung akzeptiert. Als Kind habe ich interessanterweise vor allem Lungenprobleme gehabt, Bronchitis, Asthma etc. Als kleines Kind hatte ich auch viele Allergien (ca. 80 Allergene) und eine erhöhte Anfälligkeit meiner Haut. Oft bin ich sehr müde und fühle mich ausgelaugt. Auch nach Treffen mit Menschen, die ich gern habe, habe ich ein Gefühl, als ob man mich bewußt oder unbewußt aussaugen würde.

Oftmals erlebte ich seit meinem 12. Lebensjahr regelmäßig wiederkehrende Situationen, in denen sich meine Wahrnehmung visuell und auditiv verlangsamte. Nein, es waren keine Drogen im Spiel. Mein Bruder hat von sich selbst dasselbe berichtet. Meine Eltern nahmen mich nicht ernst, als ich ihnen davon erzählte. Ich hatte auch seit meinem 12. Lebensjahr Träume/Wachzustände, in denen ich das Gefühl hatte, tot zu sein. Einmal bin ich nachts wach geworden, sah mein Bewußtsein, welches in meinem Zimmer rumlief, und ich sah mich auf dem Bett liegen! Ich hatte solche Angst, ich lief mit meinem Körper aus meinem Zimmer und schrie: »Ich bin tot!« Meine Mutter kam aus ihrem Zimmer und versuchte mit mir zu reden, aber ich war weg. Solche Situationen sind oft mit dem Gefühl der Schuld, der Sühne und der Verantwortung gegenüber der ganzen Menschheit verknüpft gewesen. Ich hatte in dieser Zeit grausame Träume. In den folgenden Jahren verschlang ich Bücher über Philosophie und Literatur jeglicher Art. Ich unterhielt mich viel mit meinem Vater und älteren Freunden, aber nicht mit Gleichaltrigen. Meine Kindlichkeit stand meiner geistigen Reife gegenüber; obwohl ich gern träume, habe ich meine Unschuld seit langem verloren. Ich hänge keinen Illusionen und verklärten Zielen nach.

Ich lebe mit meiner Freundin in einer Beziehung, die ich, unseren Wesen entsprechend, als harmonisch bestrebt und immer mehr wachsend bezeichnen würde. Ich studiere Philosophie, Geographie und Politik auf Lehramt.

Ich habe oft das Gefühl, Dinge zu ahnen, und vor allem habe ich das Gefühl, daß irgendwas mich auf etwas lenkt und leitet, was ich momentan nur nebulös mit »Prinzip der Ganzheit« skizzieren kann. Das Schöne ist meine Freundin. Sie hatte auch, bevor wir uns kennenlernten, eine Ahnung dieser Ganzheit.

H., 25 Jahre, Deutschland

52. Es war ein gutes Gefühl, zu wissen, daß ich doch einer Gruppe angehöre

Ich bin 15 Jahre alt, weiß aber erst seit ein bis zwei Monaten, daß ich ein Indigo-Kind bin. Erst konnte ich mit dieser Information nicht viel anfangen, aber da meine Mutter und meine Heilpraktikerin sich bereits mit diesem Thema beschäftigt und Ihr Buch haben, konnte ich ein wenig darüber erfahren. Als ich das Buch las, kam es mir vor, als hätte ich meine Autobiographie in den Händen. Es war ein gutes Gefühl, zu wissen, daß ich doch einer Gruppe angehöre und nicht »unnormal« bin.

Mein Leben war für mich immer eine Aneinanderreihung von mittleren Katastrophen, manchmal gar Depressionen und Selbstmordgedanken. Für mich war mein

Leben nicht mehr lebenswert, ich hatte kein Selbstwertgefühl mehr. Es fing schon früh damit an, daß ich nie auf
den Arm genommen werden wollte. Ich wollte mich frei
bewegen und alles sehen können. Ich war auch schon
von Geburt an sehr unruhig und habe kaum geschlafen.
Allerdings hatte ich Schlafphasen von genau vier Stunden.

Ich wollte mein ganzes Leben selber bestimmen, hatte
immer meinen Rhythmus; wann ich schlafe, wann ich
esse, wann ich etwas anderes mache. Ich ließ mir nie etwas anderes aufzwingen. Diese Zeit war hauptsächlich
ein Problem für meine Eltern. Im Kindergarten spielte ich
oft allein. Ich hatte zwar keine Probleme, mich irgendwo
anzuschließen, hatte aber kein Interesse dran. Meine Interessen waren nicht die der anderen Kinder.

Das kam besonders in den ersten Schuljahren zur Gel-
tung. Schon bevor ich in die Schule kam, konnte ich recht
gut lesen, schreiben sowie rechnen. Ich habe meine Eltern viel gefragt und wollte auch ehrliche Antworten haben. So war ich in der Schule unterfordert und langweilte
mich. Allerdings hatte ich Probleme, mich zu organisie-
ren und zu konzentrieren. Wenn ich mit meinen Aufgaben fertig war, bekam ich immer Mandalas, die ich aus-
malen konnte, während die anderen arbeiteten. Mandalas
förderten meine Kreativität, denn sie waren immer wieder
anders.

Ab der 5. Klasse wurde mir klar, wie sehr sich alle
veränderten und daß ich nicht mit ihnen auf einer Wellenlänge lag. Ich hatte ein paar Freunde, wurde aber andererseits, aus mir nicht verständlichen Gründen, von anderen fertiggemacht!

Die Schule an sich interessierte mich überhaupt nicht
mehr. Ich hatte keine Lust und empfand die Schule als
eine aufgezwungene Last. Ich hoffte, auf die Hauptschule
zu kommen, damit ich möglichst bald mit der Schule fer-

tig war. Dann kam ich allerdings auf ein Gymnasium, und der schlimmste Teil meines Lebens begann.

Zuerst freute ich mich, weil ich endlich etwas lernen konnte und der Stoff in meinem Interessengebiet lag. Doch dann änderte sich dies, und es wurde mir bewußt, wie grausam Jugendliche sein können. Ich hatte wenige Freunde und keine richtigen Feinde. Außerdem wurde mir klar, daß für sie nur noch materielle Dinge zählten. Das Aussehen und Geld waren ihnen wichtiger als Toleranz und Moral. Es war eine enttäuschende Erfahrung.

Dazu kamen noch Probleme mit meiner Mutter. Wir verstanden uns überhaupt nicht, stritten uns ständig. Erst habe ich mich zurückgezogen und geweint, später habe ich, weil ich diesen Druck nicht mehr aushalten konnte, auch sie angeschrien. Ich tat so, als ob mir alles egal wäre, doch in meinem Inneren verletzte sie mich tief. Ich fraß den Frust in mich hinein, da ich niemanden damit belasten wollte. Dies führte zu Depressionen, aus denen ich kaum wieder herausfand. Nur durch Sport konnte ich mich entlasten. Sport brauchte ich schon seit frühster Kindheit, so habe ich auch schon mit einem Jahr angefangen zu turnen.

Jedenfalls reagierte ich ziemlich empfindlich auf Beschuldigungen. Meine Mutter gab mir das Gefühl, an allem schuld zu sein. Zur schlimmsten Zeit hatte ich sogar Selbstmordgedanken. Wenn ich z.B. an der Straße stand und auf den Bus wartete und ein LKW an mir vorbeifuhr, dachte ich: »Warum hast du dich nicht einfach davorgeworfen? Dann wäre jetzt alles vorbei!«

Irgendwann merkte ich, daß ich besondere Begabungen hatte. Mit Reiki konnte ich Menschen helfen, was mir selber guttat. Ich sah manchmal, was in der Zukunft passierte, was mir ein Gefühl der Verwirrtheit gab, schließlich aber, wenn es sich erfüllte, eines der Sicherheit, denn ich konnte mich auf das verlassen, was ich sah.

Mich selber heilte ich mit Sport oder Musik, welche eine große Rolle in meinem Leben spielt. Trotzdem reichte dies nicht aus, um mich völlig zu erholen. Ich hatte ständig schlimme Verletzungen, mit denen ich auch im Krankenhaus landete, war oft krank und mußte letztlich in Kur gehen – hauptsächlich aus psychischen Gründen. Dann wurde ich zu einer Psychologin geschickt, die mir, entgegen meinen Erwartungen, sehr helfen konnte. Ich erhole mich langsam, habe aber immer noch Angst, wieder in diese Depressionen zurückzufallen. Es war eine schwere Zeit für mich.

Das änderte sich jetzt glücklicherweise. Meine Mutter beschäftigte sich, wie gesagt, mit dem Thema und lernte aus ihren Fehlern. Außerdem merkte sie, daß sie selber mit der Rute gehen und pendeln kann. Sie lernte, dies zum Nutzen aller einzusetzen, und wurde ruhiger und offener für meine Art, da sie zu verstehen begann, daß mein anderes Denken einen Grund hat. Wir kommen nur sehr viel besser miteinander zurecht! Ich kann wirklich jedem empfehlen, zu einem/einer Psychologen/in zu gehen.

Ich würde mir allerdings wünschen, daß es mehr Gruppen gibt, die sich mit dem Thema beschäftigen. Vielleicht sollte man eine Art Selbsthilfegruppe gründen. Eine Gruppe, die sich trifft und sich über ihr Leben und ihre Probleme unterhält. Ich denke, das würde vielen helfen.

V., 15 Jahre, Deutschland

53. Ich möchte mich nicht rumkommandieren lassen

Eigentlich hab ich, schon seit ich denken kann, gespürt, daß ich irgendwie anders bin. Es ist schwer zu beschreiben, da ist dieses Gefühl, das dich irgendwie zerreißt, weil du nicht weißt, was es bedeutet, und weil du weißt, daß kaum einer es versteht. Später dann habe ich einen Artikel über Indigo-Kinder gelesen und mich irgendwie damit identifizieren können.

Ich weiß jedenfalls, daß ich mich nicht wie andere in meinem Alter herumkommandieren oder unterdrücken lasse. Ich habe mich noch nie an die Regeln meiner Eltern gehalten. Ich habe immer das getan, was ich für richtig hielt. Meine Mutter wußte das nicht immer zu schätzen, aber mittlerweile weiß sie, daß meine Entscheidungen ihre Gründe haben und sie mir vertrauen kann. Ich kenne meine eigenen Grenzen und weiß, was ich tun und lassen kann.

Oft verstehe ich mich auch nicht mit den Menschen meines Alters. Vielleicht auch, weil sie mich nicht verstehen. Ich habe schon als Achtjährige viel lieber bei den Erwachsenen gesessen und habe mit ihnen über das Leben diskutiert, anstatt mit den Kindern meines Alters zu spielen.

Ich spüre alles ganz intensiv; wenn ich die Erde berühre, spüre ich ihre Wärme. Wenn der Wind mir entgegenbläst, weiß ich, daß er mich umarmt und mir übers Gesicht streicht. Ich fühle mich mit allem verbunden. Jeder Klang, jeder Duft, den ich wahrnehme, ist mit etwas verbunden, von dem ich meistens weiß, daß es nicht immer aus dieser Welt und aus diesem Leben ist.

Außerdem denke ich zu viel nach und habe meist viele Gedanken gleichzeitig. Vielleicht kann ich mir auch deshalb Dinge schnell einprägen. Dafür langweile ich mich auch sehr schnell. Ich fühle mich oft allein, weil ich Interessen habe, die andere in meiner Umgebung nicht mit mir teilen können. Deswegen gehe ich, so oft ich kann, ins Internet, um mich dort über das zu informieren, was mich interessiert: Philosophie, Geschichte, Hexentum u.v.m. Ich gehe auch gerne in Foren und tausche mich mit anderen aus.

Wie es für mich ist, ein Wesen der neuen Zeit zu sein? Nicht immer schön. Es ist einsam, es gibt so wenige um dich herum, die dich verstehen. Und wenn dann doch ein paar Leute wissen, was oder wer du bist, stehst du auch automatisch wieder unter so etwas wie »Erfolgszwang«. Manchmal wünsche ich mir, ein ganz normales Mädchen sein zu können, doch dann denke ich mir wieder, daß es gut ist, daß ich so bin, wie ich bin. Denn immerhin bin ich einer von diesen Menschen, die auf der Welt etwas bewegen werden.

Na ja, ich bin ein 14jähriges Mädchen, das schon von Beginn an ein kompliziertes Leben hatte. Deshalb komme ich mir manchmal auch etwas verheizt oder »eingegangen« vor, ich habe sehr viele Schicksalsschläge erlebt. Ich bin jemand, der gerne mehr im Leben erreichen möchte, der wissen möchte, wieso und warum alles geschieht. Aber dann ist da noch das andere Mädchen in mir, das mich bremst und mich daran erinnert, daß ich ein Kind bin und ein Kind sein darf. Ein Kind, das gerne Musik hört, mit dem Hund auf der Wiese herumtollt und auch gerne fernsieht. Doch leider kann ich solche Dinge nicht allzu lange genießen, denn dann tauchen wieder die Gedanken über das »Wieso und Warum« auf.

Ich weiß nicht genau, ob ich andere Indigos kenne. Aber da gibt es ein paar Menschen, die ungefähr mein Alter haben. Sie erinnern mich an mich selbst, obwohl sie mir nicht ähnlich sehen. Und oft schaue ich diesen Leuten unbewußt für lange Zeit in die Augen, was sie auch zu erwidern scheinen. Manchmal frage ich mich, ob sie auch diese Art Verbindung spüren.

Ich kenne meine Lebensaufgabe nicht. Es ist auch ein bißchen so, als ob ein Teil von mir nicht hier wäre, als ob ich auf etwas warten würde. Als ob ich auf meine Bestimmung warten würde. So fühl ich mich schon seit frühster Kindheit.

Früher hatte ich ehrlich gesagt viele Probleme in der Schule. Ich bin oft nicht hingegangen, weil mir die Art und Weise nicht gefallen hat, wie dort unterrichtet wird. Alles war so uninteressant, so theoretisch. Die Jugendlichen, die dort waren, mochte ich auch nicht. Das machte ich auch deutlich und wurde deshalb schnell zur Einzelgängerin. Das war eine schwere Zeit, in der ich mich sehr zurückgezogen habe. Aber seit ich auf einer neuen Schule bin, wo ich mich wohl fühle und wo der Unterricht wirklich interessant ist, geht es gut. Nur manchmal kommt es mir so vor, als ob mich niemand verstehen würde.

Es wird einem so viel Überflüssiges beigebracht, was man später nicht wirklich braucht. Mathematik zum Beispiel (und das sage ich nicht nur, weil ich Mathe nicht leiden kann), dafür findet man doch überhaupt keine Verwendung mehr, es sei denn, man hat vor, als Taschenrechner wiedergeboren zu werden.

Es sollte viel mehr Fächer geben wie Philosophie. Alle

Lehrer sollten etwas offener werden. Mir gefällt das amerikanische Schulsystem, von allen anderen sagt es mir am meisten zu.

Vielleicht sollte es für Leute wie »uns« Extraschulen geben, am besten wäre es, wenn Indigo-Kinder uns dort unterrichten würden. Zum Thema Unterstützung: Ich denke, die Menschen sollten aufhören, andere einzuengen, nur weil diese anders sind. Ich bin wie ein Vogel, ich muß einfach fliegen können.

Ob ich Engel oder Lichtwesen kenne? Ich kenne keine, ich habe schon ein bißchen den Draht zu ihnen verloren. Aber ich weiß, daß ich viele in meiner Kindheit kannte. Irgendwie spüre ich auch, daß sie bei mir sind und mich umarmen, wenn ich nachts schlafe und ein bißchen traurig bin.

Ich sehe die Welt als ein graues, altes Stück Papier, das auf einen Maler wartet, der es in den schönsten Farben bemalt. Was ich mir wünsche, ist, daß diese Farben, nicht mehr nur transparent aufgesetzt werden, sondern wirklich mit voller Leuchtkraft erstrahlen.

D., 14 Jahre, Deutschland

54. Unter Zwang machte ich Probleme, ohne Zwang nicht

Ich hatte immer sehr realistisch wirkende Träume, auch die Alpträume erwiesen sich als sehr real. Es ging so weit, daß ich Angst vor dem Einschlafen hatte und mein eigenes Zimmer als Brutstätte irgendwelcher Monster sah. Bei Nacht konnte ich kein Auge zutun, und alles Räuchern und alle Steine, die ich zu Hilfe nahm, nützten nichts. Eine Freundin meiner Mutter rief bei einer Frau an, die Seminare über Spiritualität gibt. Sie nahm meine Geburtsdaten telefonisch entgegen und »sah« mich genauer an. Sie teilte mir mit, daß ich ein Indigo-Kind sei und daß sich meine Chakren gerade verbinden könnten – durch diese »Traumbilder« sei ich jedoch blockiert. Sie erwähnte noch, daß dies äußerst ungewöhnlich sei, da ich 21 Jahre alt bin. Das alles geschah vor drei Tagen.

Als ich ein Kind im Kindergartenalter und Schulalter war, war meinen Eltern sofort klar, daß ich anders bin. Ich spielte immer allein, und wenn doch mal eine Schulfreundin zu Besuch kam, war mir das eher lästig. Ich fühlte mich in meinem Spiel immer unverstanden und eingeengt, wenn andere Kinder dabei waren. Ich erträumte mir eine andere Welt, ein von mir so genanntes »fernes Land« mit drei Monden, und gleichgültig in welchem Alter ich mich befand, war – bis heute – die Sehnsucht nach dieser anderen Dimension beinahe selbstzerstörerisch. Es war eine andere, bessere, magischere Welt.

Ich verstehe Menschen, ich höre sie – wirklich. Ich fühle so sehr, daß es beinahe weh tut. Wenn ich mich in einem Raum mit vielen Menschen aufhalte, dann erschlagen mich deren Empfindungen förmlich. Es ist keine Telepathie. Aber es ist dennoch eine Art Kontakt, und meistens, eigentlich immer, schmerzt es.

Ich male, seit ich einen Stift halten kann, und meistens sind es Muster und Zeichen, die für mich während des Zeichnens Sinn ergeben, doch danach verschwindet dieser förmlich. Durch Einfühlung errate ich Dinge. Ich durchschaue Menschen, sie sind wie ein offenes Buch.

Für mich ist es fremd, aufregend, sinngebend, ein Kind der neuen Zeit zu sein. Ich erlebte die Welt und das Leben immer grau und eintönig und andererseits plötzlich so eindrucksvoll und strotzend vor Schönheit, daß ich es kaum ertragen kann. Ich liebe das Leben und hasse es zugleich aus tiefster Seele.

O ja! Ich hatte viele Probleme in der Schule! Diese autoritäre Umgebung hat mich krank gemacht – ich war ständig krank. Ich fehlte fast immer und war ein hoffnungsloser Fall in Mathematik. Ich mache gerade die Studienberechtigungsprüfung, weil ich Psychologie studieren möchte. Das Gymnasium war nichts für mich. Man wurde ständig wie ein Kind behandelt – andererseits war ich das da ja auch. Ich hatte immer das Gefühl, daß ich von meinen Eltern nichts lernen kann, was ich nicht sowieso schon weiß. Das klingt arrogant, meine Empfindung war aber so. Unter Zwang machte ich Probleme, ohne Zwang nicht.

Ich weiß nur eines mit Sicherheit: Mein Zuhause war nie hier auf dieser Welt und wird nie hier sein!

E., 21 Jahre, Deutschland

*E*in Zauber liegt in der Luft, betrittst Du den Raum.
Schlapperschnute hält nie inne, so viel weißt Du zu erzählen.
Kleiner Denker, so wahr schon sind Deine Worte.
Kullerrund sind Deine Augen – hellwach ist Dein Verstand.
Bist ein großes Glück auf Erdenland!
Hände noch so klein und zart,
Du denkst, sie sind groß und stark.
In Deiner Welt – vor Deinen Augen –
erkennst Du das Rad und hältst es am Laufen!
Schnudelnd suchst Du den Schutz und tröstest zugleich –
gibst jedem Liebe mit zarten Worten und leidest dabei.
Mußt schon soviel begreifen,
auch wenn Du bist in meinen Augen noch viel zu klein.
Daß Du bist mein Sohn, erkenne ich in Deinem Gesicht.
Daß Du bist mein Sohn, erkenne ich auch in Deinen Gefühlen.
So groß und stark Du Dich auch siehst,
so klein und schwach fühl ich mich.
Muß Dich bringen auf Deinen Pfad,
muß Dir zeigen das Lebensrad.

Laß Dich stürzen – halt nicht immer Dir die Hand –
mußt selbst erkennen, den Blick in Dein Seelenland.
So klar noch Deine Augen, so rein Dein Herz,
möchte Dich fernhalten von all dem Schmerz.
Das Glück ganz besonders – Du – bist. In Deiner Nähe man
den Alltag vergißt.
Das Licht, das Dich umgibt, auch auf andere fällt –
erkenne ich –, Du bist der Freund, zu dem man gerne hält!
Mutig gehst Du an die Aufgaben, die man Dir stellt,
willst alles begreifen in Deiner Kinderwelt. Von Dir zu reden
fällt keinem schwer,
Du bist unser Philip. Ein Kind dieser Welt!
Wie wirst Du sein – wenn ein Mann Du bist?
Dein Tatendrang jetzt schon unbeschreiblich ist.
Deine Gefühle Du klar kannst zeigen.
Bei wachem Verstand Du Worte verstehst zu falten.
Ich kann nicht beschreiben, wie glücklich ich bin –
daß es Dich gibt.
Ich, Deine Mama – die, die Dich immer liebt!

M., Deutschland, für Philip

55. *Ich bin, wer ich bin, und brauche mich nicht zu verkleiden*

Mein Sohn ist 12 Jahre alt, und seit zwei Jahren weiß ich, daß er ein Indigo-Kind ist. Von seiner Selbstbewußtheit und Liebe kann ich oft nur lernen. Meine Tochter ist ein und ein halbes Jahr alt. Seit ihrer Geburt war mir klar, daß sie »anders« ist. Beim ersten Augenaufschlag lag so viel Weises und Fragendes in ihren Augen.

In den ersten Lebensjahren meines Sohnes war ich oft verzweifelt, denn ich verstand sein Verhalten nie, und auch seine Antworten überforderten mich oft. Viele Tränen haben uns in dieser Zeit begleitet. Bei meiner Tochter konnte ich bis jetzt auf meinen alten Erfahrungsschatz zurückgreifen, und mit viel Aufmerksamkeit und Liebe lerne ich von ihrem Verhalten. Auch meine spirituelle Arbeit seit vier Jahren hat mir sehr dabei geholfen, mit meinen Kindern ein friedvolles Miteinander zu leben. Heute erfüllen mich Liebe, Verständnis und Stolz über meine Kinder.

Wache Augen, die alles erfassen können; viel Liebe für ihre Mitmenschen; ein starkes Selbstbewußtsein; sie wissen, was sie wollen; meine Tochter spricht erst einige verständliche Worte in meiner Sprache, doch sie redet komplette Sätze in einer Art Indianersprache. Nur an ihrem Ausdruck in der Stimme und im Gesicht weiß ich, was sie möchte und fühlt. Wenn ich bei Freunden bin, wo eine schlechte Stimmung herrscht, wird sie nervös und ganz anhänglich. Meine Mutter ist vor einiger Zeit verstorben, und als wir meinen Vater besuchten, sprach sie nur Oma, Oma, Oma – bis dahin hatte sie nie das Wort Oma gesagt. Viele Menschen fühlen sich in ihrer Gegenwart sehr wohl, und sie versprüht viel Harmonie.

Mein Sohn hatte schon immer Probleme mit Autoritätspersonen, mich eingeschlossen. Als er im Kindergarten seinen ersten Fasching feiern sollte, weigerte er sich bis aufs Blut, sich zu verkleiden, denn er sah den Sinn darin nicht. Seine Begründung lautete: Ich bin, wer ich bin, und brauche mich nicht zu verkleiden – was er bis zum heutigen Tag auch nicht tut. Er spielte auch immer nur mit Kindern, die seinem Level entsprachen, was ihm aber auch oft Einsamkeit einbrachte, denn er war lieber allein, als mit Kindern zu spielen, die er für »falsch« hielt.

In der Schule hatte er oft Probleme mit Lehrern, denn er machte viele Dinge nicht oder anders, als von ihm erwartet wurde. Seine Lehrerin sagte ihm in der 3. Klasse, seine Aufsätze gefielen ihr nicht, weil sie zu wirr und phantasievoll wären. Im nächsten Aufsatz-Diktat schrieb er nur die Überschrift und gab das Blatt leer ab, mit der Begründung: Ich brauche nichts zu schreiben, was Sie sowieso mit einer Sechs bewerten, eine Sechs bekomme ich auch für ein leeres Blatt. Er gab auch oft Antworten, die einem Erwachsenen entsprachen, jedoch nicht von mir oder von einem anderen Familienmitglied stammten. Früher schämte ich mich oft dafür, doch die Zeit der vielen Tränen ist vorbei.

Bei Christopher hatte ich riesige Probleme, denn ich war die Erwachsene und wollte allein das »Sagen« haben. Heute haben meine Kinder das »Sagen« gemeinsam mit mir, und so können wir gut miteinander leben. Natürlich brauchen sie auch klare Strukturen und Grenzen, doch das mußte ich erst einmal lernen, denn wer selbst seine Grenzen nicht kennt, kann anderen keine setzen.

Es gibt feste Rituale bei uns, die einen Rahmen für die Kinder schaffen. Gemeinsame Mahlzeiten sind sehr wichtig, oder nach der Schule erst eine halbe Stunde Ruhe, bevor die Hausaufgaben gemacht werden. Mein Sohn wollte früher seine Probleme mit anderen oder in der Schule immer allein regeln. Heute habe ich ihm klargemacht, daß es Dinge in seinem Leben gibt, die ich für ihn erledigen möchte, und er läßt das jetzt auch zu.

Vertrauen und Ehrlichkeit sind sehr wichtig, denn nur so kann ich immer hinter ihm stehen, wenn es Probleme gibt. Er war als kleines Kind immer sehr verschlossen und erzählte nicht einmal, was es im Kindergarten zu essen gab. Irgendwann fing ich an, von meinem Alltag zu erzählen, und allmählich öffnete er sich auch mir gegenüber. Heute führen wir wunderbare Gespräche miteinander.

Als mein Sohn acht Jahre alt war, empfahl mir seine Lehrerin, einen Besuch beim Kinderpsychologen zu machen. Dort wurden in Zusammenarbeit mit Pädagogen und Ärzten mehrere Tests gemacht, unter anderem ein IQ-Test. Sein IQ wurde mit 125 bestimmt. Zum Psychologen ging ich eigentlich, weil er im Unterricht immer herumzappelte und damit sehr störte. Meine Tochter ist auch so ein »Quirling«; seit ihrem ersten Geburtstag kann sie laufen, und sie sitzt kaum noch still. Wenn sie allerdings etwas findet, was ihr Interesse geweckt hat, kann sie ein bis zwei Stunden damit spielen, ohne sich zu rühren; ist ihr Interesse erloschen, so ist sie wieder ruhelos. Meine Tochter ist beim Essen genauso penibel wie mein Sohn. Beide reagieren stark auf ihre Umgebung. Wenn mich Menschen mit einer schlechten Energie besuchen, läuft meine Tochter in ihr Zimmer und spielt dort, oder sie fängt an zu schreien.

Im Haus meiner Eltern, in dem meine Mutter verstarb, ist es bis vor einigen Wochen am schlimmsten gewesen. Sie schlief dort nie und schrie nur, was sehr ungewöhnlich für sie ist, denn seit sie zwei Wochen alt ist, schläft sie durch. Seit ich mich mit Spiritualität befasse, weiß ich auch, daß meine Mutter noch nicht ins Licht gegangen war. Wir machten also ein Ritual und baten sie, das Haus und meinen Vater endgültig zu verlassen. Schließlich räucherte ich mit Weihrauch, und siehe da, meine Tochter schlief durch und weinte die weiteren Tage auch nicht mehr im Haus meines Vaters. Selbst mein Vater bemerkte die verwandelte Energie im Haus und war viel friedvoller.

Die Hyperaktivität meines Sohnes hält sich in Grenzen, denn seit er mehr Aufmerksamkeit von mir bekommt und am Gymnasium geistig genug gefordert wird, ist er viel entspannter. Seine Wißbegierde wird dort gestillt, und er ist mit Kindern zusammen, die auf seinem Level sind. Therapien haben wir keine gemacht, weil ich dazu keine Veranlassung mehr sehe.

Seit mir bewußt wurde, was für kostbare Wesen meine Kinder sind, auch wenn sie keine Indigo-Kinder sein sollten, erfüllen sie mein Leben vollkommen. Mit Stolz erzähle ich heute gerne von ihnen, früher habe ich mich für das Anderssein meines Sohnes eher geschämt.

Ich wünsche mir, daß sie ihrer Berufung mit Liebe folgen und ein glückliches, erfülltes Leben führen werden. Daß sie immer daran denken, wie einzigartig sie auf dieser Erde sind, und daß sie immer auf ihre innere Stimme hören, um ihren Mitmenschen leuchtend den Weg im Dunkeln zeigen zu können. Wunderbar ist ihre hohe Intelligenz bzw. ihre Wissen über das Leben und wie sie es in dieser schweren Zeit meistern. Viele dieser Kinder haben spezielle Fähigkeiten, so daß sie später Heiler werden können.

Ob sie mit Engeln oder mit Verstorbenen reden, ist egal, denn wenn meine Tochter keine Angst davor hat, muß ich mich auch nicht fürchten. Wenn einige dieser Kinder mit der geistigen Welt kommunizieren, kann das für uns normale Menschen nur hilfreich sein, denn wir bekommen von ihnen viele Antworten für unser Leben. Besonders ist auch, daß diese Kinder von Anfang an von ihrer Einzigartigkeit wußten.

Ich wünsche mir Schulen (auch Kindergärten), in denen die Lehrer und Erzieher von ihren veralteten Sichtweisen Abstand nehmen und anfangen umzudenken. Die Kinder sollten mehr in die Form des Unterrichts einbezogen bzw. gefragt werden, was sie lernen möchten. Die Lehrer müßten langsam merken, daß Zwänge und Bestimmungen nicht anerkannt werden und auch Strafen und Verbote mittlerweile nichts mehr bringen. Wie sang Herbert Grönemeyer vor vielen Jahren schon: »Kinder an die Macht«.

Zum Glück kenne ich eine Lehrerin, die ich an einem Infoabend über Indigo-Kinder kennengelernt habe, somit keimt Hoffnung in mir, daß mehr Lehrer von sich aus handeln, um mit ihren Schülern besser klarzukommen.

M., Sohn 12 Jahre, Tochter 2 Jahre, Deutschland

56. Ich erholte mich ohne Bewußtsein

Ich kann nicht behaupten, daß ich »wußte«, daß ich ein Indigo-Mensch bin, denn ich kannte diesen Begriff nicht. Mir ist von jeher bewußt, daß ich anders bin, daß ich nicht hierhergehöre, aber hier sein muß, weil ich eine Funktion habe, die ich erfüllen will. Als kleines Kind schon habe ich oft und lange vor dem Spiegel gestanden und meine eigenen Augen fixiert. Ich dachte, daß alle Wahrheit und alle Antworten in mir seien, und suchte den Schlüssel dafür. Manchmal dachte ich auch, daß mein Spiegelbild zu mir sprechen würde und ich endlich Antworten bekäme – warum ich hier bin, obwohl ich nicht wirklich hierhergehöre. Ich hatte sogar die Idee, daß ich vielleicht zu irgendwelchen Außerirdischen gehöre, die mich hierher geschickt haben, damit ich etwas lerne.

Ich fühle mein ganzes Leben lang schon eine schrecklich intensive Sehnsucht, eine Art Heimweh, die niemals gestillt wurde. Mein Leben lang schwanke ich hin und her zwischen der Welt, die in mir ist und die ich kenne, deren Gesetze mir vertraut sind und in der ich mich zu Hause fühle und der Welt hier, die grausam ist und die ich oft nicht verstehen kann.

Im Laufe der Jahre habe ich gelernt, die Menschen zu beobachten, ich habe ein Gespür dafür, was sie wirklich bräuchten, um von ihrem Haß zu genesen. Aber ich sehe immer wieder Ablehnung. Diesen aggressiven, gemeinen Teil der Welt und der Menschen hier, kann ich einfach nicht verstehen. Ich trage das Gefühl unbändiger, grenzenloser, alles erfüllender Liebe in mir. Die Welt scheint danach zu dürsten, will meine Liebe dann aber doch nicht. Daran zerbreche ich regelmäßig und erhole mich nur schwer. Schon immer neige ich dazu, von »den Menschen« zu reden, als ob ich selbst mich nicht zu ihnen zählte. Probleme habe ich auch mit der Aufnahme und Weitergabe von Informationen, denn ich bin in vielem zu schnell und nehme unendlich viel mehr auf (ganzheitlich gesehen), als ich mit den mir primitiv erscheinenden Mitteln unserer Sprache auszudrücken vermag. Man müßte alle Wahrnehmungen als Gedankenblitz direkt von Kopf zu Kopf übertragen können.

Wann immer es mir schlecht geht und ich den Leidensdruck nicht mehr aushalten kann, flehe ich den bestimmten Himmel an und bettele oder fluche, ich bitte um jemanden, der mich versteht, jemanden, der mir sagen kann, wer ich bin und was das alles soll – jemanden, der so fühlt wie ich.

Neben der »normalen« Schule, – ich bin für Gesamtschulen und lehne das klassische System mit Gymnasium etc. ab, weil es den Gemeinsinn zerstört und Haß und Neid schürt – sollte es eine Schule geben, in der gelehrt wird, wie man miteinander umgeht, wie man zusammen mit Tieren leben kann und Verantwortung lernt. Jeder einzelne sollte sich nach seinen eigenen Möglichkeiten entfalten können. Das ewige Rollen- und Klischeedenken sollte endlich abgeschafft werden. Jeder sollte so leben dürfen, wie er es möchte, ohne sich »dumme Sprüche« anhören zu müssen. Wer liebt, wird auch immer die Grenzen des Nächsten wahren.

Anzunehmen, daß unsere Erde die einzige Lebensform im gesamten Kosmos wäre, ist vermessen. Ich denke, daß es noch anderes Leben geben muß! Vielleicht sollten wir nicht immer davon ausgehen, daß »Leben« unseren Vorstellungen entsprechen muß und dem unseren ähnelt. Vielleicht gibt es ja ganz andere Arten des Lebens, die wir uns nur nicht vorstellen können.

Gott oder Engel, wie sie als klassische Begriffe bestehen, sagen mir wenig. Aber die reine Form der Liebe könnte man auch als Gott ansehen, wenn man will. Außerdem glaubt jede primitivere Kultur, daß diejenigen, die zu einer weit höheren Kultur gehören, Götter sein müssen. So könnte es sein, daß wir zu etwas aufschauen und es deshalb Gott nennen, was ganz anders ist als wir.

Was daran schrecklich ist, ein Wesen der Neuen Zeit zu sein? Alles, wenn man keinen Austausch hat und unverstanden ist, weil man verzweifelt und irgendwann meint, man wäre verrückt. Die Außenwelt hält einen ja auch meist für verrückt, weil man anders ist.

A., ältere Indigo, Deutschland

57. Als ich Ritalin nahm, verließ mich mein Engel

Eine Freundin hat mich auf das Thema gebracht, also habe ich mir ein Buch über Indigos gekauft. Ich wollte alles anstreichen, was auf mich zutrifft. Nach ein paar Seiten habe ich den Stift zur Seite gelegt, weil ich fast alles anstreichen konnte. Ich brauchte dann eine Weile, um für mich zu entscheiden, was ich mit der Information anfangen sollte. Ich hatte immer noch Zweifel, bis ich dann eines Morgens aufgewacht bin und mir auf einmal sehr sicher war. Es war einfach komisch, plötzlich Begriffe für alles zu haben.

Ich habe als Kind weder geschlafen noch gegessen. Ich habe immer versucht, Gedanken zu lesen, Dinge zu bewegen, ohne sie anzufassen, hatte dabei immer das Gefühl, daß ich das eigentlich können müßte, und war unglaublich frustriert, wenn es nicht geklappt hat. Ich habe immer Dinge gesagt, mit denen meine Eltern nichts anfangen konnten. Ich habe, wenn ich Texte lesen muß, immer eine Art Déjà-vu-Erlebnis; ich sehe meist nicht ein, das alles zu lesen, weil ich es eigentlich schon weiß. Ich habe ein Gefühl dafür, was in anderen vorgeht, und weiß genau, wann mich jemand anlügt.

Ich fühle mich hier fremd und will immer nach Hause. Ich nehme Erwachsene oft nicht ernst und fühle mich allen überlegen, habe immer das Gefühl, ich kann alles und weiß schon alles. Ich habe eine große Verbundenheit zur Natur und will immer alles verbessern und verändern.

Mir gefällt es hier nicht sonderlich, ich bin etwas frustriert. Allerdings bessert sich das gerade, je mehr ich über Indigos lese und erfahre. Ich muß fast immer weinen, wenn ich etwas über sie lese, weil es für mich immer unmöglich schien, all das, was passiert und was ich bin, in Worte zu fassen. Vielleicht habe ich mich auch einfach nicht getraut. Ich habe immer eine wichtige Botschaft mit mir herumgetragen, die ich niemandem erzählen konnte. Ich finde es schön, daß mir jemand die Worte dafür gibt.

Ich glaube ein Freund von mir ist auch ein Indigo. Ich bin immer noch mit ihm befreundet. Obwohl viele meiner besten Freunde ihn nicht mehr mögen, hatte ich das Gefühl, den Kontakt halten zu müssen. Ich denke manchmal, er ist fast der einzige Mensch, der mich versteht. Ich hätte gerne mehr Freunde, die Indigos sind, mit denen ich über bestimmte Dinge reden könnte und die wüßten, wovon ich rede.

Ich bin Anfang der 80er Jahre geboren, und in meiner Altersgruppe gibt es noch relativ wenige Indigos. Im Grunde sind wir ja noch nicht einmal hier, um verstanden zu werden, sondern um unsere Kinder zu verstehen und ihnen genug Raum zu lassen, um ihre Nachrichten zu vermitteln und die Erde zu verändern. Es tut weh, wenn alle versuchen, einen zu erziehen und einem etwas beizubringen. Deshalb braucht die nächste Generation nicht nur Eltern, die verstehen, was sie sind, sondern auch Lehrer, die wenigstens intuitiv richtig mit ihnen umgehen.

Ich war auf einer Montessori-Grundschule, dort hatte ich nie Probleme. Ich habe sogar eine Klasse übersprungen. Auf dem Gymnasium hatte ich schon eher Probleme. Mit Ritalin ging es aber, und ich habe noch eine Klasse übersprungen. Ich habe meine Lehrer teilweise nicht ernst genommen und nicht eingesehen, daß ich etwas lernen sollte. Ich war immer gelangweilt und hatte das Gefühl, die Klasse komme nicht schnell genug voran. Ich habe Probleme, etwas auswendig zu lernen, es sei denn, ich stelle mir Bilder dazu vor, dann geht es einigermaßen. Man sollte jeden in seinem eigenen Tempo arbeiten und lernen lassen.

Allen Erwachsenen möchte ich sagen: Hört uns zu, und gebt uns genug Raum, denn den brauchen wir. Wenn wir etwas lernen wollen, dann fragen wir danach. Laßt uns in Ruhe, wenn wir das brauchen, und vertraut einfach darauf, daß ihr sehen werdet, wie ihr uns unterstützen könnt. Wir geben euch eigentlich genug Hinweise darauf. Ihr müßt sie nur sehen. Nehmt uns ernst, laßt es zu, daß Jüngere euch auch etwas beibringen, und laßt euch dadurch verändern. Wir wissen schon, was wir machen.

An dem Tag, als ich angefangen habe, Ritalin zu nehmen, steht in meinem Tagebuch »mein Engel hat mich verlassen«. Das war das, was ich auch an den folgenden Tagen gedacht habe. Ich war sehr traurig darüber, aber ich weiß, er wird zu mir zurückkehren, wenn ich ihn brauche. Nur ist er nicht mehr ständig da, und manchmal kommt er gar nicht, selbst wenn ich ihn anflehe. Aber das ist nur eine Übergangslösung, weil ich hier sein muß und hier einige Dinge bewältigen muß, bei denen er mir nicht helfen kann. Wenn ich das alles geschafft habe, wird er wieder ganz bei mir sein, und ich bin dann auch nicht mehr so allein.

J., 23 Jahre, Deutschland

58. Liebe beinhaltet alles

Ich mag dieses Wort »Indigo-Kind« nicht, denn damit steckt man wieder etwas in eine Schublade. Aber ich verstehe, daß der Mensch Begriffe braucht, um etwas zu beschreiben. Ich wußte schon immer, daß ich anders bin. Seit meiner irdischen Geburt hatte ich immer Wesen aus Licht und Liebe um mich.

Eines Tages saß ich mit meiner Mutter im Wohnzimmer, und wir haben über verschiedene Dinge gesprochen, unter anderem auch darüber, daß ich anders bin. Auf einmal wurde mir ganz heiß, und es kamen plötzlich aus allen vier Himmelsrichtungen dunkelblaue Wolken in einer enormen Geschwindigkeit auf mich zu. Meine Mutter hatte eine Jesusfigur im Zimmer hängen, und die erste Hitze und die ersten indigoblauen Wolken kamen aus ihr heraus. Ich war etwas in Panik und wußte, daß diese Energie in mich hineinwollte, und zwar in meine linke Körperhälfte. Sie drang auch ein, und ich war total erschöpft und mußte mich erst einmal hinlegen. Als ich dann später meine Mama fragte, ob sie die blauen Wolken auch gesehen und diese Hitze gespürt habe, sagte sie

»nein«, aber sie habe eine Veränderung an mir wahrgenommen, denn meine Augenfarbe habe sich verändert. Damals war ich so 16 – 17 Jahre alt. Mit ungefähr 18 – 19 Jahren wollte ich endlich normal sein und nichts mehr wissen. Ich hatte wirklich die Nase voll von allem.

Ich habe Menschen, ob groß oder klein, vom Universum, der Natur und allem möglichen erzählt und ihnen zu erklären versucht, daß alles hier eine Illusion sei und daß sie hinter die Masken schauen müssen. Leider hat mich kaum jemand verstanden, außer Nachbarskinder, denen meine Geschichten über Elfen, Feen, Engel, Pflanzen und Tiere gefallen haben.

Ich bin jetzt 22 Jahre alt und fühle mich ziemlich verloren und einsam. Ich kann meine Ideen und die Visionen, die ich habe, niemandem erzählen, weil die meisten Menschen nicht damit umgehen können. Ich habe mich ca. drei Jahre meines Lebens davon abgewendet und merke nun, daß ich meine Aufgabe hier auf diesem Planeten zu Ende führen muß.

Vor etwa zwei Jahren hat mir eine Freundin gesagt, daß sie glaubt ich sei ein Indigo. Sie las zu dem Zeitpunkt ein Buch über Indigo-Kinder. Ich habe dem Ganzen keine große Achtung geschenkt, bis ich ein Jahr später in einem Schreibwarenladen in der Schweiz ein Indigo Buch sah, das mich an meine Freundin erinnerte. Ich kaufte es gleich. Ich las es dann, und als ich zu dem Kapitel kam, in dem diese Farbe beschrieben wurde, brach ich sofort in Tränen aus und erinnerte mich an die dunkelblauen Wolken, die zu mir kamen.

Jeder Mensch hier hat eine Aufgabe, er muß sich nur dafür öffnen. Ich denke, daß ich ein Künstler bin, ich male sehr viel mit Öl. Das beruhigt mich.

Ich werde, wenn die Zeit reif dafür ist, den Menschen

etwas zeigen, was sie erwecken kann. Ich muß etwas schaffen.

Die Menschen sollten sich für das Leben öffnen. Vor allem sollten sie sehen und hören lernen. Solange sie faul sind, werden sie sich nicht entfalten können. Kein Mensch soll Angst vor seiner Selbständigkeit haben. Wenn die Menschen Angst haben, sich zu öffnen und zu lernen, werden sie sich niemals in Frieden und in ihrer Größe entfalten können.

Liebe beinhaltet alles: Weisheit, Licht, Demut, Glück, Kraft, Sehen, Hören usw.

Ich bin im Iran geboren worden und später nach Deutschland gekommen, in ein Land der Kälte. Ich habe die Schule sehr oft gewechselt, etwa fünfzehnmal. Ich kam in keiner zurecht, ich habe einen Horror vor Schulen, und dieses Schulsystem ist eine Katastrophe. Ich habe mein Abitur nicht gemacht, denn ich wollte so schnell wie möglich von der Schule weg und vom Leben lernen. Mich interessieren nur die Wahrheit und das Leben. Was in den Schulbüchern gelehrt wird, ist für mich fast alles Blödsinn. Es ist gibt viel höheres Wissen, und wir sind dabei, zu entdecken, daß es mehr gibt als nur die Materie.

N., 22 Jahre, Deutschland

Nie mehr darf ich mich an nur einen Menschen klammern.
Ich muß meine Liebe an alle geben.
Lieben und geliebt werden, das ist mein Sinn.

59. In einem Kind sehe ich die gesamte Schöpfung

Ich habe mich wegen psychosomatischer Beschwerden in therapeutische Behandlung begeben. Vor etwa zwei Wochen sagte mir meine Therapeutin, daß ich ein Indigo-Mensch sei. Völlig ahnungslos, was dies überhaupt bedeutete, verließ ich die Therapiestunde. Ich besorgte mir Bücher, um zu begreifen, was damit gemeint sei. Ich habe viel über Psychologie, Philosophie und Lyrik gelesen. Nichts, aber auch gar nichts konnte meinen Hunger stillen. Als ich mein erstes Buch über Indigos las, mußte ich nur noch weinen. All meine Sehnsucht und Einsamkeit schien einen Namen zu haben.

Als ich gerade fünf Jahre alt war, brachte ich mir selbst das Lesen und Schreiben bei. Fremdsprachen schienen meine zweite Muttersprache zu sein. Aufsätze, die ich in der Schule schrieb, bekam ich nicht mehr zurück, mir wurde nur die Note vom Lehrer gesagt. Wo holt ein Kind in deinem Alter das nur her, hörte ich immer wieder.

In die Zukunft sehen, spüren, wenn neue Dinge auf mich oder mir nahe Menschen zukommen, ist für mich normal. Du mußt wohl eine Hexe sein, sagte man mir manchmal. Ich litt sehr und leide auch heute noch unter meiner Familie.

Der Umgang miteinander erschien mir krank. Ja, er

machte mich krank. Die Menschen verstehen nicht, sehen nicht, was wirklich zählt. Sie hetzen durch den Tag und glauben sich dem Ziel so nahe. Sie verzweifeln, sitzen bei ihren Anwälten, wollen immer gewinnen. Es machte mir nichts aus, wenn ein Mensch unfreundlich zu mir war. Die Poesie, die Lyrik und die Musik waren mein Zuhause. Und wenn ich ein Kind ansehe, sehe ich in ihm die gesamte Schöpfung. Es spiegelt sich das Universum in seinen Augen.

M., 39 Jahre, Deutschland

60. Zwerge sind echt

Der Frühling ist da, und unsere Gartenzwerge sind aus dem Winterurlaub zurückgekehrt. Sie leben unter dem Baum, der bei uns im kleinen Garten steht. Ich habe sie noch nicht gesehen, meine Kinder stehen aber in regem Kontakt mit ihnen. Sie berichten mir ab und zu, was die Zwerge gemacht oder gesagt haben, sie bauen ihnen Rutschen zum Spielen und freuen sich, wenn ein neues Zwergenkind geboren wird. Gestern sagte ich beim Frühstück: »Heute nehmen wir die Zierkürbisse vom letzten Jahr auseinander und pflanzen die Kerne ein.« Felix meinte: »Das geht nicht, die Zierkürbisse habe ich den Zwergen geschenkt, sie ziehen den Duft da raus, sie brauchen diesen Duft.« Cornelius meinte: »Ich glaube, nur die Kinder sehen die Zwerge und kennen ihre Wege.« Cornelius spricht sonst selten von diesen Dingen, und vor Thomas sprechen die Kinder sonst beide nicht davon, das hat sich nun geändert.

Ich meinte, wir sollten sie fragen und um ein paar Kürbisse bitten. Das haben die Kinder dann gemacht, und ein paar durften wir dann zerlegen. Wir mußten dann aber das Fruchtfleisch, das die Zwerge brauchen, und alle Reste zurückbringen. Felix hat aus einer Kürbisschale ein Zwergenbett gebaut und dieses in die Zweige des Baumes gehängt. Cornelius hat mir beschrieben, wie groß die Zwerge sind, die Mutter, der Vater, die Kinder. Felix hat es bestätigt. Einmal, es ist schon länger her, sagte Felix zu mir: »Du bist der einzige Mensch, den ich kenne, der an Zwerge glaubt, obwohl er sie nicht sieht«, und er setzte mir einen Zwerg auf die Hand.

Susanne, Indigokinder verschiedenen Alters, Deutschland

61. Lernen müssen wir alle

Ich habe vor kurzem von meiner Mutter den Begriff »Indigo-Kinder« gehört und im Internet erschreckend schnell Informationen dazu gefunden. Aber seit ich meiner selbst bewußt war, wußte ich, daß ich anders war als andere Kinder in meinem Alter.

Ich hatte eigentlich immer Probleme, »mich anzupassen«. Meine Eltern hatten damit mehr Probleme als ich und wollten mich vor der Einschulung zurückstufen, obwohl ich weiter war als meine Altersgenossen. Irgendwie verstand ich auch mehr als meine Spielkameraden, obwohl ich zu dem Zeitpunkt eigentlich nicht die Lebenserfahrung hatte, bestimmte Dinge zu beurteilen. Mir wurde immer klarer, daß ich anders bin – vor allem, nachdem ich seltsame Déjà-vu-Erlebnisse gehabt hatte.

Ich weiß nicht, ob ich einen Auftrag habe und, wenn ja, welchen. Aber ich weiß, daß ich mit kleinen Gesten Menschen froh machen kann. Bis ich mir meiner Aufgabe bewußt bin, versuche ich wenigstens ein gutes Vorbild zu sein und meine Mitmenschen zu motivieren, z.B. Hilfe zu leisten, wenn jemand anders welche benötigt. (Ich bin passionierte Erste-Hilfe-Ausbilderin).

Lernen müssen alle – eine Begrenzung auf bestimmte Altersgruppen ist nicht notwendig. Vor allem ist Respekt wichtig. Es ist wichtig, seinen Nächsten zu respektieren – sei es ein Kind oder ein Erwachsener. Das gilt natürlich auch in der Kindererziehung. Es ist wichtig, die Stärken und Schwächen eines Kindes zu erkennen, um es angemessen zu fördern. Dafür bedarf es vieler Sorgfalt und Zuwendung. Besonders wenn die Eltern die Vermutung haben, daß das Kind seiner Zeit voraus ist. In der weiteren Entwicklung ist elterlicher Rückhalt wichtig, egal, ob das Verhalten des Kindes für die Eltern verständlich ist oder nicht.

Welche Schullösungen ich sehe? Problematisch ist die didaktische Umsetzung der Lerninhalte. Ich würde mir mehr Mitgestaltung am Unterricht wünschen und finde das Arbeiten in kleinen Gruppen sinnvoller. In Zeiten, in denen sich soziale Gefüge (z.B. die Familie oder Nachbarschaft) auflösen, ist eine Ganztagsschule unumgänglich, um Sozialkompetenz (vor allem Respekt und Toleranz) zu erwerben.

Ich bin eine bekennende Christin und glaube, daß es ein Wesen gibt, das außerhalb jeglicher menschlicher Vorstellungskraft existiert. Wir werden mit unserem beschränkten menschlichen Geist dieses Wesen nie vollständig erfassen können. Nichtsdestotrotz kann man das Wirken spüren, wenn man sich darauf einläßt und die Welt feinsinnig wahrnimmt.

Es ist schön, anders zu sein, denn man fällt irgendwie auf, kann sich damit besser Gehör verschaffen und seine Mitmenschen beeinflussen. Ich finde es schön, bestimmte Dinge klarer zu sehen und die Verbindungen zwischen Dingen zu entdecken, vor allem, wenn es um das Verhalten meiner Mitmenschen geht. Das macht den Umgang miteinander viel leichter.

Meine Spiel- und Schulkameraden grenzten mich aus, ich konnte mich mit ihnen nicht auf der gleichen Ebene verständigen. Es war schwer, nicht zu verzweifeln, sondern stark zu bleiben. Aber ich glaube, daß ich diese Phase heute größtenteils überwunden habe, obgleich sie mich manchmal wieder einholt.

Ich war ein lebhaftes Kind, obwohl ich auch das liebe Mädchen darstellte, das man vorzeigen konnte. Ich habe viel Zeit bei meiner Großmutter verbracht, während meine Eltern unser Haus gebaut haben.

Meine Grundschulzeit war geprägt von Unsicherheiten. Ich konnte zwar schon früh lesen und war sehr wißbegierig. Ich habe mich mehr und mehr abgekapselt. Die Zeit brachte da keine Verbesserung, im Gegenteil, die Zeit zwischen 5. und 10. Klasse war die Hölle. Meine Leistungen ließen nach, ich hatte keine richtigen Freunde, und ich hatte tiefgreifende Probleme mit meinen Eltern – kurzum: mir entzog sich der Boden unter meinen Füßen. Irgendwie konnte ich mich aber immer wieder fangen. Die Zeit der Oberstufe wurde dann viel besser, nicht nur ich wurde erwachsen; mein Weg wurde gerader, ebener und klarer. Ich durfte mein Leben mehr und mehr selbst in die Hand nehmen. Nach meinem Abitur und meiner Ausbildung gestaltet sich mein Leben nun wieder unebener. Ich glaube, ich stehe vor einem Wendepunkt in meinem Leben, denn ich scheine mein lang angestrebtes Ziel nicht erreichen zu können. Das liegt eventuell daran, daß ich mich zu intensiv und einseitig mit der Naturwissenschaft beschäftige und die weniger pragmatischen Bereiche außen vor gelassen habe.

I., 24 Jahre, Deutschland

62. Die Dummheit der Menschheit ist unendlich

Ich weiß nicht, ob ich wirklich ein Indigo bin, aber es gibt sehr viele Hinweise darauf. Vermutlich werde ich in kommender Zeit eine Aurafotografie machen lassen, dann wird es sich ja herausstellen.

Ich habe ganz andere Hobbys als die meisten anderen Kinder und bin auch sehr viel auf der mentalen Ebene unterwegs. Zudem habe ich mich inoffiziell vom Christentum abgewendet und bin einer anderen Religion »beigetreten«– dem Hexentum. Das hört sich ziemlich brutal an, ist es aber nicht: Hexen sind einfach Menschen, die sehr naturbezogen sind und unter anderem auch auf der astralen Ebene arbeiten. Dazu kommt dann noch das Hellsehen, unter anderem mit Hilfsmitteln wie der Kristallkugel. Im Hexentum gibt es einen wichtigen Leitsatz: Alles, was du aussendest, kommt dreifach zurück. Das gilt sowohl für Haß als auch für Liebe. Ich habe es nicht nötig, großen Haß auszustrahlen. In der Schule weiß übrigens keiner von diesem Hobby.

Außerdem beschäftige ich mich noch mit der Geomantie*, also Rutengehen und Pendeln, Channeling, Lichtwesen, Geistern, Naturgeistern (Elfen & Co) und Engeln, mit Psychokinese, Telepathie, Hellsichtigkeit u.a. Es hat sich nicht sehr viel geändert, seit ich weiß, daß ich vermutlich ein Indigo bin. Ich denke sehr viel über das Leben nach, schwebe im Universum und bin nachher ziemlich verwirrt. Zum Beispiel stelle ich mir die Frage, ob jeder Mensch Farben gleich wahrnimmt.

Ich weiß leider überhaupt nichts über meine Aufgabe. Aber ich weiß, daß ich meine Mutter unbewußt immer mehr auf den spirituellen Weg gebracht habe und dies immer noch tue. Vielleicht ist es ja das.

Schwierigkeiten in der Schule habe ich, aber momentan liegt es weniger am Stoff als an den Freundschaften. Ich bin extrem unbeliebt, egal wo ich hinkomme. Ich habe nun schon verschiedene Schulen ausprobiert. In der letzten wurde ich arg gemobbt, und in der jetzigen Schule bin ich Zielobjekt für Beschimpfungen.

Ich kann manchmal eine Aura wahrnehmen, meistens jedoch farblos und nur zart. Außerdem sehe ich manchmal Geister, die nachts durch mein Zimmer tanzen. Ich habe immer wieder kurze Déjà-vus, die ich mir nicht erklären kann. Und in der Kristallkugel kann ich Bilder »empfangen«. Ich sehe auf jeden Fall, daß unsere Welt immer mehr in sich zusammenbricht, und das finde ich schade. Vor allem die momentane Kriegssituation macht mir sehr zu schaffen. Wenn es mir schlechtgeht und ich frage in mich hinein, bekomme ich meistens auch Antwort.

Für unsere Welt wünsche ich mir Frieden. Es macht mich traurig, wie die Welt unter meinen Füßen zusammenbricht und ich fast gar nichts tun kann. Haß setzt sich leider in der Seele der Menschen fest und umklammert sie, bis sie nur noch ganz klein ist. Haß ist erdrückend. Die meisten Menschen achten nur auf ihre Außenwelt und tun wenig für sich selbst. Außerdem fällt mir auf, daß viele Menschen oft jammern, wie schrecklich die Welt ist, überall nur Krieg und Tod. Da beginne ich innerlich zu schreien und möchte sie fragen, warum sie denn nichts tun, wenn sie es so schrecklich finden. Würden sich alle Menschen der Erde auch nur ein wenig, und sei es auf mentaler Ebene, gegen die Gewalt und den Haß wehren, so würde sicher bald Frieden einkehren.

Aber nein, statt dessen hocken sie vor dem Fernseher und bemitleiden die Menschen, die in so einer Situation wie dem Krieg stecken. Mir fällt noch ein Spruch zum Thema Krieg ein: »Ich kenne zwei Sachen, die unendlich sind: das Universum und die Dummheit der Menschheit. Aber beim Universum bin ich mir nicht ganz so sicher ...«

M., 14 Jahre, Österreich

63. *Ich wurde von meiner Mutter geliebt*

Ich bin in der Schweiz als Indigo-Kind auf die Welt gekommen. Meine Mutter ist sehr intuitiv und hat gespürt, daß sie mir keine gewöhnlichen Grenzen setzen kann. Ich war kein schwieriges Kind, weil ich mich von meiner Mutter geliebt gefühlt habe. In der Schule habe ich rebelliert und Grenzen kennengelernt, aber meine Mutter hat mich immer unterstützt.

In der Pubertät habe ich mich durch das Rauchen von Hasch in meine eigene Welt zurückziehen können und habe in der Welt der Engel gelebt, wohin ich mich auch heute noch am liebsten zurückziehe.

Ich habe mich immer weniger wert gefühlt als alle anderen. Als mein Medium mir gesagt hat, ich sei Indigo, wurde ich so traurig, weil ich mir nie selbst vertraut habe.

Meine Leidenschaft und Berufung sind behinderte Menschen. Vor eineinhalb Jahren habe ich in Aberdeen, Schottland, die Ausbildung als Heil-/Sozialtherapeutin angefangen. Die Ausbildung dauert noch über zwei Jahre, und ich hab gerade einen Zusammenbruch erlebt. Ich fühle mich unverstanden, ungerecht behandelt und habe nicht mal den Mut, aufzustehen und mich zu wehren.

Ich weiß, daß es meine Aufgabe ist mich abzugrenzen, aber das find ich sehr schwer! Ich will nicht, daß sich andere durch meine Stärke schlecht fühlen. Ich habe viele Demütigungen einstecken müssen und bin immer wieder in meine Welt zurückgeflüchtet, einfach weil die Realität so schmerzhaft ist. Das einzige, was mich am Weiterarbeiten gehalten hat, sind meine Disziplin und meine Leidenschaft für die Arbeit mit behinderten und alten Menschen.

Was macht man mit Indigos, die nicht früh genug erkannt worden sind, jetzt erwachsen sind und einfach in ihrer eigenen Welt leben möchten? Ich sehne mich so nach Anerkennung und kann nicht mehr mit ständiger Kritik leben.

Ich bin ein »Aufstehfrauchen« und habe großes Vertrauen in die Engel (mehr als in mich). Ich möchte nicht mehr im ständigen Chaos leben. Ich möchte vielleicht ein Jahr Auszeit nehmen und an mir arbeiten. Ich bin erschöpft.

C., 23 Jahre, Schweiz

64. Ausgerechnet mein Sohn ist ein Indigo-Kind

Wie bist du darauf gekommen, daß du ein Indigo Kind bist? Eigentlich kam es sehr überraschend. Ich habe mich nach einem »Nervenzusammenbruch« in psychologische Behandlung begeben. Als ich meiner Psychologin mein Leben und meine Sichtweisen schilderte, erkannte sie sehr schnell, daß ich ein Indigo bin. Genau wie mein älterer Sohn (4 Jahre). Irgendwie wußte ich auch immer, daß ich nicht nur hier bin, um mich anzupassen.

Ich habe oft gemerkt, daß ich mit meiner Meinung allein dastand. Für die meisten Menschen gelten die alten Regeln und Prinzipien, aber alles wird überarbeitet, also auch unsere Prinzipien. Ich weiß, daß es neben unserer Realität auch etwas anderes gibt.

Ich sehe oft Wesen und Lichtreflexe, die niemand sieht, und ich weiß oft, was mir mein Gegenüber sagen will. Aber das einschneidendste Erlebnis hatte ich vor etwa acht Jahren. Ein Arzt diagnostizierte bei mir Hepatitis C, chronisch. Ich wollte damals keine Medikamente einnehmen, und zwei Jahre später war die Erkrankung vollständig verschwunden. Mein Körper heilte sich selbst, und das nicht nur einmal.

Es war am Anfang sehr schwer zu begreifen, daß ich wirklich anders bin. Ich habe es zwar gewußt, aber oft verdrängt. Nun ist es aber eher eine Erleichterung!

Seit ich weiß, wer und was ich bin, und somit einen großen Teil meiner inneren Ruhe wiedergefunden habe, betrachte ich mein Leben aus einer ganz anderen Perspektive. Ich schäme mich nicht mehr für meine »übersinnlichen« Gedankengänge. Ich habe viele Bücher über Indigo-Kinder gelesen, meine Familie ebenfalls. Vor allem mein Mann. Er hat oft mit mir zu kämpfen gehabt, da ich voll in meiner Familie aufgehe und alles selbst bestimmen will.

Ich kenne außer meinem Sohn leider keine anderen Indigos, aber es ist schon Wahnsinn, daß ausgerechnet mein Sohn auch ein Indigo-Kind ist!

Ich denke, wir sind geboren, um zu verändern und die Menschheit von den verstaubten, alten Prinzipien zu befreien.

Ich hatte Probleme in der Schule, aber nur weil der Lernstoff veraltet und für unser neues Jahrtausend unwichtig war! Ich habe mich immer dann »zusammengerissen«, wenn ich einen blauen Brief bekam. Ich habe mein Abi mit 1,2 bestanden, viele Studienfächer angefangen und bin dann bei Psychologie hängengeblieben.

Ich wünsche mir eine offene Schulform, die Kinder individuell »erzieht« und deren Kreativität fördert.

Wie Erwachsene helfen könnten? Ich glaube, daß es einfach akzeptiert werden muß, daß es eine neue Generation gibt, die nichts vom materiellen Wahn hält, sondern andere Prioritäten setzt!

Einen Engel kenne ich nicht, aber ich weiß, daß mein verstorbener bester Freund immer um mich ist – ich rede oft mit ihm. Er ist immer da.

Ich wünsche mir, daß unsere Welt offener wird und daß sie nicht mehr die Augen verschließt und alle anders denkenden Menschen für verrückt hält. Wir können alle voneinander lernen und die Welt verbessern!

A., ältere Indigo, Deutschland

65. *Er war als Streitschlichter unterwegs*

Mein Sohn ist zehn Jahre alt. Ich weiß erst seit kurzem, daß Kinder wie mein Sohn als Indigo-Kinder bezeichnet werden. Daß er was Besonderes ist, wußte ich von Anfang an. Endlich bekam ich einen Menschen an meine Seite, der so fühlt und denkt wie ich. Ich fühle eine tiefe Verbundenheit mit ihm. Er überrascht mit seinem Denken, seiner Wortgewandtheit, seiner Natürlichkeit. Wir achten ihn sehr und behüten ihn wie einen Schatz.

Seit er zwei Jahre alt ist, ist er als Streitschlichter unterwegs. Er sieht, wenn jemand krank ist. Er ist spirituell und sehr intelligent. Er hat auf alles Antworten, ist sehr selbstbewußt, kann sich gut einschätzen, ist ehrlich, ringt unentwegt nach guten Leistungen in der Schule, ist überempfindlich und sehr sensibel. Drastische Veränderungen mag er überhaupt nicht. Er hat viele Freunde, darunter sind auch Kinder, die sonst unbeliebt sind. Er sieht die Eigenschaften eines jeden Menschen und versucht diese zu fördern oder deutlich zu machen. Er ist witzig und dennoch sehr ernst für sein Alter. Er interessiert sich für Geschichte und Politik. Er will das Abitur machen und studieren.

Mit seiner Unabhängigkeit macht er mich glücklich! Wo ich nur kann, fördere ich ihn darin. Ich will keine Marionette aus ihm machen und betrachte ihn nicht als Kind, das gelenkt und geführt werden muß. Ich lasse ihm Wahlmöglichkeiten, und er reagiert mit Ausgeglichenheit und großer Liebe. Ich glaube, er ist sich seiner Gabe bewußt.

Das Wort »Disziplin« mögen wir nicht. Wir machen das anders. Ich motiviere ihn dazu, kreativ an Problemlösungen heranzugehen. So kann er aktiv sein, Positionen einnehmen, begründen und findet seinen eigenen Weg. Diese Art der Erziehung ist gesund für mein Kind und läßt es reifen. Ich mag die suggestive Art von vielen Eltern nicht. Philip würde so etwas sofort durchschauen und es als Vertrauensbruch verstehen.

Sofort nach seiner Einschulung bemerkte ich an ihm Veränderungen. Ich sprach ihn darauf an, und er sagte mir, daß er nicht lesen und schreiben könne, er tue nur so und sei deshalb sehr traurig. Die Gespräche mit Lehrern ergaben, daß er alles auswendig lernt. Seite um Seite, Buchstabe für Buchstabe lernt er auswendig.

Ich ließ ihn untersuchen, und man diagnostizierte eine Lese-Rechtschreib-Schwäche, besonders in Deutsch. Sein Ehrgeiz ist groß. Ich zeigte ihm einen Weg, wie er er selbst bleiben und dennoch den geforderten Lehrstoff bewältigen kann. Ich las viel über LRS und neue Lernmethoden. Ich fand diese Methoden für alle Kinder besser und empfahl seinen Lehrern gewisse Literatur. Es entwikkelte sich alles positiv. Wir wurden ernst genommen. Philips Zensuren sind sehr gut. Bis heute gab es noch keine drei auf dem Zeugnis. Er bekam bis zur 4. Klasse LRS-Zusatzunterricht. Er ist immer noch sehr zappelig und erzählt für sein Leben gerne.

Ich wünsche ihm, daß er sich nie verirrt und immer an sich glaubt; daß er nach Hause findet, wenn es nicht mehr geht; daß er weiß, daß er seine Träume leben kann. Indigo-Kinder erleben alles intensiver, sie sind wacher, antworten rasch, verblüffend, spirituell! Sie lassen sich nicht erziehen, lenken und leiten. Sie mögen keine Grenzen, sie setzen welche. Sie sind sehr selbstbewußt. Sie sind kreativ, haben viel Phantasie, sind musisch und ehren ihre Familie. Sie tragen ihr Herz auf der Zunge. Sie sind überdurchschnittlich intelligent. Sie fühlen sich mit allem verbunden, was auf der Erde wächst und gedeiht. Sie bringen uns Eltern eine neue Weltanschauung bei. Sie lehren uns, hinzusehen und zu begreifen. Die neue Welt ist nicht mehr materiell gesteuert.

Laßt unsere Kinder sprechen. Sie müssen in die Schule gehen. Sie wollen ernst genommen werden. Sie sprechen schon lange davon und reagieren mit Aggressivität, Faulheit und Lustlosigkeit auf unsere Taubheit. Die neuen Kinder brauchen mehr Offenheit und Mitspracherecht. Sie wollen Partner sein. Das wäre ein Anfang. Das Thema »Schulreform« ist wohl eher ein finanzielles Problem. Es wird an Bildung gespart. Vieles wird ins Elternhaus abgeschoben. Hier werde ich wütend. Erkläre das einem Indigo-Kind!

M., Sohn 10 Jahre, Deutschland

66. Ich habe viel über »Gott und die Welt« nachgedacht

Eigentlich weiß ich schon immer, daß ich ein Indigo-Kind bin, aber richtig bewußt wurde es mir erst, als ich anfing das Buch von L. Carrol und J. Tober zu lesen. Ich erkannte mich besonders in den Berichten von anderen Indigos wieder.

Ich fühlte mich immer auf einer anderen Ebene, wie eine Erwachsene unter Kindern. Keiner war auf meiner »Wellenlänge«. Die Kinder verstanden mich nicht, und ich verstand sie nicht. Ich hatte eine unsichtbare Freundin, mit der ich alles teilte. Ich war eher in mich selbst zurückgezogen. Ich habe immer gut überlegt, was ich tue. Ich habe viel über »Gott und die Welt« nachgedacht. Es fühlt sich sehr gut an, endlich zu wissen, warum ich so bin, wie ich bin.

Ich bin gerne etwas Besonderes, ich war schon immer Individualist.

Sicher wäre es einfacher, »normal« und unwissend zu sein, aber das wäre auch sehr langweilig. Es ist nicht leicht, ein Wesen der Neuen Zeit zu sein. Ich fühle mich sehr oft eingeengt – in meinem Körper, in dem Raum, in dem ich mich gerade aufhalte, und in meinem Leben. Mein Beruf ist nur in bestimmten Bereichen für mich geeignet und engt mich somit auch ein. Aber die Gedanken sind frei! Ich bin auf der Erde, um Frieden und Liebe zu bringen und in die Herzen der Menschen zu pflanzen.

In der Schule hatte ich früher Probleme mit dem Schreiben und den Naturwissenschaften. Ich hatte auch Schwierigkeiten mit den Mitschülern und war ein Außenseiter. Ich hatte große Prüfungsangst und mußte sehr viel tun, um einen guten Schulabschluß zu bekommen.

Ich wünsche mir, daß die Leistungskontrolle abgeschafft wird. Man kann gute Arbeiten schreiben und trotzdem nichts wissen und »lebensunfähig« sein. Es wäre wichtig, daß die Interessen der Kinder mehr berücksichtigt werden. Sie sollten eigenständig lernen und sich Inhalte erarbeiten. Wenn mich etwas interessiert, informiere ich mich freiwillig darüber.

Ein besseres Miteinander von Schülern und Lehrern wäre gut. Die Lehrer sollten für die Schüler dasein, ihnen helfen und Fragen beantworten, nicht von oben herab versuchen, sie »klein« zukriegen. Wissen und Weisheit sind wichtig, nicht das Lernen an sich.

Liebe Erwachsene, nehmt die kleinen Macken nicht so

ernst. Versucht uns zu verstehen, und erwartet nichts von uns, was gegen unsere Natur ist. Gebt uns viel Liebe, und nehmt unsere Ratschläge an. Nehmt uns auch als Kinder schon ernst. Seid offen für neue Möglichkeiten. Weist uns aber auch zurecht, wenn wir euch überfordern oder verletzen.

Ich kenne meinen Engel, er ist während der Meditation bei mir. Ich habe ihn aber noch nicht richtig gesehen, ich kenne sein Gesicht nicht. Ich komme von Gott. Ich bin ein geliebtes Kind Gottes, und Gott kann alles vollbringen. Ich nehme die Gefühle anderer Menschen sehr stark wahr. Manchmal ist es mir schon passiert, daß ich mich krank fühlte, wenn jemand krank war. Ich sehe durch die Augen des anderen. Ich kenne seine Denkweise.

Unsere Welt ist kurz vor einem Kollaps. Was am nötigsten gebraucht wird, sind Liebe, Toleranz und der Wille, Frieden zu schaffen und zu erhalten. Alle Kriege sollten beendet werden, denn sie haben keinen Sinn und verbreiten nur Leid. Jeder Krieg löst früher oder später einen weiteren Krieg aus. Eine bessere Wahrnehmung der Gefühle und Bedürfnisse des Gegenübers ist notwendig. Habt euch lieb! Achtet den anderen, ihr seid Schwestern und Brüder. Beendet die Gewalt. Achtet die Natur, und macht euch nicht so abhängig von der Technik. Könntet ihr ohne sie überhaupt noch leben? Macht euch klar, was wirklich wichtig ist, und vor allem: Glaubt an Gott und an seine Liebe zu euch!

N., ältere Indigo, Deutschland

67. Stellt uns nicht unter euch

Ich bin durch einen Freund auf die Idee gekommen, daß ich ein Indigo sein könnte. Er fragte mich, ob ich wisse, was ein Indigo-Kind sei, und stellte mir bestimmte Fragen. Ich wußte sofort, daß ich auch zu diesen Indigo-Kindern gehöre.

Ich kann mich komplett in andere Personen einfühlen. Ich fühle bis in die Tiefe ihres Herzens, wer sie sind und in welcher Gefühls- und Gedankenwelt sie sich momentan befinden. Ich kann sie kopieren und auch so leben wie sie. Der direkte Draht zu den aufgestiegenen Meistern, Erzengeln und Außerirdischen ist alltäglich für mich und somit normal.

Ich komme mir auch so vor, als ob ich mich zehnmal schneller entwickeln würde als meine Mitmenschen. Bis zu meinem 16. Lebensjahr war es nicht immer einfach, denn ich wußte nichts mit meinen Fähigkeiten anzufangen. Heute, vier Jahre später, freut es mich sehr, mit diesem Wissen und diesen Fähigkeiten helfen und leben zu können, den vielen vertrauten Seelen gegenübertreten zu können und ihnen zu zeigen, daß es »mehr« gibt.

Mein Leben ist spannend und abenteuerlich. Ich lasse mich von Gott und der gesamten Truppe des Lichtes führen. Ich studiere mich nach wie vor selbst und wandle meine größten Ängste in Vertrauen und Liebe um. Mein Umfeld hat sich dadurch sehr verändert, und ich erlebe alles als ein Abenteuer. Mit jedem Schritt gehe ich einem neuen Abenteuer entgegen.

Mein Freund ist ein Indigo-Kind und sein Bruder ebenfalls. Ich glaube, von vielen Indigo-Kindern umgeben zu sein. Sie können zwar nichts mit diesem Begriff anfangen, wissen aber, daß sie etwas »Außergewöhnliches« sind, und wenden ihre Fähigkeiten bereits voller Liebe an. Sie haben genauso wie ich oft Schwierigkeiten, in der Gesellschaft und im Elternhaus richtig »gefördert« zu werden, doch finden sie alle ihren Weg!

Ich bin hier, um immer mehr über mich selbst zu lernen und um die Möglichkeiten, Ausdrucksweisen und Wege der Liebe zu erweitern. Meine Fähigkeiten liegen in der Kommunikation, ob mit Mensch, mit Tier, mit Außerirdischem, mit Pflanzen, mit der Licht- und der Dunkelseite etc. Meine Lebensaufgabe ist es, zu kommunizieren und die Welten, gleich welche (denn es gibt viele), durch die Liebe zu verbinden.

Ja, ich hatte viele Schwierigkeiten in der Schule, und der einzige Weg für mich war es, die Dinge zu beobachten und daraus zu lernen, wie es *nicht* sein sollte. Eltern und Lehrer sollten sich in erster Linie um die Wahrheit in ihren Herzen kümmern und uns mit einbeziehen. Stellt uns nicht unter euch, denn wir stellen uns nicht über euch. Wir sind auf gleicher Ebene, um einander zu helfen und die schönsten Abenteuer miteinander zu erleben. Jeder sollte sich für die Freiheit entscheiden, offen und ehrlich zu sich selbst und zu anderen sein – das würde vieles für mich erleichtern.

Ja, ich kenne die Engel und sehe sie vor meinem dritten Auge, spüre sie, wenn sie den Raum betreten, um sich mitzuteilen, oder wenn sie Energien senden. Ich höre sie, wenn sie sprechen, und kenne ihre Namen. Das gleiche gilt für alle Lichtwesen, aber auch die Wesen von der Dunklen Seite sehe ich und spreche mit ihnen. Sie kommen aus anderen Dimensionen und Sphären, aus be-

stimmten Ton- und Frequenzebenen oder sind nur ge-
schaffene Illusion, manifestierte Ängste.

Unsere Welt wandelt sich. Ich weiß, daß auf diesen
Planeten und seine Bewohner noch viele Abenteuer warten. Ich wünsche mir, daß sich mehr Menschen trauen,
sich auf den Weg zu ihrem wahren Ich zu machen und
Grenzen zu sprengen.

A., ältere Indigo, Deutschland

68. Ich nehme mich an, was immer ich auch bin

Ich habe schon immer gewußt, daß ich ein sogenanntes
Indigo-Kind bin. Ich wußte aber nicht genau, was ich bin.
Ich weiß nicht, wie andere Indigos sind. Ich kann malen.
Das können andere auch. Ich kann sprechen, denken,
sehen, hören und fühlen wie alle anderen! Ich habe das
Licht gesehen. *Das* Licht. Ich weiß Dinge, die ich eigent-
lich nicht wissen kann. Sie sind in meinem Kopf. Ich
kann lieben und im selben Maße hassen.

Ich hasse so viel und hasse es, daß ich hasse, denn eigentlich liebe ich. Ich möchte die Menschen lieben können. Ich bin doch auch ein Mensch. Ich möchte die Menschen beschützen können und ihnen helfen. Aber ich
hasse sie und denke oft daran, sie alle zu töten. Manchmal kann ich nicht mehr. Ich bin sehr gerne allein.

Ich weiß nicht, ob ich noch richtig lebe. Ich kenne
meinen Körper nicht, ich will oft sterben. Grundlos langweile ich mich nicht, aber zu oft. Sie alle können nicht mit
mir reden, und ich nicht mit ihnen. Sie versuchen mir
Dinge beizubringen, die ich einfacher selbst lernen könnte. Sie versuchen aus mir einen der Ihren zu machen,

aber wenn ich das bin, werde ich vermissen, was ich jetzt habe – auch wenn ich mir manchmal wünsche, wie sie zu sein.

Ich denke so viel. Ich kann nicht damit aufhören, mein Kopf denkt. Ich werde zerrissen von Gedanken und Gefühlen, aber die stärksten Gefühle sind die Langeweile und die Wut.

Ich wußte nicht was Haß ist, bis ich zum erstenmal all diese widerlichen kleinen Menschen am Strand gehaßt habe und sie alle töten wollte. Ich will so oft alle töten. Ich habe Angst davor. Ich möchte wieder Kind sein und lachen und spielen. Ich schneide mich. Ich schneide mich immer, wenn ich hasse. Ich betrinke mich jeden Tag, damit die Langeweile erträglich ist. Ich spüre meinen Körper nicht. Ich weiß selten, wo er ist. Ohne daß ich es möchte, bin oft außerhalb meines Körpers, und dann kann ich mich an nichts erinnern. Ich weiß nicht, wo ich dann bin. Ich bin Punk, aber Punk ist nicht das, was ich sein will.

Ich sterbe gerade, und niemand weiß es. Ich sterbe schon so lange. Ich sterbe jeden Tag und werde neu geboren, dabei behalte ich alle Erinnerungen. Manchmal erinnere ich mich, wie es war, bevor ich dieses Leben hatte. Aber es sind sehr vage Erinnerungen, nur winzige Gefühlsmomente, von denen ich weiß, woher sie kommen.

Ich bin hier, um zu leben. Ich weiß, ich möchte lernen und andere lehren, damit es ihnen anders ergeht als mir. Ich möchte meinen Weg finden (und ich bin dabei) und anderen helfen, den ihren zu finden, damit auch sie helfen können. Wir sind geboren, um uns gegenseitig etwas beizubringen. Denn wir müssen lernen, in dieser Gesellschaft zu überleben. Wir leben, um zu überleben.

In der Schule langweile ich mich. Ich werde aggressiv. Ich

lasse meine Aggressionen an meinem Freund, meiner Familie oder an mir selbst aus. Ich habe noch keine bessere Lösung gefunden. Ich darf im Unterricht nicht malen. Ich kann nur aufmerksam sein, wenn ich zwei oder drei Dinge gleichzeitig tue; das darf ich im Unterricht nicht, es stört meine Lehrer, die alle nichts verstehen und meinen, sie könnten mir so unwichtige Dinge beibringen. Ich habe ein Vierteljahr geschwänzt und hätte sitzenbleiben sollen. Ich wurde aber trotzdem versetzt, weil ich sonst in die Psychiatrie gekommen wäre, und dort verstehen sie noch weniger als meine Lehrer. Sie können alle nichts dafür. Sie wissen es nicht besser. Ich möchte es ihnen verzeihen. Das klingt hochtrabend und arrogant; ich möchte nicht so klingen, ich möchte es nicht sein. Ich bin nur Mensch wie sie.

Man könnte mich am besten unterstützen, wenn man mir den Lehrstoff eines Schuljahres in der Hälfte der Zeit beibrächte; wenn man mich im Unterricht malen ließe; wenn man mich nicht mit sinnlosen Diskussionen über Gott und die Welt nervt, die erschöpfend genug erörtert wurden und zu nichts führten. Man könnte mir helfen, indem man mir etwas gäbe, mit dem ich meine unerträglichen Aggressionen abreagieren könnte, damit ich den Menschen so begegnen kann, wie ich es möchte, und nicht immer um mich schlage. Ich möchte eigentlich nichts. Ich möchte leben und doch sterben, aber lieber leben und den einen, den ich liebe, nicht verlieren. Da helfen keine Ratschläge.

Ich kenne mein Astralwesen, es ist mein toter Hund, und er ist bei mir. Wir sind Kinder des Lichtes. Wir wandeln im Licht, wenn wir uns gefunden haben. Ich spüre die Energien der Dinge um mich, wenn ich mich darauf konzentriere.

Wie siehst du unsere Welt und was wünschst du dir? Ich kann es nicht sagen. Ich hasse, hasse, hasse die Menschen und möchte ihnen doch helfen. Ich möchte sie lehren, miteinander umzugehen, möchte ihnen den Frieden beibringen, aber ich bin doch selber ein Mensch und hasse an den Menschen nur, was ich an mir selbst am meisten verabscheue. Unsere Welt ist ein Versuch, ein Experiment, und vielleicht ist es fehlgeschlagen. Wenn es das ist, ist es egal, denn der *Herr*, die Existenz, wird einen neuen Versuch starten.

Ich wünschte, in Frankreich am Strand zwischen Cap Blanc-Nez und Cap Gris-Nez zu laufen, es ist Ebbe, ich halte die Hand meines Freundes, wir gehen und gehen, und der Strand hört nicht auf. Ich wünsche, das Meer rauschen zu hören und es zu riechen und zu schmecken. Wir würden da entlanglaufen bis zu den Austernbänken, unsere Füße nackt im feuchten Sand, Wickelröcke um und eine Klampfe dabei, in der Hand eine Tüte, im Rucksack Bier. Zurück würden wir über die Dünen gehen, über die alten Bunker, wir würden uns in einem der Bunker lieben. Ich würde sehnsüchtig dort sitzen und denken, hier waren Soldaten, hier war Krieg, und ich würde mir wünschen, damals hier gewesen zu sein: ich kann sie spüren, die Soldaten.

M., Jugendliche, Deutschland

69. Ich wünsche mir eine Welt, die zusammenhält

Ich habe mich im Internet über Indigo-Kinder informiert, und es kam mir so vor, als hätte jemand dort mein Leben beschrieben. Ich wußte schon lange, daß ich anders bin. Ich spüre die Gegenwart eines Geistes, beschäftige mich mit Telekinese, Telepathie und Astralreisen. Ich kann Ereignisse vorhersagen.

Es ist für mich normal, ein Kind der neuen Zeit zu sein. In der Schule bin ich nicht besonders gut, aber in praktischen Dingen, das verwirrt die Leute. Ich habe Lernschwächen, aber im Handwerk bin ich ein As. Sprachen kann ich nur sehr schwer lernen. Ich verstehe es, wenn jemand englisch spricht, aber antworten kann ich nicht gut.

Ich weiß, daß ich irgend etwas machen muß. Doch was genau das ist, weiß ich jetzt noch nicht. Ich hoffe, ich komme irgendwann dahinter. Ich weiß nur, daß mir Krieg und Umweltverschmutzung auf die Nerven gehen.

Jeder sollte seinen Stundenplan selbst zusammenstellen, mit den Fächern, die für ihn am besten sind.

Wie Erwachsene uns unterstützen könnten? Sie sollten auch an Dinge glauben, die sie nicht sehen können. Sie sollen verständnisvoll sein. Wenn etwas passiert ist, sollten die Eltern nicht wütend werden, das macht alles nur noch schlimmer. Andere können mir nur helfen, indem sie mir glauben. Mehr Hilfe kann ich von ihnen nicht erwarten, doch leider tun die meisten Menschen das nicht.

Geister oder andere Wesen, die man nicht sehen kann, kann ich spüren. In der Nacht höre ich Schritte im Zimmer, Geräusche wie Papier, das sich bewegt, und im Kopf Stimmen, die meinen Namen rufen. Ich verständige mich telepathisch mit meiner Katze. Sie versteht mich, aber ich weiß nicht, ob ich sie richtig verstehe.

Ich fühle mich auf dieser Welt wie in einem Gefängnis. Hier auf diesem Planeten herrscht nur Krieg. Die Menschen vernichten sich selber, und keiner unternimmt etwas dagegen. Wenn ich erzähle, was ich bin oder was ich weiß, finden alle, daß ich in die Hände eines Psychologen gehöre. Ich sei eine Gefahr für die Menschen. Ich wünsche mir, daß sich die Menschen zusammenrotten und retten, was noch zu retten ist. Kein Krieg mehr und bessere Weltraumforschung.

Ich wünsche mir eine Welt, die zusammenhält und sich nicht selbst bekämpft.

Ich wünsche mir, daß die Regierung mit allen Informationen an die Öffentlichkeit geht. Aber nein, sie halten alles geheim.

D., 17 Jahre, Schweiz

70. Er traut sich Dinge zu

Ich möchte von meinem Sohn Fabian erzählen, der am 19.6.1990 als das jüngste von meinen drei Kindern geboren wurde. Schon im Alter von zwei Jahren wickelte er mit seinem Selbstbewußtsein und seinem Charme die Erzieherinnen seiner Kinderkrippe um den Finger. Er hatte eine rasche Auffassungsgabe, war verschmust ohne Ende und konnte schon damals in richtigen Sätzen kleine Gespräche mit Erwachsenen führen.

Es zog ihn zur Urgroßmutter hin, und später, kurz vor der Einschulung, zum Urgroßvater. Er konnte nicht genug über dessen vergangenes Leben und dessen Erlebnisse hören. Im letzten Jahr waren die Erzieherinnen im Kindergarten sehr genervt, weil er teilweise ihre Aufgaben übernahm und die Gruppe den ganzen Tag beschäftigte und belehren wollte.

Die Grundschulzeit war für ihn nicht sehr aufregend, da er ständig an Langeweile litt und ihm im Unterricht alles viel zu langsam ging. Er war aber immer bereit, Schwächeren zu helfen. In seiner Freizeit beschäftigte er sich mit den Aufgaben seiner älteren Schwester, die aufs Gymnasium ging, und wenn wir diese abfragten, antwortete Fabian, und immer richtig! Er las ziemlich schnell die gesamte Bücherei der Grundschule durch und nervte dann in der dritten Klasse, weil er endlich in die Stadtbücherei zu den »Großen« gehen wollte, um sich dort spannende Bücher auszuleihen.

Ihn interessierten die Themen: Menschen, wie sie früher lebten; die Entwicklung der verschiedenen Kulturen und der Fortschritt der Technik bis heute. In der 5. Klasse beschäftigte er sich mit dem Buddhismus, rasierte sich den Kopf kahl und fing an zu meditieren. Im Gymnasium eckte er mit seinem Kahlkopf an und wurde als Faschist

abgestempelt! Das ließ er sich nicht gefallen und vertei-
digte sich erst mit Worten, dann mit Taten, bis er akzeptiert wurde!

Irgendwann war ihm der Buddhismus zu anstrengend.
Er verfügt mit seinen 12 Jahren über ein sehr großes
theoretisches Wissen und versucht es mit seinem For-
scherdrang in die Praxis umzusetzen. Er scheitert sehr oft
daran.

Er traut sich Dinge zu, die manchem Erwachsenen niemals in den Sinn kämen. Ständig ist er auf der Suche
nach unkonventionellen Wegen, sein Wissen in die Praxis
umzusetzen – was für die ganze Familie oft sehr anstrengend ist!

Seit seinem fünften Lebensjahr sitzt er am PC und pro-
biert auch da ständig etwas aus. Er nimmt Computer auseinander, setzt sie zusammen, recherchiert, testet, bis das
Gewünschte oder andere neue Nebeneffekte herauskom-
men. Eine klare Vorstellung von seiner Zukunft hat Fabian noch nicht. Sein Berufswunsch wechselt ständig, von
Mitarbeiter im Forscherteam der Nasa bis zum PC-Exper-
ten ist fast alles dabei, was mit Forschung und Technik zu
tun hat. Im Alltag macht er mir oft Kummer, da er viele
materielle Dinge nicht wertschätzt, absolut nicht mit Geld
umgehen kann und auch nie genügend besitzt. Er arbeitet
für die Familie oder Nachbarn und Freunde und wartet
darauf, daß er endlich 14 Jahre alt ist und laut Gesetz job-
ben darf.

Er bringt es fertig, mir eine größere Summe aus der
Geldbörse zu entwenden und diese nicht mal für sich,
sondern für sozial schwächer gestellte Freunde auszuge-
ben oder anderen damit eine Freude zu machen. Mit seinen zwei und vier Jahre älteren Schwestern kommt er im
Alltag nur schwer zurecht, er steckt sie geistig in die Ta-

sche, und ihr Kampf darum, daß er sie als ältere Schwestern anerkennt, scheint aussichtslos!

Er hatte schon immer ältere Freunde. Seine Schulkameraden findet er kindisch. Da er körperlich und geistig viel reifer ist als seine Altersgenossen, kommt es oft vor, daß ihn Erwachsene, z.B. Lehrer, meiner Meinung nach überfordern und er sich unter Druck gesetzt fühlt, deren Ansprüche zu erfüllen.

Wenn es mir mal nicht so gut geht, spürt er es sofort, ohne daß ich etwas sagen muß, und möchte mir dann zuhören und alles wissen, was mich quält und beschäftigt. Er erscheint mir dabei manchmal etwas altklug, hat aber in vielen Dingen recht, und ich bin mittlerweile bereit, diese Tips anzunehmen und umzusetzen, kann aber mit kaum jemandem darüber reden. Ich habe Angst, ihn damit zu überfordern, weil er sich dann viel zu Herzen nimmt. Jedenfalls bin ich in meiner Persönlichkeit sehr gereift und sehe meinen Sohn nicht als Belastung, sondern als Herausforderung an.

K., Sohn 12 Jahre, Deutschland

71. Ich sehe und spüre die Aura von Menschen

Ich habe mich hier schon immer irgendwie fremd gefühlt, konnte aber niemandem erklären, woher ich weiß, *was* ich weiß. Mein Denken ist anders. Ich kann in anderen Seelen lesen und Dinge tun, die andere nicht tun können.

Ich konnte vor meiner Einschulung lesen und wußte damals schon, was ich später tun werde. Ich kann Dinge nach meinem Willen beeinflussen und lesen, was die Menschen um mich herum denken. Ich kann sehen, was Menschen in ihrem Leben an Leid erfahren haben.

Wie ist es für mich, ein Kind der Neuen Zeit zu sein? Schwierig und doch schön. Ich kämpfe mit dem Gefühl, ausgegrenzt zu sein, und doch kann ich mit meinen Fähigkeiten viel verändern.

Mein Leben erfahre ich als seltsam schön, unheimlich und doch wunderbar.

Leider kenne ich keine Indigos und fühle mich oft allein. Ich lerne unheimlich viele Menschen und ihre Geschichte kennen. Viele Wunder geschehen an mir selber.

Ich bin hier, um das Leid, das manche Menschen in meinem Umkreis erfahren, zu lindern. Ich bin hier, um ihnen mitzuteilen, daß es nicht nutzlos ist, auf der Welt zu sein, auch wenn sie manchmal alles verloren haben. Ich will ein Lächeln verschenken, um Menschen klarzumachen, daß unsere Erde Liebe braucht.

Ich hatte in Mathe, Chemie und Physik schon immer schlechte Noten. Ich wußte: 90% von dem, was wir lernen, ist für die Welt dort draußen nicht zu gebrauchen. Ich langweilte mich oft, fühlte mich allein und wurde oft mit der Begründung ausgegrenzt: Du bist so komisch.

Eine Schulreform wäre wirklich dringend erforderlich. Die Schüler – egal ob Indigos oder nicht – müßten wieder mehr in Einklang mit sich selbst kommen. Mit Verständnis und Geduld könnten die Erwachsenen uns unterstützen und uns helfen.
Eltern würde ich raten, ihre Kinder einfach machen zu lassen. Sie sollten auch kein Unverständnis zeigen, wenn ihr Kind zu erklären versucht, daß da neben ihnen ein Engel steht. Auch wenn sie ihn nicht sehen können: Geduld haben und zuhören.

Ich sehe und spüre die Aura von Menschen sehr deutlich und auch die Energie, die um sie herum ist (auch die von Häusern oder Räumen). Mein Engel ist seit meiner Geburt bei mir. Er zeigt mir die Wahrheit hinter den Dingen. Zudem bekomme ich Hilfe von Lichtwesen, die mir teilweise durch den Alltag helfen und ihn mir erleichtern.
Ich sehe, daß sich alle nach Liebe sehnen und keiner den ersten Schritt tut. Ich wünsche mir, daß jeder ein Lächeln verschenkt und mit Liebe auf Haß antwortet.

M., Deutschland

72. Ein echtes Sonnenkind

Mit 17 Jahren hatte ich einen schweren Autounfall. Ich bin gefahren und wurde von einem grellen Licht geblendet. Ich kam von der Straße ab, und wir überschlugen uns. Als ich wieder aufwachte, stand ich neben dem Auto, mir war nichts passiert. Die Feuerwehrleute fragten mich, wie ich aus dem Auto gekommen sei. Tja, was soll ich sagen, ich konnte mich an nichts erinnern.

Ich wurde 1978 in der ehemaligen DDR geboren. Mein Vater liest viel (Weltgeschichte), meine Mutter liebt es, alle mit ihren Kochkünsten zu verwöhnen, aber spirituell brachten sie mich nicht weiter. Sie konnten mir nicht helfen. Also schlief ich ein. Ich hatte eine wilde exzessive Jugend. Viele Drogen, viel Alkohol, viele Schlägereien. Als ich meinen Unfall hatte, war ich Punk (Hauptsache: *dagegen!*). Ich wurde ins Leben zurückgeworfen, weil ich eine Aufgabe habe. Das war vor fast neun Jahren. Ich weiß jetzt seit fast neun Jahren wieder, worin meine Aufgabe besteht. Und jetzt kann ich mich auch an viele Einzelheiten meiner Kindheit erinnern. Ich kann mich an die Energien und Gefühle zurückerinnern.

Daß ich ein indigofarbenes Wesen bin, weiß ich seit letztem Freitag. Ich hatte mich am Nachmittag noch mal hingelegt und wollte schlafen. Aber es war ganz anders. Ich schloß die Augen und konnte nach kurzer Zeit alles sehen. Ich konnte die Energie sehen, die von allem abgegeben wird. Ich habe mir einen kleinen Teil der Aura meiner Pflanzen angesehen, und irgendwann schaute ich an mir hinunter. Ich betrachtete mich von oben und sah meinen Energiekörper in tiefem Blau. Dann sah ich noch ein paar schöne Bilder aus meiner Zukunft, bis mir irgend etwas mit seinem Finger im Ohr bohrte und mir sagte, daß ich nicht soviel sehen sollte.

Am Abend kamen noch Freunde zu mir, und ich sagte ihnen, daß wir am Samstag in unseren Esoterikladen müßten. Wir fuhren also in den Laden, und ich kaufte mir ein Indigo-Buch.

Ich weiß, daß die Menschen in Frieden miteinander leben können, aber dafür muß noch viel getan werden. Die Menschen müssen erst wieder lernen, einander zu lieben und zu vertrauen. Sie müssen erst wieder lernen, daß wir alle aus derselben göttlichen Energie entstammen und alles auf der Welt eins ist.

Wenn die Welt sich wieder erneuert, dann werden die Menschen in Frieden leben können. Die Ideale der Menschen sind momentan Geld, Reichtum, Schönheit. Aber das ist nicht die Wahrheit, das ist nicht die Realität. Es muß sich etwas verändern, und es wird sich was verändern. Wir sind auf dem Weg in eine neue Zeit, und wir werden dort alle in Frieden und Harmonie miteinander leben!

Ich bin auf diese Erde gekommen, um die Menschheit zu erlösen! Ich weiß, daß sich in dieser Zeit viel ändern wird. Ich träume davon. Ich sehe große Kriege, und ich sehe viel Leid. Aber ich sehe auch deren Notwendigkeit, denn der Anfang wird neu geboren. Die schöne Zeit wird wie der Phoenix aus der Asche steigen.

Die Menschen müssen sich wieder auf sich besinnen, sie müssen lernen zu lieben, sie müssen ihren Kontakt zur göttlichen Energie wiederfinden. Sie müssen lernen, bedingungslos zu lieben.

Ein ganzheitliches Schulsystem, in dem jeder zu der Zeit das lernen kann, wofür er gerade bereit ist, wäre wünschenswert. Denn nur so kann es funktionieren. Es herrscht ein Ungleichgewicht, das so nicht weiter existieren kann. Dann wird sich das Verständnis der Menschheit entwickeln. Die Menschheit wird nicht mehr an etwas glauben, sondern sie wird wissen.

Ich weiß von vielen Wesen. Sie sind immer um uns herum. Es darf sie nur nicht jeder sehen – noch nicht.

Es ist schön, ein Mensch der Neuen Zeit zu sein, ich sehe die Dinge mit anderen Augen. Ich erspüre Situationen, momentan entdecke ich sogar, daß ich bei anderen Menschen die Seelen hören kann. Ich träume auch von der Zukunft und sehe, was passieren wird.

Aber das ist nicht immer schön! Schön ist, daß ich weiß, daß es eine neue Zeit geben wird! Schrecklich daran ist: Ich wurde in meinem Leben noch nie wirklich verstanden. Noch nicht einmal von meiner Familie.

In der Schule wurde ich oft verprügelt und gehänselt, und jetzt wollen mich Autoritätspersonen ständig erniedrigen. Sie haben Angst vor mir. Oft reicht meine Anwesenheit aus, daß sich jemand provoziert fühlt. Es ist auch nicht schön, davon zu träumen, daß die Freundin mit einem Schluß macht – erst recht nicht, wenn es dann auch noch passiert. Ich habe jetzt aber auch schon geträumt, daß wir wieder zusammenkommen. Tja, und meine Seele und mein Geistführer sagen mir das auch. Die Welt wird das schon machen.

Ich wurde 1978 geboren (ein echtes Sonnenkind). Ich hatte zum Zeitpunkt meiner Geburt keine Erdung (Geburtshoroskop), und ich bin Fisch, dreifach Fische. Als Baby und als Kleinkind war ich noch in Kontakt mit der göttlichen Energie. Aber das wurde mir alles fein säuberlich entzogen (Gehirnwäsche!). Dann kam die Zeit des

Vergessens. Ich lebte sehr exzessiv und wollte eigentlich nur weg. Ich wollte sterben, ich wollte zurück. Aber das ging ja nicht. Ich habe doch eine Aufgabe. Also wurde ich in *mein* Leben zurückgeworfen. Ich fing an, mich mit Religionen, Philosophie und Magie zu beschäftigen, und entwickelte so meine Spiritualität.

Ich weiß, daß unsere erdachte Realität nur eine Illusion ist. Manchmal kann ich auch in Paralleluniversen sehen. Ich bin erwacht, und ich weiß jetzt, daß ich nicht allein bin. Ich habe jetzt auch herausgefunden, daß ich mich instinktiv mit Leuten umgeben habe, die entweder eine indigoblaue Hülle haben oder völlig indigoblau sind.

T., 26 Jahre, Deutschland

73. Jetzt habe ich keine Angst mehr, zu schreiben

Ich kann manchmal Menschen beeinflussen oder ihre Handlungen vorhersehen. Außerdem habe ich das Gefühl, daß mich niemand versteht und ich nicht in diese Welt passe. Ich habe einmal während einer Arbeit versucht, die Gedanken eines anderen Schülers zu lesen. Es ist schwer für mich, so zu leben, nur meine Träume und Fantasy-Welten, die ich mir in meinen Gedanken aufgebaut habe, erleichtern mein Leben. Ständig denke ich, ich stehe über den anderen, bin mächtiger. Ob ich ein Indigo-Kind bin? Ich weiß nicht. Zwar treffen viele der Beschreibungen auch auf mich zu, aber besonders intelligent bin ich, glaube ich, nicht. Unbewußt suche ich schon mein ganzes Leben lang nach jemandem, der mich versteht.

Ich laß mir von fast niemandem etwas vorschreiben

und schlafe im Unterricht fast ein (vor Langeweile). Bin ich ein Indigo Kind?

Ich diskutiere manchmal stundenlang mit meiner Mutter (oder anderen Leuten) und versuche sie von meiner Meinung zu überzeugen (wie man die Schule besser machen könnte usw.).

Einmal hab ich eine Sendung im Fernsehen gesehen, in der einige Erwachsene sich über das Schulsystem unterhalten haben, ich bin fast explodiert, so dumm fand ich die Aussagen. Es wird das Falsche unterrichtet, die Kreativität ist wichtig. Manchmal denke ich, daß ich für den Stoff zu schlau bin und mir deswegen so langweilig in der Schule ist (ich schlafe an manchen Tagen fast ein). Ich habe aber eine große Sorge: Ich spüre irgendwie eine große Macht in mir, die aus meinem Körper will. Tief in mir spüre ich etwas Böses. Aber eigentlich will ich helfen und alles verändern.

Ein paar meiner eigenartigsten Erlebnisse:
Ich diskutierte einmal mit meiner Cousine über die Welt. Da kamen wir darauf, daß jemand etwas Wichtiges angreifen und viele Menschen töten könnte. Ein paar Monate später stürzte das World Trade Center ein (ich habe mich aber nicht gleich an das Gespräch erinnert, sondern erst nach ein paar Wochen). Das Gefühl, als ich die Todeszahlen hörte, war schrecklich, als ob eine ganze Welt zusammengestürzt wäre. Ich hatte das Gefühl, keine Luft zu bekommen (es war schwer, zu atmen).

Ich hatte einmal einen Traum, den ich öfter träumte und der mir bis jetzt im Gedächtnis geblieben ist. Ich stehe auf einer runden Ebene (aus Stein), die über den Himmel reicht. Es sieht wie eine Ruine aus, und es ist sehr düster und nebelig. Ich halte ein Schwert in der Hand, und gegenüber steht ein zweiter Junge, auch mit einem Schwert. Plötzlich rennen wir aufeinander zu und fangen an zu kämpfen. Wir kämpfen eine Weile. Dann dränge ich ihn bis an den Rand und stoße ihn unabsichtlich hinunter. Im Fallen strecke ich mein Schwert aus und halte es an der Klinge. Er hält sich am Griff fest. Aber die Klinge rutscht mir aus den Händen, und er fällt. Ich habe ihn nie ganz hinunterfallen sehen, sondern bin immer vorher aufgewacht.

Dies geschah vor ein paar Wochen. Musik spielt eine große Rolle in meinem Leben, und ich singe und rappe selbst. Eines Tages, als ich geprobt habe, schloß ich die Augen und sang meine Gefühle aus mir hinaus. Als ich die Augen öffnete, stand einen Meter vor mir ein Junge; als ich blinzelte, war er wieder weg. Das war ein Schock! Aber während dieser Sekunde, als ich ihn betrachtete, sah ich ihn ganz genau.

A., Jugendlicher, Deutschland

74. Ich setzte mich für »Schwächere« ein

Ich habe mich sehr häufig in Buchhandlungen bei den esoterischen Büchern aufgehalten, und einmal ist mir ein Buch über Indigo-Kinder aufgefallen. Ich bin zu der Überzeugung gekommen, daß ich zumindest einen indigofarbenen Überzug habe.

Mein Gerechtigkeitssinn ist früh zum Ausdruck gekommen, ich habe mich für »Schwächere« eingesetzt oder mich ihrer angenommen. Ebenfalls konnte ich noch nie Autorität akzeptieren. Wenn ich mir ungerecht behandelt vorkam, habe ich das auch gesagt – auch meinen Lehrern. Ich versetze mich auch gerne in andere Lebensformen, am liebsten in Tiere, aber auch in Pflanzen. Menschen sind natürlich am uninteressantesten. Auf jeden

Fall esse ich aus diesem Grund kein Fleisch. Ich sehe ein, daß es im Kreislauf der Natur etwas Natürliches ist, aber für mich kommt es nicht in Frage.

Wie es ist, ein Wesen der Neuen Zeit zu sein? Das ist schwer zu sagen. Ich habe einfach meine Lebensansicht, aber diese teilt kaum jemand mit mir. Ich bin nun schon 17 Jahre alt und habe vieles nicht verdaut, was in meiner Vergangenheit passiert ist.

Ich erfahre das Leben als die schlimmste »Probe«, auf die ich mich je eingelassen habe. Ich habe mich oft in einer Sinnlosigkeit wiedergefunden, wollte mir schon das Leben nehmen, aber nicht weil das Leben nicht schön ist, sondern weil ich es in diesem System, das nach und nach unsere Natur vernichtet, nicht genießen kann. Ich arbeite jetzt an mir, versuche meine Energie zu erhalten und mich nicht mehr so tief herunterziehen zu lassen. Doch dies ist einfacher gesagt als getan.

Ich habe ein Indigo kennengelernt. Es war faszinierend, zu erkennen, wie viele oberflächliche Sachen wir gemeinsam hatten, als wäre es ein Zeichen, daß wir uns gefunden haben. Leider habe ich sie wohl zu sehr mit meinen »Alltagsproblemchen« belastet, so daß sie mich eines Tages links liegenließ. Es hat sehr weh getan, aber auch dadurch habe ich etwas gelernt.

Über meine Lebensaufgabe weiß ich folgendes: Ich muß die Tiere vor dem Leid bewahren, das die Menschen ihnen antun. Auch helfe ich gerne den Menschen, aber erste Priorität haben die Tiere.

Ich gehe jetzt nicht mehr zur Schule, aber ich hatte die größten Schwierigkeiten, war immer ein Außenseiter, hatte meist Probleme mit den Lehrern, war auffällig, mußte zur Erziehungsberatung, war in den ersten vier Jahren Klassenbeste, dann sind wir umgezogen, und es ging nur noch bergab. Mit Druck schaffte ich es knapp in die Sekundarstufe; jedes Semester kämpfte ich um die Versetzung. Ständig bekam ich zu hören, dieses Kind ist nicht dumm, es ist nur faul. Ja, da hatten sie wohl recht, aber was interessierte mich dieser Stoff, der mich im Leben nicht weiterbrachte? Ich war immer eine Außenseiterin, und ständig wurden meine Eltern zu Problemgesprächen eingeladen (dies hatte in der Dritten angefangen). Heute dreht sich alles ums Funktionieren, dabei ist das Existieren so interessant, daß man ein Leben lang in die Schule gehen könnte. Das sind wir ja auch, in einer Schule des Lebens.

Den Erwachsenen möchte ich folgenden Rat geben: Bitte widersprecht euren Kindern nicht, wenn sie von ihren Vorstellungen sprechen. Hört ihnen zu, und wenn ihr nicht ihrer Meinung seid, ist viel Feingefühl gefragt. Wenn das Kind von Ungerechtigkeiten in der Schule erzählt, wenn es sich für andere eingesetzt hat, sagt nicht, daß dies schlecht sei und der Lehrer immer recht habe. Zuhören ist sehr wichtig.

Ich kann mich leider an keine Engel erinnern, außer denen, die ich in meinem jetzigen Leben getroffen habe. Meine Wahrnehmung ist am besten so zu beschreiben: Man sieht eine Situation mit den physischen Augen, doch es gibt so viele andere Augen, durch die man das Ganze betrachten kann.

Unsere Welt wird nach und nach immer mehr zerstört. Ich wünschte mir nichts sehnlicher, als daß man das Rad der Zeit zurückdrehen könnte. Doch dies ist nicht möglich, deshalb müssen wir zusammenhalten und dürfen uns nicht gegenseitig bekämpfen. Ich wünsche mir, daß die Menschen begreifen, daß ihr Körper nicht dazu gedacht ist, sich von Fleisch zu ernähren.

M., 17 Jahre, Schweiz

75. Ich bin sehr froh zu hören, daß es andere gibt, die genauso sind

Ich habe einen dreijährigen Sohn, auf den sehr viele Eigenschaften der Indigo-Kinder zutreffen. Ich bin sehr froh zu hören, daß es andere gibt, die genauso sind, und daß es für diese Kinder normal, fast lebensnotwendig ist, so zu sein, wie sie sind.

Er ist stur und nicht zu beeinflussen. Wenn er etwas möchte, dann erreicht er es, er geht so weit, daß man um ihn fürchten muß. So war er schon als sechs Monate altes Baby. Ich wollte ihn füttern und abstillen, aber er wollte nicht. Er hat nicht gegessen und getrunken, bis er 40 Grad Fieber hatte. Ich habe weiter gestillt.

Später kam dazu, daß er Dinge weiß, die er nicht wissen kann. Manchmal klaut er seinem großen Bruder Dinge (Taschenmesser). Wenn ich sie in seinem Zimmer finde, dann nehme ich sie weg und verstecke sie. Selbst wenn er nicht da ist und gar nicht wissen kann, wo ich sie versteckt habe, geht er zielstrebig dorthin und holt sie wieder hervor. Er wußte, daß ich ihm die Messer weggenommen habe, und auch, wo ich sie versteckt habe.

Was mir noch an ihm auffällt, ist, daß er erziehungsresistent ist. Normale Erziehungsmethoden haben bei ihm überhaupt keinen Erfolg. Er reagiert nicht, es ist, als hätte er uns nicht gehört, selbst, wenn man ihm auf die Finger haut (aus lauter Verzweiflung haben wir auch das versucht, aber schnell wieder aufgegeben), ist es, als hätte er nichts gespürt. Die Zeit zwischen ein und drei Jahren war schrecklich, sehr unberechenbar und unbeherrschbar. Er tut einfach das, was er für richtig hält, und nur das. Er ißt (und aß) nur selbst, ließ sich nie füttern. Und er ißt auch nur das, was er will.

Inzwischen haben wir gelernt, ihn tun zu lassen und ihn seine Entscheidungen leben zu lassen. Es ist einfacher, als ihn zu überzeugen. Andererseits geht das nicht immer, und es gibt noch einen großen Bruder, der darunter leidet. Ich weiß oft nicht, wie ich es anders regeln soll. Die beiden Kinder brauchen zwei verschiedene Erziehungsmethoden. Wobei man bei Lennart nicht von Erziehung sprechen kann.

Es ist ungewöhnlich, daß er sich nicht von schlechter Laune, Streß oder Ärger einer anderen Person beeindrukken läßt. Er geht sogar oft hin und fängt an, mit ihnen zu reden, und holt die Leute aus dieser Stimmung heraus. Ich hätte es nicht für möglich gehalten, daß das jemandem gelingen könnte.

Ich weiß allerdings auch, daß er nach solchen Situationen sehr energielos ist und dann viel Körperkontakt braucht. Schafft er es nicht, sich energetisch wieder aufzuladen, wird er krank. Er hatte schon sehr früh eine Mittelohrentzündung, welche auf herkömmliche Antibiotika sehr schlecht ansprach. Er war bis vor einem halben Jahr sehr viel krank, und alle Medikamente haben sehr schlecht geholfen.

Ich selbst studiere Homöopathie, aber auch das wirkt bei ihm nicht richtig gut.

Setzt man ihn unter Druck, so wird er hyperaktiv und

destruktiv, aggressiv und selbstzerstörerisch. Behandelt man ihn wie eine gleichwertige Person, so kann man gut mit ihm umgehen. Andere Personen bezeichnen ihn als besonders. Manchmal sieht er Geister, schon mit 2 Jahren tat er das.

Er ist seit sechs Monaten im Kindergarten und hatte vom ersten Tag an den »Laden im Griff«. Wenn er heimkommt, ist restlos erschöpft und muß schlafen. Momentan stellen sich die Erzieher auf ihn ein, aber wie lange wird das so bleiben?

C., Sohn 3 Jahre, Deutschland

76. Als Schulkind bekam ich schlimme Schmerzen und Krämpfe im Bauch

Ein Ereignis, an das ich mich noch sehr genau erinnern kann, war, daß zwei kleine Männer mich am Bett besuchen kamen. Ich war damals vielleicht drei Jahre alt. Sie kamen durch die Wand, trugen Anzüge und »Melonenhüte«. Einer von ihnen hatte einen Schnurrbart.

Als ich ein Kindergartenkind war, wurde meiner Mutter gesagt, daß ich nicht normal sei, da ich immer nur dastünde, alles anschaute und noch nicht mal einen Ast vom Baum brechen würde. Deshalb hat mich meine Mutter schon in jenen jungen Jahren ein Instrument spielen lassen, und ich danke ihr, daß sie mir dies ermöglichte. Als Schulkind bekam ich so schlimme Schmerzen und Krämpfe im Bauch, daß ich nur schlapp über der Schulbank hing.

Sobald ich beim Arzt war, waren all meine Schmerzen und die Übelkeit wie vom Winde verweht. Die Ärztin stellte fest, daß meine Krankheit durch die regelmäßigen Wutausbrüche meiner Klassenlehrerin verursacht wurde.

Während dieser Wutausbrüche brüllte die Lehrerin unkontrolliert, wurde rot wie eine Tomate, ging zum Fenster, von wo aus man den Platz sehen konnte, auf dem der Fahnenappell stattfand, schob die Gardine zur Seite, öffnete das Fenster, bekam einen Hustenanfall, eilte dann schleunigst zum Lehrertisch zurück, verrückte den Lehrerstuhl, kramte in ihrer Tasche, öffnete die Tischschublade, holte die grünen Minzegummitürmchen, die von außen gezuckert waren und sich in einer viereckigen Plastikschachtel befanden, heraus und schluckte sie massenweise.

Als sie es mit der Angst zu tun bekam, da meine Krankheit irgend etwas mit ihrem Verhalten zu tun hatte, hetzte sie ihre Stasi- oder besser Starschulpsychologen auf mich, denen ich als Achtjährige rein physisch unterlegen war. Zu allem Überfluß bin ich, als ich allein zu Hause war, fast einer Einbrecherin in die Arme gelaufen und hatte seitdem tierische Ängste.

Für mich kam nur ein Klassenwechsel in Frage. Damals bot sich für mich nur der Weg in eine DDR-Eliteklasse an, da die Klassenleiterin dort sehr sanftmütig war. Neunzig Prozent der Mitschüler stammten aus mehr oder weniger funktionierenden Stasifamilien. Es war die Zeit der Wende, viele Familien verloren ihre Identität, und ich glaube, ich war in dieser Klasse umzingelt von Betroffenen. Kein Wunder, daß alle jemanden suchten, an dem sie ihre Gefühle abreagieren konnten. Ich als eingeschüchtertes Mädchen, das Angst vor Autoritäten hatte, bot mich da als perfekter Sündenbock an. Wenn ich keine Liebe bekam, entwickelte ich mein Verhältnis und Vertrauen zum Göttlichen. In dieser Klasse machte ich schließlich, dank göttlicher Hilfe, die größte Feindin zu einer guten Freundin. Ich habe mich im Unterricht einfach neben sie gesetzt und ihr ein Foto vom Sonnenuntergang geschenkt. Obwohl ich die Ausgestoßene der Klasse war, begann ich zu verstehen, daß es demjenigen, der andere von sich weist, noch viel schlechter ergeht, denn er stößt sich in gewisser Art und Weise selber ab.

Wir schrieben uns regelmäßig Briefchen. In einem der Briefe teilte sie mir mit, daß sie sich mit ihrem jüngeren Bruder zerstritten hatte, woraufhin ich ihr erklärte, daß sie ihn doch tief in ihrem Inneren liebte und es ihm deshalb auch ruhig zeigen könnte, denn jeder Tag mit ihm könnte der letzte sein. Ich wunderte mich damals selbst über meine Bibelpredigt. Wenige Jahre später verstarb ihr geliebter Bruder bei einem Autounfall.

Mit 14 lernte ich meine erste große Liebe kennen. Alles zwischen uns war so perfekt, es konnte nur als Tragödie enden.

Hier, was ich zu jener Zeit schrieb:
»Montag, 3. Stunde, Chemie.
Ich bin unausgeschlafen. Scheiß Zeitumstellung!

Montag, Schule. 3. Stunde. Ausgerechnet Chemie.
Viel lieber würde ich bei dir sein.
Wenn ich nicht gegossen werde, verwelke ich.
Ich will deine Musik hören, dich & deine Band sehen, Dresden auch & einfach alles.
ICH MUSS HIER RAUS!

Chemie, Montag, müde. Ich denke an dich & bin hinaus.
Wär echt schön, wenn du auch an mich denkst.
Wenn ich hier am Montag in der 3. Stunde an dich denke,
DA BIN ICH WACH, HELLWACH!
Ich erträume mir unser Wiedersehen.

Lieber Gott, lieber Gott, lieber Gott. HELP!

Es ist windig heute. Der Wind fängt sich im Vorhang & bläht ihn auf.

ICH MÖCHTE FLIEGEN MICH IN DEN WOLKEN WIEGEN MIT DIR IN DEN STERNEN LIEGEN!

Ach, wenn ich doch wenigstens deine Telefonnummer hätte!

Gott, gib mir bißchen Kraft.

Regen. Es regnet toll. Das tut gut! Wie gern würde ich mich draußen im Regen baden, jetzt!

Laßt mich doch raus, bitte.

Sie machen das Fenster zu & sperren meine Gedanken ein.

Ich soll funktionieren wie gewünscht.

Montag. Chemie. Müde. Ich.

NEEIIINN! Ich will nicht nach Plan funktionieren.

Unterricht ist eingeplant. Öde, herzlose Theorie. Ich will so nicht.

Will unter Menschen & mit Menschen lernen.

Jetzt hat sie geschrien. Die Lehrerin.

AU. Tut weh. Ihr mir.

Quält mich doch nicht. Laßt mich einfach leben.

Nein. Sie läßt mich nicht & diktiert:

Vorsichtsmaßnahmen beim Umgang mit Säuren

Die Lehrerin. Ich will gar nicht mit Säuren umgehen müssen.

JUHUU! Es schneit! Durch das versperrte Fenster sehe ich:

ES SCHNEIT! Es ist Frühling & es schneit. Ungeplant.

Verspielte, sanfte, weiche Flocken.

Was denn?

Ich schaue in euch. Tut mir weh. Erkenne: paßt euch nicht.

Weil ihr-mir-euch VERBOTEN?

Sind doch so nahe, Flocken. ANFASSEN!

Ich kann nicht mehr! Chemie. Jetzt. Versuch.

Was denn versuchen? Zerstören? Mich. Euch. Welt.

& ich mit. Aber ich nicht. Wie muß ich nicht?

Wie kann ich leben? Bitte!
Schaut nicht durch euch durch,
Sondern: Schaut euch an!
Zusammen - alleine?
Alleine, gehe ich, gehen wir, zusammen, unter.
Unter der Schulbank steht groß: HASS
Er-sticht. Mich.
Es klingelt! Endlich!
Ich gehe raus, nein, renne.
RAUS, in mich, in den Schnee.«

Als ich fünfzehn Jahre alt war, lernte ich eine mir ganz eng verbundene Seelenfreundin kennen. Als ich ihr das erste Mal begegnete, hatte ich das sichere Gefühl, wir seien uns schon einmal begegnet, was nicht möglich war (in diesem Leben). Wir unterhielten uns ein paar Minuten und wurden sogleich unzertrennliche Freundinnen. Bei Partys hielten wir unsere Hände, schauten uns an und fanden einander so schön, daß wir alles um uns herum vergaßen, sogar die Männer.

Eines Nachts vor einer Disco, ich war sechzehn Jahre alt, hatte ich eine mich tief im Inneren erleuchtende Vision über den Sinn meines Lebens. Ein Gefühl von Klarheit und Leichtigkeit erfüllte nicht nur meine Seele, sondern mein gesamtes Sein. Ich bin hier auf der Erde, um die Liebe zu erhalten und sie unter die Menschenkinder zu bringen.

Nach dem Abi ging ich nach Neuseeland, meinem Traumland. Ich ging, denn meine Seele brauchte Heilung. Ich wollte die wirkliche Liebe erlernen. Mutter Natur verhalf mir dort zu unendlicher Heilung und Reife. In Auckland kam ich zum ersten Mal in Kontakt mit Tantra* und wurde kurz danach Tantralehrerin. Ich kam dort in der Tantraschule an, ohne zu wissen, was genau mich dort eigentlich erwartete. Als ich in das Gebäude ging, war ich sofort überwältigt. Es fiel mir sehr schwer, überhaupt etwas zu denken. Meine Hände, mein ganzer Körper begann zu kribbeln, ein schönes, doch gleichzeitig für meinen Körper ermattendes Gefühl. Ich spürte die Energie, was mich irgendwie an die ekstatischen Momente meiner ersten Liebesbeziehung erinnerte.

Ich trat in jenen Raum, wo zuvor all die nackten Leiber waren. Ich setzte mich auf eines der roten Sofas und betrachtete den wunderschönen Altar, über dem ein bezaubernd besticktes Stoffbild von den Göttern Shakti und Shiva hing. Wieder fühlte ich dieses Prickeln durch meine Hände in mich eindringen und fing fürchterlich zu weinen an. Es kam aus dem tiefsten Inneren meiner Seele und tat gut. Es war Trauer und Enttäuschung über diese Welt und all die Last, die mir hier auf Mutter Erde auferlegt worden war. Irgendwie fühlte ich mich zum ersten Mal zutiefst verstanden und zu Hause angekommen. Ich wußte, daß dies hier der Weg zur Heilung für mich und viele andere war. Ich wurde eine Tantrikerin, denn ich wollte den Menschenkindern bedingungslose Liebe weitergeben. Wir alle machen Fehler und haben Probleme, wir müssen uns nur selbst vergeben und verzeihen können. Heutzutage ist das sehr schwer, denn wenn wir einmal versagen, werden wir nicht mehr geliebt, auch weil wir uns dann selbst nicht mehr lieben. Das wird uns schon als Kleinkindern mit in die Wiege gelegt. Liebesentzug, aus welchem Grund auch immer, ist das schlimmste Verbrechen.

Wie sollen unsere Eltern uns auch diese Liebe geben, wenn sie sie selbst nie erfahren haben? Doch weiß unser Höheres Selbst ganz genau, daß etwas fehlt, und als Ausgleich für diesen Energiemangel überschütten sie ihre Kinder mit materiellen Gütern.

In Neuseeland wurde mir bewußt, daß ich Auren sehen kann, Energien hören, sehen und fühlen kann und daß ich über das Höhere Selbst Informationen über andere bekommen kann. Seit einigen Jahren besuche ich regelmäßig Auraheilungskurse bei einer Sufi-Lehrerin in A. So kann ich nun Rückführungen geben, Familienaufstellungen machen, die Chakrakanäle* durchputzen, die Aura reinigen, mit meinem inneren Auge in die Organe schauen und ihnen Heilung geben und vieles mehr. Außerdem mache ich Schmuck aus Kupferdraht und krame so altes atlantisches Wissen aus.

F., ältere Indigo, Deutschland

77. Niemand kann sie wirklich führen

Durch Bücher, die ich gelesen habe, bin ich nach und nach darauf gekommen, warum ich so unzufrieden bin, warum ich immer den Wunsch habe, etwas zu ändern!

Stark spirituell, habe ich mich immer gegen den Katholizismus gestellt und mir aus allen Religionen bzw. Dingen, die ich erfahren habe, das geholt, was ich für mich als richtig empfand. Ich wollte immer einen starken Freundeskreis aufbauen, blieb aber dennoch eine Einzelgängerin, eine Visionärin und Idealistin, die viel Phantasie hat und als Kind viele Abenteuer im Innern erlebte. Ich bin stark mit der Natur verbunden, und meine Tiere waren immer meine besten Freunde. Ich habe Dinge gesehen, ich wußte, daß sie da sind, und habe intuitiv darauf reagiert (Schutzkegel aus Licht etc.).

Ich habe das starke Bedürfnis, etwas zu verändern, aber leider bin ich leicht depressiv und bin hin und her gerissen zwischen dem Alltag, den Normen und dem, was mein Gefühl mir sagt!

Ich wußte als Kind Dinge, die sich später bestätigt haben! Ich bin musikalisch, und ich liebe es, zu singen. Dinge, zu denen ich mich gezwungen fühle, sind mir ein Graus, ich bin sehr feinfühlig und habe ein Bedürfnis, mich auszudrücken.

Das Leben als Kind der Neuen Zeit ist schwer. Ich habe mich lange dagegen gesträubt, mich anzupassen, und wurde ausgeschlossen.

Ich war schon immer altklug, besonders mit 13! Ich bin unzufrieden. Wenn ich meiner inneren Stimme folge, fühle ich mich wohler, doch es gibt Pflichten, die man erfüllen muß!

Weil ich mich gezwungen habe zu lernen, war ich, trotz meiner Konzentrationsschwäche, immer eine gute Schülerin.

Obwohl sich meine Eltern mit Spiritualität beschäftigen, spreche ich nur noch wenig mit ihnen darüber. Was soll ich noch erzählen? Ich singe gerne, lese, versorge meine Tiere, schweife durch die Wälder, doch die unbewußte Anpassung und das ständige Arbeiten für die Schule machen mich träge und krank! Ich werde in letzter Zeit häufig krank, das ist ein deutliches Zeichen dafür, daß sich mein Körper wehrt, mir zeigen will, daß ich meinem inneren Ruf folgen soll!

Das Problem, das wahrscheinlich alle Indigos haben, ist: Niemand kann sie wirklich führen, sie müssen sich auf sich selbst verlassen und lernen, mit ihren Fähigkeiten in der dritten Dimension umzugehen. Schließlich sind wir Visionäre und Idealisten, die geboren wurden, um zu verändern!

Ich beobachte meine Mitschüler und Freunde, und bei einigen habe ich eine Ahnung, daß sie Indigo-Kinder sind. Sie sind sich dessen aber nicht bewußt! Es ist merkwürdig, wenn ich einen potentiellen Indigo kennenlerne (jetzt hab ich eine Bezeichnung dafür), habe ich das Bedürfnis, ihnen zu helfen, zu sich selbst zu finden, halte mich aber zurück!

Meine Aufgabe ist es, wieder etwas Licht in die Welt zu bringen und den Menschen zu helfen, sich zu erinnern. Die Erde steuert auf einen energetischen Dimensionssprung zu, den ich als Helfer miterleben soll!

Die Kinder sollten selbständig lernen können und sich den Stoff selbst einteilen. Lehrer sollten nur den Prozeß unterstützen und ihnen helfen, ihr Potential und ihre Fähigkeiten zu erkennen! Ein vorgekauter Lernstoff ist zwar nett, weil man nicht nachdenken muß, aber genau das fehlt unserer Gesellschaft – Freigeister! Nachdenker!
Es ist schrecklich, immer unter Druck zu stehen, Streß zu haben. Ich lerne gerne, will aber nicht ständig für gute Noten lernen, sondern selbst entscheiden können, was und wieviel ich mir beibringe. Schule streßt mich sehr. Ich habe ein stark eingeengtes Gefühl, und die hierarchischen Strukturen und Intrigen machen mir zu schaffen. Wir werden zu Fachidioten ausgebildet, die nur einen Job haben und sich schön anpassen sollen!

Eltern und Erwachsene können mich unterstützen, indem sie mich frei nach meinem Gefühl arbeiten und leben lassen! Nach und nach komme ich dann selbst drauf, was ich tun muß, damit ich mich weiterentwickeln und Erfahrungen sammeln kann. Normen und Strukturen sind Gift für uns!

Als Kind nannte ich meine Schutzengel Abel, Elsa und Kain. Ich sehe keine Bilder, ich weiß Dinge einfach, ich träume sehr viel und habe an bestimmten Plätzen und bei bestimmten Menschen ein ungutes Gefühl. Früher war das Gefühl stärker. Ich wußte einfach, daß solche Dinge anwesend sind, und habe zum Beispiel Schutzkreise aufgebaut (bereits zu Zeiten, wo ich noch nicht wissen konnte, was ein Schutzkreis ist).

Ich wünsche mir mehr Liebe für alles!

C., 19 Jahre, Österreich

78. Meine Schutzengel sind meine Tiere

Ich hab mich nie wirklich mit anderen Gleichaltrigen verstanden, ich habe lieber allein gespielt. Besonders gerne war ich mit Tieren zusammen. Mir schien, als könnten mich Tiere einfach besser verstehen. Ich wußte immer, daß ich anders war, aber meine beste Freundin hat mich darauf gebracht, daß ich ein Indigo sein könnte. Sie ist selber Mutter eines Indigo-Kindes und hat mir erzählt, daß ihr Sohn sich genauso verhält, wie ich es getan habe.

Viele Menschen halten mich für verrückt, weil ich ihnen öfter Sachen erzähle, die ich eigentlich nicht wissen kann. Ich bin viel aktiver als die anderen Jugendlichen meines Alters und beschäftige mich auch nicht mit »normalen« Dingen. Ich bin sehr gerne mit meinen Tieren zusammen, ich habe zwei Hunde, einen Pflegehund und ein Pferd. Ich unterhalte mich oft sehr lange mit ihnen, ich kann mit meinen Tieren über Dinge reden, die sonst niemand versteht oder verstehen will. Sie sagen mir immer ihre ehrliche Meinung.

Ich mag es nicht, wenn die Lehrer immer versuchen, mein Ego und meine Meinungen zu unterdrücken. Sie meinen, ich sei viel zu jung, um zu wissen, was wichtig im Leben ist. Doch ich nehme es meinen Lehrern nicht übel, viele von ihnen sind vom Leben enttäuscht und sehr verbittert.

Für mich ist es eigentlich normal, daß ich nicht mit Gleichaltrigen befreundet bin. Meine zwei besten Freundinnen sind 33 und 30 Jahre alt, und natürlich sind meine Tiere ebenfalls meine besten Freunde.

Es ist manchmal ein wenig schwierig, ein »Kind der Neuen Zeit« zu sein, da viele Menschen in meiner Umgebung es nicht akzeptieren wollen oder können, daß ich anders bin. Doch ich bin gerne hier, da es mir weh tut, daß viele Menschen unglücklich, verbittert und ohne Mitgefühl leben. Ich will jedem Menschen helfen, doch gibt es nicht viele, die sich helfen lassen. Aber ich werde versuchen, den Menschen klarzumachen, daß man die wichtigsten Dinge im Leben nicht mit Geld kaufen kann.

Mein Leben ist sehr schön, doch sehr schwierig. Meine Mutter und mein Bruder verstehen nicht, daß ich nicht an viel Geld interessiert bin und lieber allen Lebewesen auf dieser Welt beistehen möchte. Doch ich habe sie trotzdem sehr lieb. Meine beste Freundin und meine Tiere geben mir immer neuen Mut, wenn ich verzweifelt bin. Sie glauben an mich und vertrauen mir. Das hilft mir sehr, nicht den Glauben an die Menschheit zu verlieren.

Ich möchte den Menschen vor Augen führen, wie die Realität aussieht, und ihnen die wichtigen Dinge im Leben zeigen. Ich möchte, daß die Menschen wieder Liebe, Mitgefühl und Achtung gegenüber jedem einzelnen Bewohner dieses Planeten empfinden.

Ich langweile mich oft während des Unterrichts. Viele Sachen, die wir lernen, erscheinen mir einfach unnötig. Ich streite mich sehr oft mit Lehrern, da sie permanent versuchen, mich so zu ändern, wie sie mich gerne hätten. Viele Lehrer machen mich oft fertig, weil ich ihnen die Dinge zeige, die sie selber an sich nicht ausstehen können.

Heute macht es mir nicht mehr so viel aus, wenn ein Lehrer versucht, mich zu verändern. Ich höre einfach nicht hin. Die Schüler halten mich für verrückt, das ist mir aber egal. Ich wünsche mir, daß es eine Schule für Kinder und Jugendliche wie mich gibt, in der Lehrer nicht ständig versuchen, die Schüler zu ändern, oder ihnen das Gefühl geben, daß sie schlechter sind.

Das Beste, was andere Menschen für mich machen könnten, ist, daß sie mir einmal richtig zuhören. Da ich sehr aktiv bin und sehr viel zu sagen habe, hört man mir nicht mehr richtig zu. Ich wünschte, man würde auf meine Ratschläge oder meine Meinung hören und sie ernst nehmen. Ich will nicht immer hören, daß ich keine Entscheidungen treffen könne, weil ich zu jung bin. Außerdem sollten sie auf keinen Fall versuchen, mich zu ändern.

Ich habe das Glück, mehrere Engel von mir zu kennen. Meine Schutzengel sind meine Tiere, wobei mein Rüde mein Körperwächter ist, meine Hündin und mein Pferd sind meine Seelenwächter. Meine beste Freundin ist ein Lichtwesen. Sie strahlt sehr viel Licht und spirituelle Kraft aus. Ich weiß, daß sie auf die Erde geschickt wurde, um auf Indigo-Kinder aufzupassen und ihnen den richtigen Weg zu zeigen. Ich war schon einmal auf der Welt, ich mußte lernen, mit Menschen umzugehen. Doch ursprünglich komme ich nicht von der Erde.

Ich sehe unsere Welt und bin bedrückt, da die Menschen einander viel Grausamkeit und Leid zufügen. Doch sehe ich ebenfalls, daß viele Menschen versuchen, sich zu bessern. Für Menschen, die viele schlechte Dinge getan haben, hoffe ich ebenfalls, daß sie sich bessern.

Ich wünsche mir, daß die Menschen wieder einander helfen. Ich wünsche mir, daß die Menschen erkennen, daß Liebe, Mitgefühl und Vertrauen wichtiger sind als alles andere auf dieser Welt. Menschen sollen allen Schwächeren, die Hilfe und Liebe brauchen, helfen und alles in ihrer Macht Stehende für einander tun. Ich wünsche mir, daß die Menschen aufhören, sich selber zu quälen, und statt dessen beginnen, ihre Wünsche und Träume zu leben und die Zeit, die sie hier verbringen, zu genießen.

L., 17 Jahre, Österreich

79. Am Ende wie am Anfang geht es immer um die Liebe

Wie ich darauf gekommen bin, daß ich ein Indigo bin, ist eine merkwürdige Geschichte. Ich war 15 Jahre alt und habe auf einen Bus gewartet. Da kam ein etwas älterer Mann, der anscheinend auch auf den Bus warten wollte. Ich merkte, daß er mich sehr lange anstarrte, und das war mir sehr unheimlich. Er fing ein Gespräch an und wollte sich, wie mir schien, einfach nur unterhalten. Er hat mit mir über die Welt gesprochen und darüber, was man alles ändern könne, wenn man wolle. Er stellte mir auch persönliche Fragen, die ich beantwortete, denn es stellte sich heraus, daß er doch ein sehr angenehmer Gesprächspartner war. Als der Bus kam, überreichte er mir ein Büchlein, das er wohl selbst verfaßt hatte. Er verbeugte sich höflich und stieg zu meiner Verwunderung nicht in den Bus ein. Er sagte, daß ich das Buch verstehen würde, wenn die Zeit gekommen sei. Es war sehr verwunderlich, denn in dem Buch standen Dinge, die einer Beschreibung meines bisherigen Lebens glichen: was ich fühlte, was ich tat, wie ich mit jemandem befreundet war, und einige Gaben. Leider ging das Buch bei einem Hausbrand verloren.

Ich lerne sehr schnell, habe ein fotografisches Gedächtnis, mein IQ-Test ergab einen Wert von 130, und ich fühle es, wenn etwas Schlimmes passiert oder jemand stirbt. Das zeigt sich immer zwei Wochen vorher in meinen Träumen. Ich weiß aber nie, wer stirbt oder was passiert. Manche Träume verstehe ich erst im nachhinein.

Wie es für mich ist, ein Mensch der Neuen Zeit zu sein? Ganz ehrlich? Furchtbar einsam. Ich habe kaum jemanden, mit dem ich mich wirklich austauschen kann. Es gibt nur wirklich wenige, die so denken und fühlen wie ich. Sie reden weniger über tiefgründige Themen und tun alles als Blödsinn ab. Nach ziemlich vielen Erfahrungen habe ich die Angewohnheit, mich zu isolieren. Ich habe Probleme, meine eigenen Gefühle auszudrücken, aber keine Schwierigkeiten, mich in eine Person hineinzufühlen. Ich versuche immer zu helfen. Ich habe dadurch auch schon viele Menschen als Freunde gewonnen, aber es ist nicht einer dabei, der mich wirklich versteht. Eine Zeitlang war ich schon selbst dabei, an mir und meiner geistigen Verfassung zu zweifeln. Mein Leben ist geprägt von Einsamkeit. In der Schule wurde ich meist gemieden, weil mich alle »komisch« fanden.

Ich glaube, ich kannte noch ein anderes Indigo-Kind, doch es ist mir verlorengegangen. Er war wie ich, nur konnte er mit seiner Einsamkeit nicht umgehen. Mit der Zeit kam in ihm eine so große Traurigkeit auf, daß er sie in Aggressivität umwandelte. Er sagte einmal, nur bei mir könne er Ruhe finden. Jedes Mal, wenn er bei mir war, hat er schrecklich geweint und ich mit ihm, weil ich regelrecht fühlen konnte, welchen schrecklichen Schmerz er in sich hatte.

Ich schätze, daß ich anderen Menschen Hoffnung geben soll, Schutz, Geborgenheit und Liebe! Ich soll führen, weiß aber nicht genau, was und warum ich führen soll. Ich hatte einmal einen Traum, und die Stimme, die mich bis jetzt immer in meinem Leben begleitet hat, sagte: »Die Wahrheit liegt unter den Bäumen, Kleines!« Ich habe bis jetzt noch nicht verstanden, was es bedeutet.

Ich hatte Schwierigkeiten in der Schule. Ich konnte und kann mich manchmal sehr schlecht konzentrieren. Ich denke schneller, als ich schreiben und sprechen kann. Ich wünsche mir, daß auf Indigo-Kinder mehr eingegangen wird und daß der Lernstoff attraktiver ist. Ich habe immer nur gelernt, wenn ich mich für etwas sehr interessiert habe oder Spaß dran hatte. Sonst habe ich mich eher gelangweilt und wurde sehr unruhig.

Den Lehrern würde ich raten, Kinder, die ausgegrenzt werden, mehr in die Gemeinschaft einzubringen und zu versuchen, mehr Geduld mit ihnen zu haben.

Die Eltern würde ich bitten, sich um die Sorgen und Probleme ihrer Kinder zu kümmern, auch wenn sie ihnen manchmal sehr banal erscheinen. Das reicht meist schon. Ich fühle, wenn sich ein höheres Wesen in meiner Umgebung befindet, und es sind nicht nur Engel.

Mein Engel spricht in meinen Träumen zu mir, die anderen Wesen sind einfach nur da, ohne ersichtlichen Grund.

Ich fühle, was andere Personen fühlen, wenn ich sie im Arm halte. Es herrschen Haß, Wut und Gewalt in unserer Welt. Und es wird nicht mehr lange dauern, bis alles zusammenbricht.

Ich wünsche mir, daß die Menschen endlich verstehen, daß es nicht um Glauben, Rasse, Geld oder andere Besitztümer geht. Am Ende wie am Anfang geht es immer um die *Liebe*!

S., 22 Jahre, Deutschland

80. Ich weiß, daß ich nichts weiß

Ich wurde soeben von der Hochbegabtenschule Talenta darauf aufmerksam gemacht, daß mein elfjähriger Sohn, IQ 170, mit hoher Wahrscheinlichkeit ein Indigo-Kind ist. Wir besitzen alle die gleichen Fähigkeiten. Wir erkennen Menschen und können in ihnen wie in einem Buch lesen. Wir wissen um die Dinge des Zeitgeschehens und können diese mit 95prozentiger Gewißheit voraussagen. Wir fühlen Stimmungen in einem Raum. Wir können heilen – andere und uns selbst.

Ich bin schwer krebskrank. Meine Ärztin rätselt, warum ich noch am Leben bin. Ich versuche neben meiner eigenen Therapie, die ich entwickelt habe, alle störenden Einflüsse und schlechten Menschen von mir fernzuhalten. Als mein Sohn zum ersten Mal auf Hochintelligenz getestet wurde, mit viereinhalb Jahren, unterhielt sich die Psychologin auch mit mir und war entgeistert. Sie sagte, ich könnte alles werden und alles machen – es gäbe keine Grenzen. Sie warnte mich auch: »Sagen Sie niemandem, wer Sie sind, wie Sie sind und was Sie sind – Sie bringen Menschen dazu, Sie zu töten.«

Ich habe mit 12 Jahren Eigenversuche zu der mentalen Einflußnahme auf Menschen gemacht, sie waren erfolgreich. Selbst eigene Stoffwechselvorgänge im Körper konnte ich mental beeinflussen. Eine Erklärung für dieses Phänomen habe ich nicht. Eines noch: Ich habe, so wie mein Sohn und mein Mann, mein Leben lang nach der Weisheit und der Wahrheit gesucht und erkannt: Ich weiß, daß ich nichts weiß.

Die Menschen werden nie wirklich in Frieden miteinander leben, weil sie die beiden Seiten des menschlichen Seins in sich tragen – gut und böse. Diese sollten einander normalerweise die Waage halten, da ein Mensch ohne diese beiden Seiten nicht erkennen kann – er braucht sie also. Meistens rutschen Menschen in die falsche Richtung ab. Um das zu korrigieren, benötigt der Mensch viel Kraft und großen Willen, manchmal auch Zivilcourage. Genau daran mangelt es den meisten. Menschen mit mehr Fähigkeiten können wirken, wohl wissend, daß man sie leiden lassen wird. Wenn es genug dieser wirkenden Menschen gibt, dann herrscht ein lebbares Gleichgewicht.

Ich wurde mit einer Aufgabe geboren – wie mein Sohn. Ich werde für diese Aufgabe sterben müssen – eines Tages, jetzt noch nicht –, damit andere leben können. Wir stehen weltweit vor einer der größten Herausforderungen der Menschheit, die uns sehr verändern wird. Nichts wird mehr so sein, wie wir es alle kannten.

Was Erwachsene lernen sollten? Respektieren Sie jedes Kind als denkendes Individuum. Gestehen Sie jedem Kind Sprache zu – also eine Meinung und das Recht, diese zu äußern. Schützen Sie Kinder vor schädlichen Einflüssen (schlechte Menschen, Werbung, Medien, Manipulation, Ernährung etc.). Geben Sie Ihre Liebe, ohne Liebe zu erwarten. Begrenzen Sie die Gedankengänge Ihres Kindes nicht – ein freier Geist ist ein gesunder Geist. Lehren Sie Ihr Kind, die kleinen Dinge des Lebens zu schätzen. Vertrauen ist die Grundlage eines konfliktfreien Miteinanders, Höflichkeit ist ein Zeichen der Wertschätzung und Aufmerksamkeit. Nehmen Sie Ihr Kind oft in den Arm – über Hautkontakt wird viel Information übermittelt. Erklären Sie Ihrem Kind die Welt als ein Ganzes – sezieren Sie kein Wissen, nur dann kann Ihr Kind die Welt erfassen. Sprechen Sie niemals in »Babysprache« mit Ihrem Kind.

Als Schullösungen sehe ich: sensible und hochintelligente, gut geschulte und motivierte Lehrer. Unterricht als Ganzheitsmethode (einzelne Fächer nicht herausgelöst, sondern miteinander verknüpft. Aus einer Frage ergeben sich für das Kind nämlich viele weitere Fragen, die in andere Wissensbereiche hineinragen). Mehr Kommunikation, lernen auch in umgekehrter Richtung – also Lehrer auch von Kindern.

Was ich schön daran finde, ein Kind der Neuen Zeit zu sein? Man ist frei, keinen Zwängen unterworfen, keinen Diktaten folgend (Mode, Zeitgeist etc.). Man kann die Dinge von »außen« betrachten. Man hat keine Angst vor dem Tod, denn der Geist ist unsterblich. Eine Hülle ist austauschbar. Das »Unschöne« ist: Einsamkeit. Ungeheures Verantwortungsgefühl und die Frage »Warum gerade ich?«.

R., Sohn 11 Jahre, Deutschland

81. Ich war niemals allein

Gestern Abend erst habe ich im Freundinnenkreis (Reiki-meisterin, Lichtarbeiterin, Heilerin) von Indigo-Kindern gehört. Ich war wie magisch angezogen. Nicht nur deshalb, weil ich erst kürzlich in einem Buchladen »rein zufällig« ein Buch über Indigo-Kinder in die Hand bekam. Ich bekomme immer die »richtigen« Bücher in die Hand. Ich blätterte es durch und dachte mir: Oh, gut, die schreiben über uns. Ich fühlte, wie richtig all das war und wie es mich in meiner Lebensweise von Kindheit an bestätigte.

Als sehr kleines Kind lag ich mit offenen Augen in der Dunkelheit und war niemals allein. Immer befand ich mich in einer wunderbaren Geborgenheit, fast eingelullt in Wärme und Licht. Meine Gedanken beinhalteten Dinge und Vorgänge, die sich nicht hier auf der Erde abspielten, und es gab unglaubliche Kraft. Ich dachte mir manchmal, meine Eltern behandeln mich wie eine Fremde, und ich glaube, meine Mutter hatte manchmal richtig Angst vor mir. Heute besteht fast kein Kontakt mehr zu meinen leiblichen Eltern.

Ich war – solange ich denken kann – eine Außenseiterin. Erst seit ganz kurzer Zeit befinde ich mich in einem Kreis von wenigen Menschen, die entweder mit Reiki arbeiten oder im körperlich-energetischen Bereich heilen und erlösen. Ich selbst habe einen Beruf gewählt (im zweiten Bildungsweg), der Sinn und Essenz von Aufklärung, Heilung und Erlösung in verdeckter Form bringen soll. Warum verdeckt? Weil die wenigsten die Klarheit, die Selbstverständlichkeit und das reine Wissen annehmen können.

Ich sehe Menschen an, fühle sie und weiß, es war furchtbar, einen Weg zu finden, mit alldem umzugehen, ohne ständig gehänselt und abgelehnt zu werden. Genauso schwierig war es, durchzusetzen, was ich heute mache. Ich habe nie aufgegeben und immer gewußt, daß ich alle Hilfe und alle Unterstützung habe, die ich brauchte, aber oft hing mein Leben, meine Existenz, an einem seidenen Faden. Ich gab nie auf. Ich gebe nie auf.

In letzter Zeit komprimiert sich alles. Ich beginne, die Kommunikation auf die Menschen zu beschränken, die mich auch ohne Worte verstehen. Ich habe oft keine Worte für die Bilder und Gefühle. Ich weiß einfach, und doch finde ich gerade einen Weg, mich auf der sprachlichen Ebene mitzuteilen, auf der ich nun auch verstanden werde. Ich denke, ich wurde in einer Zeit groß, in der so etwas wie ein Indigo-Kind als absolutes Hirngespinst verrückter Esoteriker abgetan wurde.

Ich wurde 1966 geboren und habe in diesem Dasein alles Vergangene in mir erlöst – mit Hilfe der richtigen Unterstützung und der Menschen, die mir begegneten. Mir begegnen immer die richtigen Menschen. Allumfassende Liebe ist das, was mir Nahrung gibt. Ich bin fähig, sie zu vermitteln, zu geben und zu lehren. Die Menschen, die mir begegnen, lieben mich tief oder lehnen mich ab. In letzter Zeit werden die, die nicht verstehen und ablehnen, immer weniger.

Im Augenblick versuche ich das, was die Menschheit wissen muß, in Form von Seminaren, Vorträgen und Gesprächen zu verbreiten. Dieses Wissen ist da und wird immer mehr, aber der Ausdruck auf weltlicher Ebene wird immer schwieriger.

S., 38 Jahre, Österreich

82. Niemand verstand mich, und ich verstand die anderen genausowenig

Wann ich gewußt habe, daß ich ein Indigo bin? Immer schon. Ich habe ein Foto, auf dem mein Bruder und ich mit unserem Großvater abgebildet sind. Ich war da ungefähr zwei Jahre alt. Ich schaue auf dem Foto sehr ernst und nachdenklich drein, zu ernst und nachdenklich für ein Kind. Irgend etwas sagte mir, daß ich kein normales Kind bin. Rückblickend stelle ich fest, daß ich mir nie kindliche Gedanken gemacht habe, sondern immer wie eine Erwachsene dachte. Eigentlich war ich eine kleine Erwachsene, die darauf wartete, groß zu werden.

Mit anderen Kindern mochte ich nicht zusammensein. Lieber las ich (ich konnte als Fünfjährige lesen und schreiben, brachte es mir selber bei), ich beschäftigte mich mit schwieriger Literatur, Puzzles, Malerei und Magie, der Natur, Heilkräutern, Philosophie und Kunst. Wenn ich sage, daß ich mich für etwas Besseres halte, dann spricht ein ausgeprägtes Selbstbewußtsein aus mir. Und ich fühle mich gut dabei.

Ich wurde als Kind immer verstoßen und ausgeschlossen. Niemand verstand mich, und ich verstand die anderen genausowenig. Es war sehr verletzend, wie sie sich über mich lustig machten und mir unrecht taten. Darum habe ich mit einem Lichtwesen einen Pakt geschlossen: Jeder, der sich mir gegenüber ungerecht verhält, wird sofort bestraft. Dafür mußte ich dem Lichtwesen versprechen, daß ich niemanden abweisen werde, der in seiner Not um meine Hilfe bittet. Meine beste Freundin zeigt ähnliche Charakterzüge wie ich. Wie ich ist auch sie enttäuscht darüber, daß wir niemals gefördert wurden.

Mit Autorität hatte ich große Schwierigkeiten. Besonders, wenn ich klüger als der Lehrer war. Ein Lehrer sagte mir einmal, ich sei ihm unheimlich, weil ich zuviel weiß. Damals war ich vierzehn. Man sollte die Talente der Kinder früh erkennen und fördern.

Laßt mich einfach in Ruhe. Laßt mich tun, was ich will. Ich weiß selber, was gut für mich ist und wie ich es erreiche. Mischt euch nicht in mein Leben ein, und macht mir keine Vorschriften. Ihr haltet mich nur von wichtigen Dingen ab. Schließlich habe ich nicht alle Zeit der Welt, um mein Leben erfüllt zu leben.

Ich fühle auf große Distanz den Schmerz der Menschen, die ich liebe. Ich kann mit meinen Händen heilen und ein gutes Gefühl vermitteln. Ich begann mit fünf Jahren, als Wicca zu praktizieren.

Mutter Erde ist sehr erbost und verwundet. Ihr müßt sie ehren und ihr danken, sonst wird sie noch zorniger. Hört auf, sie zu mißbrauchen und die Kinder zu töten, die aus ihrem Schoß geboren wurden, sonst macht sie die Gezeiten noch gewaltiger.

A., ältere Indigo, Schweiz

83. Es wird Zeit, daß wir für uns selbst zu sprechen beginnen

Ich habe Ihr Buch vor ein paar Jahren gelesen und bin natürlich gleich auf das Netzwerk gestoßen. Zu der Zeit war ich noch auf meiner eigenen Reise zu spiritueller Erleuchtung.

Ich habe die Reise im Alter von 17 Jahren bewußt angetreten. Ich hatte damals seit etwa einem halben Jahr die Schule beendet, und von einem Tag auf den anderen begab ich mich in eine Zeit der Meditation und Erforschung von Bewußtsein. Ich trat aus dem normalen gesellschaftlichen Leben heraus und machte es mir zur Aufgabe, die Thematik »Meisterschaft« voll und ganz zu realisieren und zu begreifen.

Der Grund war ein Besuch eines alten Freundes, des aufgestiegenen Meisters Chau Lun, der mit mir ein langes Gespräch über mein Leben und meine Lebensaufgabe führte. Während des nächsten Jahres machte ich viele Erfahrungen.

Nach einem Jahr der Meditation und Erforschung des Selbst wurde mir klar, daß ein Schlüssel zu meiner weiteren Entwicklung mein Herz sei. Zu diesem Zeitpunkt kam Jesus zu mir. Er trat auf mich zu, nahm mein Herz an sich, polierte es, reichte es mir mit beiden Händen zurück und sagte: »Ich möchte mit dir einen Weg des Herzens gehen.« Ab diesem Zeitpunkt wurde meine Entwicklung durch die Liebe bestimmt.

Ich verließ Österreich, um mich der Präsenz Gottes hinzugeben und das »Ich« zu nutzen.

Auf der Academy öffnete sich mein Kronenchakra, und seitdem habe ich Schwierigkeiten, in dieser »normalen Welt« zu funktionieren. Ich verweile hauptsächlich in der Präsenz der Liebe und der Stille, die damit einhergeht. Die Welt hat keine Bedeutung mehr für mich. Nur die Wahrheit, die jenseits von Name und Form liegt, ist für mich von Interesse.

Ich bin vor einem Monat aus Amerika zurückgekehrt und habe die Welt, die das Selbst einst kannte, zurückgelassen bzw. demaskiert. New Age hat keine Bedeutung mehr für mich. Phänomene, wie Energie- und Heilarbeit, Erscheinungen, »Wunder«, haben für mich keine Bedeutung mehr. Ich habe alle Illusionen durchwandert. Im »Jetzt« besteht für das Sein kein Grund einzuschreiten, denn alles ist selbst-existent und vollkommen, wie es ist. Heilung geschieht nur innerhalb der Illusion von Zeit und

Raum, wo noch der Traum von Prozeß und Entwicklung vorherrscht. Ich bin in unserer manifestierten Welt (phenomenal world) einer der Indigos, auch wenn ich selbst keinen Gebrauch mehr dafür habe. Ich bin das Sein, welches durch Sein das Sein selbst lehrt. Was ich euch anbieten kann, ist meine Existenz, meine Präsenz, mein Sein und Wissen sowie die natürliche Fähigkeit, Gewahrsein zu stärken und zu vermitteln. Obwohl ich drei Jahre Energiearbeit, Reiki (Meistergrad), Schamanismus* und sonstiges hinter mir habe, sind dies Phänomene, die in meiner jetzigen Existenz belanglos sind.

New Age hat sehr viel verzerrt und Begriffe von östlichen und weitentwickelten Philosophien und Praktiken aufgebraucht und in ein Licht gerückt, das nichts mehr mit dem ursprünglichen Wert zu tun hat. Ich bin nicht daran interessiert, einen »Happy Dream« zu ermöglichen, die Illusion zu verschönern, sondern daran, das Aufwachen von der Illusion zu ermöglichen: das Entblößen der wahren Unschuld der Realität.

Ich habe keine Verwendung für Phänomene. Ich habe nicht den Wunsch, zu unterhalten oder einen spirituellen Showmaster zu spielen. Meine Existenz gehört der Liebe und meine Hingabe der *radikalen Wahrheit*. Ich bin mit vielen Phänomenen vertraut, doch nur um sie identifizieren zu können und in ein Licht zu rücken, das nicht von der eigentlichen Evolution des Bewußtseins ablenkt.

Mein Auge ist das Auge des Gewahrseins, welches Bewußtsein sieht und erkennt. Mein Sein badet in der Präsenz des Bewußtseins. Nur das hat eine Bedeutung. Das ist, was ich bin, vermittle und weitergebe.

Ich bin ein Lehrer, ein Indigo für Indigos. Es wird Zeit, daß wir für uns selbst sprechen.

B., 20 Jahre, Deutschland

84. Ich sehe jetzt so viel Schönheit

Ich habe zu einem früheren Zeitpunkt schon etwas über Indigos gelesen, mich aber jetzt erst darin wiederentdeckt.

Oft bekomme ich zu hören, daß ich anders sei als andere Frauen. Ich sei eine alte Seele oder ich hätte ein schweres Erlebnis nicht verarbeitet.

Wenn ich die geistige Welt um mich fühle, dann fühle ich mich so befreit. Es hat sich natürlich seit meiner Kindheit einiges verändert. Meine Kindheit und meine Jugend waren sehr schwer und unverständlich, und ich wünschte mir fast täglich, ich könnte dahin zurück, woher ich kam. Ich hatte mich hier auf der Erde absolut nicht zu Hause gefühlt, und seit jeher weiß ich, daß mein eigentliches Zuhause woanders ist.

Es kommt mir manchmal vor, als wäre ich viel glücklicher und dankbarer als all die anderen Menschen. Ich sehe so viel mehr Schönheit und weiß, was für ein Geschenk es ist, hier auf der Erde zu weilen.

Ich gehe davon aus, daß die Kinder der Neuen Zeit es einfacher haben als ich damals. Die Erwachsenen werden aufgeklärt, und die Kinder sind unter sich. Ich war allein, oder zumindest kannte ich niemanden, der so war/ist wie ich. Heute weiß ich es zu schätzen, und mit dem Wissen, das ich jetzt habe, würde ich nochmals durch die ganzen schlechten Zeiten gehen können. Ich weiß so vieles über das Leben und die geistige Welt, wer wir sind und wohin wir gehen. Ich habe soviel mehr Verständnis von den schlechten Geschehnissen und auch von dem Unwissen der Menschen.

Ich kann schlechte Taten der Menschen einfacher verarbeiten. Mir ist klar, daß sie noch blind sind und zuerst erwachen müssen. Interessant ist, daß sie mir mit sehr viel Respekt gegenübertreten, obwohl ich mich nicht höher stelle als sie.

Ich weiß, daß ich nur mit meiner Anwesenheit Heilung bringe. Ich arbeite daran, mein spirituelles Können wieder zum Vorschein zu bringen. Und ich werde für Kinder ein Buch über die geistige Welt schreiben.

Ich hatte große Schwierigkeiten in der Schule, an meiner Intelligenz lag es bestimmt nicht. Aber ich habe nie begriffen, wofür ich das alles mache, weil ich immer der Ansicht war, daß ich das nicht brauche. Mir war schon immer klar, daß mein Weg in eine andere Richtung geht. Ich konnte mich auch nie richtig eingliedern. Ich hatte auch immer Mühe, wenn mir jemand sagte, was ich zu tun habe oder was ich lassen soll. Ich ging schon immer meinen eigenen Weg.

Wie Erwachsene uns unterstützen und helfen könnten? Schwer zu sagen – wo ich aufwuchs, wußte man nicht damit umzugehen. Ich war eben einfach anders. Sozusagen ein Querschläger. Mein Rat ist, dem Kind nicht einfach blind entgegenzutreten, sich zu informieren, bereit zu sein, sich zu öffnen und zu lernen, und vor allem, die Nerven zu behalten. Wenn das Kind schwer erziehbar scheint, dann nicht, weil es Schlechtes will oder gar bösartig ist, sondern weil es sich nicht zurechtfindet und einsam ist.

Ja, ich kenne meinen Engel, ich nenne ihn meinen Führer und habe ihn seit meiner Geburt. Er zeigt sich mir als amerikanischer Ureinwohner. Er ist ein sehr weiser Mann mit viel Geduld und Verständnis. Er ist immer bei mir, und ich kommuniziere täglich mit ihm. Er gibt mir so viel Kraft! Dafür danke ich ihm von ganzem Herzen. Ich habe auch Kontakt mit meinen verstorbenen Verwandten und mit anderen Lichtwesen.

Wie ich die Welt sehe? Was ich mir wünsche? Zuerst müssen wir verstehen lernen, daß unsere wunderschöne Erde ein Teil vom Ganzen ist. Wir alle sind Spirit, und jeder hat die Möglichkeit, zu erkennen, wer wir sind und was unsere Aufgaben sind. Das Leben ist keine Strafe, und wir sind auch nicht hier, um abzusitzen und zu warten, bis alles wieder vorüber ist. Denn mit dem Tod hört nicht alles auf. Jeder einzelne hat die Möglichkeit, zu erkennen, wie kostbar wir sind und wie man das Leben in eine Richtung lenken kann, so daß einem Gutes widerfährt. Denn auch das Schlechte ist gut, es lehrt uns, und dafür sollten wir dankbar sein. Wenn man richtig hinschaut, erkennt man, wie faszinierend und geheimnisvoll das Leben ist.

Y., 28 Jahre, Schweiz

85. *Er redet, bis er eingeschlafen ist*

Mein Sohn ist fünf Jahre alt. Mir war ziemlich schnell klar, daß mein Kind »anders« ist. Er hat bereits kurz nach der Geburt sehr »merkwürdig« auf den Vollmond reagiert. Aber bis vor kurzem war mir nicht klar, daß er ein Indigo-Kind ist.

Wie es ist, ein Indigo-Kind zu haben? Anstrengend natürlich, aber je mehr ich mich darauf einlasse und ihn in seiner »Vollkommenheit« akzeptiere, um so gelassener kann ich damit umgehen. Er fühlt die Schwingungen* seiner Umwelt, bevor die Menschen selbst spüren, daß etwas nicht stimmt. Wenn mit mir etwas nicht stimmt, ich depressiv bin (werde) oder unaufmerksam bin, dann fängt er schon Stunden vorher an zu »spinnen«. Ich habe das Gefühl, er kann meine negativen Schwingungen nicht ertragen.

Er erzählt mir manchmal von Geistern, die ihm angst machen; ich versuche ihm dann immer zu erklären, daß sie nur da sind, um auf uns aufzupassen, und daß er keine Angst zu haben braucht. Manchmal erzählt er Dinge, die keinen Sinn zu haben scheinen.

Die Kinderärztin würde ihm gerne eine leichte Hyperaktivität andichten, aber ich denke nicht, daß er hyperaktiv ist.

Er hat Energien, von denen jeder nur träumen kann. Er redet den ganzen Tag, fragt mir Löcher in den Bauch, spricht wildfremde Leute auf der Straße an und fragt sie nach ihrem Namen, was viele als befremdlich empfinden. Er redet, bis er eingeschlafen ist.

Er schafft es, 20 Leute auf einmal zu beschäftigen, und will immer auffallen, egal ob positiv oder negativ, Hauptsache, man beachtet ihn. Auch wenn es unheimlich anstrengend ist, er ist ein absoluter Sonnenschein, der unwahrscheinlich viel Kraft und Energie ausstrahlt. Er läßt sich in keine Schublade zwängen, Grenzen sind ihm ein Graus, er muß alles selbst erfahren, anfassen, austesten, verstehen können. Er liebt die Natur. Eigentlich ist er nur »erträglich«, wenn er draußen ist, sich bewegen, Pflanzen und Tiere erforschen kann. Er braucht Freiheit. Er hat sich schon mit vier Monaten das erste Mal umgedreht. Mit sechs Monaten fing er an zu krabbeln und zog sich schon überall hoch.

Er ist nicht gerne allein, er braucht die Nähe von Menschen, vorzugsweise die von ihm nahestehenden

Menschen. Auf Druck reagiert er äußerst empfindlich, entweder mit Gegendruck oder mit überempfindlichem »Heulen«, als habe man ihm körperliche Schmerzen zugefügt.

Ich empfinde diesen Unabhängigkeitsdrang als anstrengend, aber hauptsächlich, weil diese Unabhängigkeit bei der Umwelt auf Ablehnung stößt. Man muß ihn ständig »zurückpfeifen«, weil sich jemand gestört fühlt.

Das ärgert mich, aber ich finde immer mehr Kraft und Selbstbewußtsein, ihn so sein zu lassen, wie er ist. Die einzigen Disziplinmaßnahmen ergreife ich, wenn seine Aktionen gefährlich werden, wenn er sich ernsthaft verletzen könnte oder andere Menschen oder Tiere in Gefahr bringt.

Der Tagesablauf wird eigentlich durch sein Energiepotential bestimmt. Es gibt eine Struktur im Ablauf, die aber für die meisten anderen Menschen schlecht erkennbar ist. Ich habe mich immer gewundert, wie andere Eltern es schaffen, daß ihre Kinder so nach Plan funktionieren, daß sie immer zur selben Zeit schlafen etc.

Das funktionierte bei ihm noch nie. Er hat zwar vom dritten oder vierten Lebenstag an durchgeschlafen, aber die Zeiten haben sich immer verändert. Meine Maßnahme war es, mich auf das Kind einzustellen, das heißt nicht, daß ich mich von ihm »terrorisieren« lasse.

Auf jeden Fall gibt es eine Verbindung zwischen diesen Faktoren ADS oder ADHS* und den Indigo-Kindern. Mein Sohn ist sehr aktiv, immer in Bewegung, er hat auch eine stark ausgeprägte Sensitivität und ist musikalisch begabt. Er lernt schnell Liedertexte, ganz nebenbei, wenn er sie im Radio hört, und singt auch sehr schön mit.

Ich habe versucht, bei Ärzten und Therapeuten Hilfe zu bekommen. Aber sie geben nur Anregungen, die nicht helfen: Er brauche klare Linien (richtig, aber nicht deren), ich müsse immer konsequent sein (richtig, aber es hilft nicht, er gibt niemals seine Vorstellungen auf), etc., und dann kommt der Spruch mit dem Ritalin, und dann gehen bei mir alle Schotten zu. Ich habe bisher leider nur Hilfe bei mir selbst und meiner Familie bekommen.

Ich wünsche mir, daß er bleibt, wie er ist, denn so ist er richtig. Daß er nie den Glauben an sich verliert und selbstbewußt bleibt. Daß er »sein« Ziel nie aus den Augen verliert. Ich wünsche mir die Akzeptanz des Kindes als vollwertige Persönlichkeit, die auch schon in jungen Jahren in der Lage ist, Entscheidungen selbst zu treffen. Es sollte auf die Einzigartigkeit eines jeden Kindes eingegangen und die einzelnen Begabungen mehr gefördert werden.

Es ist nicht alles schlecht so, wie es ist, aber auf mich wirkt es »kinderfeindlich«. Diese Kinder passen sich nicht bedingungslos an. Sie kämpfen für ihre Ideen und Vorstellungen. Sie scheinen nie aufzugeben. Sie verändern das Leben ihrer Eltern, ob die das wollen oder nicht.

M., Sohn 5 Jahre, Deutschland

86. Energie bildet alles im Universum

Eigentlich habe ich erst vor kurzem erfahren, daß ich zu den Indigo-Kindern gehöre. Es sind einfach bestimmte Merkmale, die auf mich zutreffen. Schon als Kind habe ich eine bewußte außerkörperliche Erfahrung machen dürfen.

Ich war ein sehr aufgewecktes Kind, hyperaktiv und nur sehr schwer zu kontrollieren. Ich kann es jetzt nicht mehr nachvollziehen, wie ich als Kind war, denn meine Vergangenheit hat sich aufgelöst. Es ist sehr schwer, im ständigen Jetzt zu leben.

Die Gefühle, die ich von anderen Menschen empfange, machen mich krank, depressiv und traurig. Ich kann aus ihren Gefühlen ihre Gedanken lesen. Ich spüre und sehe die ständige Verbundenheit unserer Wesen. Selbst Stunden nach einem Streit ist diese Gefühlsbindung zur anderen Person noch immer vorhanden.

Wie es ist, ein Wesen der Neuen Zeit zu sein? Es macht mich traurig, oft weint mein inneres Kind, denn wir kennen ein ganz andersartiges Leben. Mir geht es um die Veränderung der Wesen unserer Welt. Mir geht es darum, den Menschen zu zeigen, daß sie keine Angst mehr vor ihren wahren Gefühle haben müssen; ihnen zu helfen, sich und das Leben zu erkennen; ihnen ein Gefühl dafür zu vermitteln, daß das Leben mehr kann als das, was uns unsere Gesellschaft und deren Religion zu Füßen legte.

Ich bin zur Erde gekommen, um mich zu verändern und meiner Umwelt die Augen zu öffnen. Was ich wirklich weiß, ist: Wenn ich meine Schulden zurückgezahlt habe und das Leben eigentlich erst richtig anfangen sollte, werden sie, die Lichter der Welt, mir erlauben, nach Hause zu gehen. Es gibt nicht nur eine Lebensaufgabe für mich. Im tiefen Inneren kenne ich diese Multidimensionalität, ich schöpfe aus ihr, und so schöpft sie mit mir.

In der Schule hatte ich immer Schwierigkeiten, außer in Fächern, die mich interessierten. Ich wollte nie lernen, weil es andere von mir verlangten. Ich nutzte die Zeit in der Schule, um meiner Phantasie freien Lauf zu lassen und zu zeichnen. Ich mogelte mich irgendwie durch die Schulzeit.

So ist es in meinem ganzen Leben, es sind die Bestimmungen im Leben, die mich durch die Zeit reisen lassen.

Mein Zuhause sind die Sterne, ich liebe sie, weil ich weiß, daß es etwas Schöneres gibt als das momentane Dasein aller Wesen. Das, was ich sehe, ist das, was Menschen Gott nennen, es schwirrt ständig vor meinen Augen, es ist nicht einmal die Aura anderer Wesen, es ist die Energie, die alles Leben im Universum bildet.

Voller Schönheit und Vollkommenheit sehe ich meine Mutter (Mutter Erde), die mich am Leben erhält, um zu erfahren und erfahren zu lassen.

O., 23 Jahre, Österreich

87. Meine Lebensaufgabe ist, mein Leben zu leben

Schon vom Kleinkindalter an habe ich begriffen, daß ich ein ganz besonderes Wesen bin, und ich reagierte verständnislos, wenn Erwachsene mir nicht den gebührenden Respekt entgegenbrachten.

Auf den Begriff Indigo-Kind brachte mich erst meine

Mutter, die, esoterisch ebenfalls sehr interessiert, meine Medialität schon von klein auf schulte.

Eigenschaften, die anders sind: großes Verantwortungsbewußtsein; extremer Gerechtigkeitssinn; größeres Bewußtsein dessen, wer ich bin und was meine Mission in diesem Leben ist. Ich spüre eine Berufung. Ich beschäftige mich mit Dingen, die die Augen nicht erfassen können.

Das Leben als Indigo-Kind ist wunderschön. Es zeigt mir, daß ich Teil einer göttlichen Vorsehung bin und daß ich auf dieser Welt gewollt und gebraucht werde. Andererseits ist es auch schwierig, dieser Verantwortung gerecht zu werden. Ich fühle mich oft hilflos, wenn ich mit Mißständen konfrontiert werde, an denen ich (noch) nichts ändern kann.

Mein Leben ist wunderschön. Es verlief bisher meist komplikationslos. Ich denke, das kommt daher, daß mir eine über allem stehende Kraft den Rücken stärkt und wir uns gegenseitig beeinflussen: Die Kraft zeigt mir meinen Weg. Ich erkenne meinen Weg, und die Kraft belohnt mich damit, indem sie mir den Weg ebnet.

Ich kenne einen Menschen in meinem Alter, der sicherlich auch ein Indigo-Kind ist. Wir scheinen zu spüren, daß der andere wichtig für das eigene Ich ist. Wir stärken uns gegenseitig. Wir vertrauen einander und kommunizieren auch ohne Worte.

Meine Lebensaufgabe ist, mein Leben zu *leben* (nicht dahinzuvegetieren, wie es die meisten tun; sie verplempern hier nur für sie wichtige Zeit) und zu erkennen, was ich imstande bin zu vollbringen.

Ich bin ein Mikrokosmos, der sich im besten Fall auf den Makrokosmos Erde auswirkt. Ich fange im Kleinen an, mein Leben richtig und gut zu gestalten.

Die Schule habe ich letztes Jahr abgeschlossen. Mich hat die an Schulen herrschende Ungerechtigkeit in Form von Sympathien und Antipathien der Lehrer zur Raserei gebracht. Vielleicht konnte ich nicht immer das ausdrücken, was ich wollte, aber sehr oft hatte ich das Gefühl, daß meine Leistungen weder erkannt noch anerkannt wurden.

Auch ist das Verhalten der Schüler untereinander sehr intolerant. Es wird gehänselt und gemobbt. Auch wenn ich selbst sehr selten direkt davon betroffen war, fühlte ich mich bei der Ausgrenzung anderer stets unwohl und versuchte, diesen »Ausgestoßenen« zur Seite zu stehen. Auch die Indifferenz der Lehrer bei solchen Mobbingattacken trieb mich regelmäßig zur Weißglut.

Erwachsene Menschen sollten anfangen, Kinder ernst zu nehmen. Sie wissen aufgrund der kürzeren Lebensdauer auf diesem Planeten viel besser, woher sie kommen, und spüren daher auch noch besser die Aufgabe ihres Lebens. Erwachsene sollten aufhören, Kinder als unwissend und dumm hinzustellen. Kinder, vor allem Babys, sind die weisesten Wesen, die dieser Planet zu bieten hat. Kinder tun Dinge, die Erwachsene nicht verstehen, das ist dann aber die Dumm- und Unwissenheit der Erwachsenen, die sie nicht als Fehler der Kinder auslegen sollten.

Als ich ein Kind war, waren meine medialen Fähigkeiten weitaus besser als jetzt (ich bin nun fast 20). Ein Beispiel: Meine Mutter und ich waren einkaufen. Zu dem Zeitpunkt war ich etwa vier Jahre alt. Sie suchte etwas, sagte mir aber nicht, was. Ich ging, wie von einer fremden Macht gezogen, zu einem Regal und zog eine Gesichtscreme heraus. Ohne daß meine Mutter mir sagen mußte, was sie suchte, hab ich gespürt, daß es diese Creme war.

Ich habe vier Engel. Ich habe mir auch den Erzengel Michael zwischen die Schulterblätter tätowieren lassen. Daß die Stelle zwischen den Schulterblättern eine besonders gute Stelle für schützende Zeichen ist, erfuhr ich erst hinterher. Ich habe intuitiv gespürt, was das Richtige ist. Ich versuche auch, meine Intuition nicht zu unterdrücken, wie das viele Erwachsene tun.

Unsere Welt muß sich schnell ändern. Die Welt wird von wenigen mächtigen Menschen dominiert.

Ich wünsche mir mehr Toleranz. Dinge wie Political Correctness bringen gar nichts. Schwarze Menschen sind immer noch schwarz, und behinderte Kinder sind auch immer noch behinderte Kinder, wenn man sie anders nennt. Das Problem ist, daß der wahre Wert der Dinge nicht erkannt wird. Das, was wir nicht mit den Augen sehen, ist soviel mehr als das, was wir sehen!

E., 19 Jahre, Deutschland

*Für mich ist es klar, daß ich schon viele Leben gelebt habe
und noch viele Leben vor mir habe.
In jedem Leben arbeite ich vor für mein nächstes Leben.
Ich habe auch keine Angst vor dem Sterben,
denn ich glaube, daß der Tod sehr schön ist.
Ich glaube, daß man nach dem Tod für eine Weile
als Geist auf der Erde ist und sehr viel weiß.
Ich erhoffe mir, daß ich nach oder, besser gesagt,
während des Todes die Antworten auf meine Fragen erhalte.
Im Moment lebe ich sehr intensiv.
Ich denke viel nach und bin mir meiner selbst bewußt.
Das ist, wie wenn ich mein Gehirn durchwühlen würde.
Ich probiere, die Dinge zu erfassen, die in mir drin vorgehen.
Ich freue mich an der Sonne, den Blumen
und was es sonst noch Schönes gibt.
Früher lebte ich einfach,
doch ich war mir dessen nicht bewußt.
Ich komme mir vor wie ein kleines Kind, das alles erforscht.
Das Leben ist oft schwer zu verstehen,
doch ich genieße es in vollen Zügen.*

88. Drogenkonsum

Meine Eltern sind beide gehörlos, so war meine Schwester Sabrina knapp 15 Jahre lang meine fast einzige Bezugsperson. Mit fünf Jahren sagte ich zu meiner Schwester, ich sei ein Engel; mit acht Jahren meinte ich, ich könne mit dem Wind reden, und seit ich 11 Jahre bin, behauptete ich von mir, ein geborener Kartenleger zu sein – was als einziges teilweise von der Außenwelt akzeptiert wurde.

Viele Jahre galt ich als »anders«. Niemand hat mich richtig verstanden, nicht einmal meine Schwester obwohl ich weiß, daß wir vom selben Schlag sind. Bis zu meinem 17. Lebensjahr hatte ich überhaupt keine Ahnung, was ein Indigo-Kind ist, und seither bin ich für alle Informationen dankbar, die mir zeigen, daß ich wahrscheinlich doch nicht allein bin.

Ich habe zur Zeit ein großes Problem, an dem ich langsam zerbreche, wenn ich es nicht beheben kann. Ich kann darüber mit nahezu niemandem reden, der mich versteht oder der mir helfen könnte (leider erst recht nicht mit meinen Eltern – denn die verstehen mich aufgrund ihrer Gehörlosigkeit nicht und leben in ihrer eigenen Welt der 70er und 80er Jahre. Darum seid ihr, die Indigo-Kinder dieser Welt und vor allen Dingen die aus Baden-Württemberg, die letzte Hoffnung, die ich noch sehe, und ich bete, daß dieser Brief viele erreicht.

Es geht um folgendes:
Letztes Jahr habe ich im Sommer die zwei besten Freunde meines bisherigen Lebens kennengelernt. W. (Hawaiianer) und M., beides davon bin ich überzeugt, sind ebenso Indigos. Wir hatten eine so wunderschöne Zeit, bis ich merkte, daß sich wieder alles ändern würde ... das heißt, daß auch diese Freunde mich bald verlassen wür-

den, so, wie auch jede andere vergangene Freundschaft von mir zerbrochen ist.

Nun muß W. bald wieder zurück nach Hawaii. Wir wollen natürlich weiterhin Kontakt halten. Ich weiß, daß W. immer für mich da sein wird, wenn ich ihn brauche, egal wo er sich aufhält.

Doch weitaus schlimmer ist für mich der Verlust von M. Er hat, genau wie ich, wieder angefangen, Drogen (Marihuana) zu konsumieren, kurz bevor wir uns kennenlernten. Mir war klar, daß er dies aus demselben Grund tat wie ich, nämlich weil man in der »berauschten Welt« der sein konnte, der man sein wollte, und wenn etwas passierte, was andere nicht verstanden (Verhaltensweisen, Gesprächsthemen usw.), konnte man alles auf die Drogen schieben. Man wurde von anderen akzeptiert und angenommen. Es war zwar der falsche Weg, aber es hat doch gutgetan. Nun ist seine Mutter dahintergekommen (wohlgemerkt, er wird im September 17).

Er wird jetzt dazu gezwungen, den ganzen Tag beim Hausbau zu helfen und über seinen Schulsachen zu brüten. Das bedeutet, daß er jeden Kontakt zur Außenwelt (mit Ausnahme enger Verwandter) abbrechen muß.

Nachdem mir mehrere Telefonate mit ihm unbegründet untersagt wurden, fuhr ich gestern zu ihm, um selbst zu sehen, was da los ist. Doch dadurch wurde alles noch schlimmer, denn erstens bin ich dort unerwünscht, und zweitens mußte ich feststellen, wie verstört er schon war.

Ihr müßt verstehen, seine Verwandten sind sehr materialistisch, und sie versuchen, ihr Weltbild auf ihn, einen Indigo, zu übertragen. Wie es aussieht, funktioniert es zumindest so gut, daß er aufgehört hat, sich dagegen zu wehren, und jetzt schon ein ganz anderes Wesen zum Ausdruck bringt als früher.

Ich habe Angst, daß zu viel von seinem Indigosein

verborgen und in seinem Herzen eingemauert sein wird, wenn ich ihn wieder sehe. Ich mache mir Sorgen um einen meiner besten Freunde und sehe als letzte Hoffnung ein Gespräch mit seiner Mutter. Hierzu brauche ich eure Hilfe. Bitte schickt mir ganz viel Licht, Liebe, Kraft und Ausdauer. Allein schaffe ich es, glaube ich, wirklich nicht.

F., 19 Jahre, Deutschland

*In den Augen schimmert die Traurigkeit,
die Hoffnungslosigkeit, es schimmert die Verzweiflung.
Ab und zu leuchtet in ein paar Augen
ein Funke Hoffnung und Freude auf.
Immer nur kurz, dann werden sie wieder stumpf.
Die Augen sind verzogen und geschwollen von den Drogen,
die wir konsumieren, um zu flüchten.
Flüchten vor der Traurigkeit, der Hoffnungslosigkeit,
der Verzweiflung.
Doch diese Flucht ist eine trügerische Flucht.
Es ist eine Sackgasse.
So werden wir nie weiterkommen.
Wir werden stehenbleiben, die Köpfe zugedröhnt.
Ist es eigentlich nicht traurig, daß wir, die wir auf dieser
wunderschönen Erde leben dürfen,
uns mit Drogen vollstopfen müssen, damit wir überleben?*

89. Man muß wissen und lernen, wie man sich schützt

Ich schreibe Ihnen, weil ich zeigen möchte, daß nicht alles so klar ist, wie es von vielen hingestellt wird. Ich bin ein Indigo-Kind, wobei ich kein Kind mehr bin und ich mich auch nicht als ein solches bezeichnen möchte.

Ich weiß erst seit etwa einem halben Jahr, daß ich etwas Besonderes bin, und erst seit vier Wochen, daß ich ein Indigo-Kind bin. Mir fällt es schwer, dies zu akzeptieren. Um zu dieser Erkenntnis zu kommen, mußte ich einiges erleben, was mich fast zerbrochen hätte. Jetzt muß ich anerkennen, daß ich anders bin, und das ist das Schwierigste, finde ich, auch wenn das viele Menschen nicht nachvollziehen können. Ich bin hochsensibel und leide oft darunter, da es meine Umwelt eben nicht ist. Meine Fähigkeiten sind vielschichtig, und ich durchschaue sie noch nicht so ganz – ich sehe noch nicht den Sinn in ihnen. Ich weiß, daß ich die Probleme, die ich in meiner Vergangenheit hatte, oft auf meine nicht verstandene Andersartigkeit zurückführen kann, aber auch auf meine eigene Unfähigkeit, meinen eigenen Wert zu erkennen und nach außen zu projizieren. Wir sind Menschen und müssen zuerst mit uns selbst klarkommen.

Als Kind hatte ich Träume, die ich nicht verstand und die ich deshalb auch niemandem erzählte. Es war nicht schön, da ich mit niemandem darüber reden konnte. Ich war immer sehr introvertiert und keineswegs hyperaktiv, aber ich war darauf aus, meinen Willen durchzusetzen.

Ich kann mich an meine Fähigkeiten, die ich in meiner Kindheit hatte, nicht besonders gut erinnern. Ich weiß, daß ich oft mit Gott gesprochen habe und meine Zukunft voraussehen konnte – was ich heute immer noch kann. Ich hatte schon immer ein besonderes Verhältnis zur Natur und zu Tieren und konnte stundenlang Tiere streicheln oder umherlaufen und mit den Blumen und Bienen sprechen. Irgendwann hat alles etwas nachgelassen, da eine schwierigere Zeit für mich kam, und dann kam die Pubertät – wir wissen ja, Alkohol und andere Drogen töten ab.

In dieser Zeit hatte ich andere Interessen, und das einzige, woran ich mich erinnern kann, ist, daß ich hin und wieder die Schmerzen anderer empfunden habe. Meine Angst machte sehr viel in mir kaputt und trieb mich letztlich in Situationen, die mir noch mehr angst machten. Schließlich landete ich in einer psychiatrischen Klinik. Warum, möchte ich nicht erläutern, doch war es eigentlich mein Glück. Das war vor sechs Monaten, und ich habe durch diesen Vorfall einen Menschen getroffen, der meinen Wert erkannt und mir meine Fehler und auch Stärken aufgezeigt hat. Von dem habe ich das erste Mal erfahren, daß ich etwas Besonderes bin.

Seitdem habe ich viele Bücher gelesen und an mir gearbeitet. Ich hatte in den letzten sechs Monaten unangenehme, aber auch schöne Erlebnisse mit der geistigen Welt. Ich habe gelernt, wie ich mit den verlorenen Seelen und Dämonen umgehen kann und daß es in dieser Welt weder Zeit noch Raum und auch kein Gut und Böse gibt. Das ist sehr schwer zu verstehen. Ich weiß, wie ich mich schützen kann, aber ich weiß auch, daß ich beschützt werde.

Wenn ich Angst habe, dann rufe ich mir Hilfe. Erzengel Michael ist derjenige, der einen am besten schützen kann, aber auch der eigene Schutzengel und die goldene Hülle um einen herum helfen.

Ich möchte allen, die in der gleichen Lage sind wie ich und Angst vor dem haben, was sie können, das Buch »Die Kinder des neuen Jahrtausends« von Jan Udo Holey empfehlen, aber nur, wenn ihr es verkraften könnt, daß das eigene Weltbild zusammenbricht.

Meine Fähigkeiten: Stimmen hören (kann einen sehr erschrecken), Telepathie, medial die eigene Zukunft sehen (Visionen), den Körper verlassen (meist unbewußt).

Wir können oft nicht mit unseren Fähigkeiten umgehen, und ich habe das Gefühl, daß in den Büchern nur Paradebeispiele genannt werden, denn ich kenne auch Indigo-Kinder, die Kinder sind und nicht mit dem umgehen können, was sie nachts in ihrem Zimmer sehen – genau wie ich, als ich klein war. Ich will nicht undankbar sein, ich möchte einfach nur zeigen, daß die Menschen vor dem Unbekannten Angst haben. Wir sind Menschen und genauso durch diese Gesellschaft geprägt wie alle anderen Menschen.

Viele Menschen hängen sich wegen meiner Fähigkeiten an mich. Dann geht es darum, sich nicht ausnutzen zu lassen und sich energetisch zu schützen. Man sollte auch über Chakras und Meridiane und die verschiedenen energetischen Körper Bescheid wissen.

Ich verabschiede mich mit dem Wunsch, daß diese Welt in Zukunft in Frieden leben kann und wir, die Indigo-Kinder, unserer Aufgabe gerecht werden. In Liebe!

I., ältere Indigo, Deutschland

90. Meine Kinder sind alle hellsichtig

Drei meiner vier Kinder sind Indigos. Der Älteste, Moritz, nennt sich selbst Xyian, von ihm weiß ich es erst, seit er 12 Jahre alt war. Alle mathematischen und analytischen Zusammenhänge sind für ihn nur ein Spiel, deshalb gab es viel Langeweile in der Schule, und er hat gestört. Gleichzeitig hatte er eine ausgeprägte Schreibschwäche.

Domaris (7 Jahre) malt den ganzen Tag, spielt Klavier und hat eine sehr ausgeprägte Wahrnehmung für Bewegung. Sie lief mit sieben Monaten einfach von alleine los. Seit sie vier Jahre alt ist, rechnet und schreibt sie und liebt die Schule. Sie hat natürlich nur Einsen.

Der Kleinste ist jetzt sechs und sorgt einfach für sich allein – Holzfeuer machen, Essen besorgen –, er kennt nahezu alle eßbaren Kräuter, die bei uns wachsen. Er baut gerne und interessiert sich für technische Dinge. Er ist der Meinung, daß er Atlantis neu aufbaut und es diesmal nicht wieder zur Katastrophe kommt. Das erzählt er von allein. Sonst ist er sehr kriegerisch und will, seit er laufen kann, »Kämpfer« werden.

Ich bin oft überfordert und habe einen ganzen Stab von Freundinnen und Freunden, die mit den Kindern zusammen sind und mit ihnen lernen, spielen und Abenteuer erleben. Ich liebe sie sehr und bin stolz auf sie. Ich würde sie gerne vor unserer einschränkenden Gesellschaft schützen. Es gibt hier keine Alternative zur staatlichen Schule, deshalb unterrichte ich sie selbst.

Der Kleinste ist auch im Kindergarten ein absoluter Einzelgänger, und wenn jemand zu nahe kommt, wird er vertrieben. Domaris hat ein (unangenehmes) Talent, ihre Umgebung zu manipulieren und die Erwachsenen zu benutzen.

Der Größte ist nur nachts wach, die beiden anderen sind von sechs Uhr früh bis durchgehend neun Uhr abends topfit.

Alle sind hellsichtig, nehmen verschiedene andere Wesen wahr und kommunizieren auch mit ihnen. Sie sind klüger, schneller, wacher und haben mehr Energie als wir Erwachsenen.

Sie sind sehr unabhängig! Ich finde das gut, allerdings denke ich auch oft, daß sie Risiken nicht gut einschätzen können, das macht mir manchmal angst. Ich lasse ihnen einen großen Freiraum. Bei meinem Ältesten war ich sehr traurig, als er sich mit 12 Jahren von mir abnabelte. Ich war darauf nicht vorbereitet und hätte ihn gerne länger bei mir gehabt.

Es gibt nur sehr wenige feste Regeln, aber die setze ich auch mit »Gewalt« durch. Sonst lasse ich es zu, daß sie ihrem eigenen Rhythmus folgen – sie finden allein heraus, was sie brauchen und wollen.

Ich glaube nicht an Hyperaktivität. Ich glaube an »unterbelichtete« Erwachsene. Ich denke, diese Kinder reagieren sensibler auf alle Einflüsse, auch auf die Nahrung. Saure wertlose Nahrung macht sie schnell selber sauer.

Ich meide künstliche Nahrungsmittel, aggressive Filme und Verbote. Ich bemühe mich um interessante Angebote. Zur Zeit verbringen wir unsere Freizeit in einem Museums-Naturpark mit vielen Angeboten. Zur Nacht gebe ich ihnen eine Spur Melatonin, dadurch kommen sie entspannt zur Ruhe und sind um sechs Uhr morgens fit und fröhlich. Das funktioniert perfekt.

Ich lerne alles neu, und ich denke, das Projekt, an dem ich arbeite, wird später von ihnen geführt werden – ein Dorf natürlicher Ordnung. Ich bin selber Lichtarbeiterin und in vielen Bereichen sehr gut ausgebildet – ich denke, ich war selber ein Indigo-Kind.

Ich wünsche mir, daß sie die Kraft haben, ihre eigenen Ziele durchzusetzen, und ich will, daß sie ihr Leben lieben werden. Ich liebe ihre Klugheit.

W., drei Indigo-Kinder, 18, 7, 6 Jahre, Deutschland

91. Aufrichtiges Mensch-zu-Mensch-Verhältnis

Ich möchte nicht behaupten, daß ich ein hundertprozentiges Indigo-Kind bin. Ich war und bin einfach immer schon anders gewesen. Ich habe den Test im Buch »Das Indigo Phänomen« gemacht und war unglaublich berührt, da ich das Gefühl hatte, »meine Familie« gefunden zu haben, nach der ich seit meiner Kindheit gesucht habe. Das war ein sehr tiefgehendes Gefühl. Ich bin aber noch ziemlich »unwissend« und gerade erst dabei, mich intensiver damit zu befassen.

Ich war mir eigentlich schon immer meines positiven Kerns bewußt und wollte stets gut handeln, aber durch äußere Umstände, z.B. Krankheiten (Neurodermitis, doppelten Leistenbruch mit ca. 5 Jahren etc.), habe ich mich oft auffallend »frech« verhalten.

Besondere Eigenschaften? Ein extrem ausgeprägter Gerechtigkeitssinn und das Bedürfnis, zu helfen. Für mich gab es nie den Unterschied zwischen Erwachsenen und Kindern – alle waren gleich. Ich habe stets auf das Verhalten von meinen Mitmenschen reagiert und nicht auf Titel oder Alter. Ich habe immer sehr viel gespürt. Ich konnte in meiner Familie Spannungen zwischen meinen Eltern – die viel gestreßt waren – wahrnehmen, auch ohne daß ich sie gesehen habe.

Obwohl ich sehr extrovertiert gelebt habe, habe ich mich mein Leben lang allein ̶ ̶fühlt. Es war nicht das klassische »Keiner-versteht-mich«-Syndrom, sondern ich war mir bewußt, daß ich einfach anders bin und nie »paßte«.

Ich bin ein sehr krea̶ ̶r Mensch. Im Kindergarten habe ich gemalt und bin mit viel Neid konfrontiert worden. Seitdem habe ich Angst vor ̶ ̶ war zwar nicht allein, aber je älter ich wurde, um so größer war auch der Alte ̶ ̶ ̶ ̶meinen Freunden. Menschen in meinem ̶ ̶ ̶langweilten mich. Mich hat ̶ ̶ ̶gend Dinge, ̶ ̶spielerisch beschäftigt habe. Ich war mir immer bewußt, wieviel Einfluß ich ausüben kann und daß ich hier bin, um zu helfen.

Ich weiß ganz klar, daß ich hier bin, um Liebe weiterzugeben. Zur Zeit muß ich lernen, daß es ab einem bestimmten Alter etwas schwierig ist, da ich noch lernen muß, mit normalen Menschen umzugehen. Sie empfangen die Liebe anders, nicht auf der Ebene, von der ich sie sende (nämlich völlig frei von jeglicher sexueller Intention!).

Wenn ich etwas erklären möchte oder mir wünsche, daß jemand etwas wirklich versteht, verfalle ich in eine gewisse Perfektion. Mein Leben ist durchzogen von Extremen! Ich bin ein sehr naturverbundener Mensch und ziemlich gesund aufgewachsen. Mit 14 Jahren habe ich begonnen, mich bewußt zu ernähren. Ich habe mich zu dem Zeitpunkt sehr für Homöopathie interessiert und schon alle Formen der Eigenurintherapie durchgeführt.

Von den meisten Ärzten halte ich nicht viel! Ich habe mit 15 Jahren meine erste Reikibehandlung bekommen und mit 16 Akupunktur, wegen meiner Neurodermitis.

Ich habe immer sehr darunter gelitten, mich nicht geliebt zu fühlen und vor allem nicht *bedingungslos* geliebt zu werden. Ständig spürte ich den Druck, bloß in eine Form zu passen, um dann das *gute* Kind zu sein. Das konnte ich nicht. Ich habe sehr viel Streß gehabt und konnte damit nicht umgehen. Ich wurde sehr aggressiv, nicht körperlich, eher verbal. Später begann ich dann leider als Kompensation zu knibbeln, nicht zu verwechseln mit Schnibbeln. Ich konnte nur abschalten, wenn mir durch die vielen Verletzungen das Blut im Gesicht herunterfloß. Ich bin einfach zu sensibel für die täglichen Ungerechtigkeiten.

Ich war immer sehr ungeduldig – bin es noch heute. Ich vergesse oft, daß jeder Mensch seinen eigenen Zeitpunkt hat, Dinge im Leben zu verändern. Ich habe mir immer gewünscht, daß ich den Menschen, denen ich begegne, etwas Schönes mitgeben kann. Ich bin einfach eine gute Seele, die sich wünscht, Liebe an alle weiterzugeben und die Angst verblassen zu lassen.

Vielleicht ist meine Freundin und Reikimeisterin ein Indigo-Kind. Wir empfinden eine tiefe Liebe füreinander und haben eine schöne Freundschaft. Mit ihr kann ich mich sehr gut unterhalten. Sie ist mir eine gesegnete Hilfe auf meinem Weg und eine wunderbare Begleiterin.

Es gibt einfach Menschen, mit denen fühle ich mich stark verbunden, und auch ihre Liebe ist ganz besonders. Es gibt ein paar ältere Menschen, die für mich etwas ganz Besonderes und positiv Prägendes in meinem Leben haben. Da herrscht auch ein anderes Vertrauen. Ich fühle mich besser verstanden.

In der letzten Zeit ging es mir so schlecht, weil diese »Begleitung« fehlte. Ich habe nach Anhaltspunkten – nach kleinen Zeichen – gesucht, die mir auch sonst immer den Weg gezeigt haben. Aber da war nichts. Die Verbindung war weg. Die letzten Energiereserven waren aufgebraucht. Meinen Eltern habe ich davon nicht viel erzählt, ich glaube, sie hätten es nicht verstanden. Sie hätten es bestimmt versucht zu verstehen, aber ich konnte keine Kraft aufbringen, um es auszudrücken. Ich schleppte mich so eine Weile durchs Leben. Ich kam mir vor wie gestrandet.

Eines Tages kam meine Mutter mit der Adresse einer Frau zu mir, die irgend etwas mit Energiearbeit machte. Ich habe ihr nicht zugehört. Ich war wie so oft in meinen Tagträumen gefangen. Nach zwei Wochen bekam ich mit, wie sie meinem Vater von dieser Frau erzählte, und da wurde ich neugierig. Energiearbeit? Wieso habe ich das vorher nicht mitbekommen? Ich fuhr zu dieser Frau, ohne mich vorher informiert zu haben, was genau sie eigentlich macht.

Dort angekommen, sollte ich mich hinlegen, und sie fragte, was sie mit mir machen solle. Weil ich keine Antwort gab, fing sie einfach an. Sie sagte, daß ich kaum noch Energie hätte, meine Verbindung »nach oben« komplett abgeschnitten sei und sie mir helfen werde. Sie setzte die Energie in mir frei, und dann ging es los. Ich spürte förmlich, wie mich die Energie durchströmte. Es war ein göttliches Gefühl. Überall kribbelte es. Es ist kaum zu beschreiben. Es ist, als wenn man fliegen würde, wie in manchen Träumen, wenn man ohne Mühe vom Boden abhebt und in der Luft Purzelbäume schlagen kann.

Ich spürte wieder diese göttliche Liebe, das lachende Kind in mir.

Die Frau erzählte mir, daß sie viel mit Indigo-Kindern arbeite. Ich hatte zuvor noch nie davon gehört, aber während sie erzählte, kam es mir so vor, als sei ich zu Hause und sie berichte aus meinem Leben. Es war alles sehr deutlich. Sie sagte mir, daß ich eines dieser Kinder sei.

Es freut mich, daß ich nicht allein bin. Es ist ein gutes Gefühl, endlich zu »sehen«, daß man doch verstanden wird.

Nach dieser Erfahrung ging es mir schlagartig besser. Was mein Leben hier angeht, so fühle ich mich immer noch wie ausgesetzt. Ich würde lieber woanders sein. Zu Hause. Ich habe keine bildhafte Erinnerung daran, aber ein Gefühl, das schon immer da war und in letzter Zeit immer häufiger in mir aufsteigt. Das Gefühl gleicht einer Erinnerung. Einer Erinnerung an eine Welt. Vielleicht ist es aber auch ein Gefühl von einer Welt, wie sie mal sein wird. Ich weiß es nicht genau.

Die Menschen sind dort ganz anders. Viel bedachter, zufriedener und viel offener. Niemand wird unterdrückt – egal wie alt er ist. Jeder kann *sein*, denn es herrscht eine starke Verbindung zwischen den Menschen. Auch wenn sie allein sind, fühlt sich jeder als ein Teil des Großen.

Ich fühle weder Haß noch Neid, wenn ich dieses Gefühl zulasse, denn es gibt keinen materiellen Besitz. Wenn ich dieses Gefühl habe, kommt es mir so vor, als sei es meine wirkliche Heimat. Dieses Gefühl macht mich sehr oft traurig, weil diese Welt, mit der ich eine tiefe Verbundenheit fühle, mir so weit entfernt erscheint und ich sie sehr vermisse.

Meine Mutter und ich – Teil II

Der Umgang mit meiner Mutter war schwierig. Es kam mir oft so vor, als würde sie an mir zerren. Ich muß dazu sagen, daß ich ein schwieriges Kind war. Sie versuchte immer, mich mit viel Liebe zu erziehen, aber manchmal – ich kann es ihr nicht verübeln – war es zuviel für sie, und sie schrie nur noch. Es tat mir immer sehr leid. Ich wollte sie nie aufregen oder ärgern. Meist bekam ich auch die Schuld für Familienstreitereien – wegen dir geht es uns schlecht usw. Das machte es mir nicht gerade leicht, mich angenommen zu fühlen. Je mehr sie an mir zerrte, desto mehr schottete ich mich ab. Ich wurde auch aggressiv. Gewalttätig war und bin ich bis heute allerdings noch nie gewesen. Ich baute eine Mauer zwischen meiner Mutter und mir.

Das alles hat sich seit dem Seminar in Korfu vor fünf Jahren fast vollständig geändert. In den Monaten vor dem Seminar gab es in meiner Familie einen sogenannten Waffenstillstand. Alles ging seinen gewohnten Gang.

Mein Vater schüttelte nur noch traurig den Kopf über mich, und meine Mutter las ein Esoterikbuch nach dem anderen – wie immer. Sie suchte nach einer Antwort auf die Fragen, wie sie mit mir umgehen sollte, warum ich so bin, wie ich bin, warum sie mich als Tochter bekommen hat, was ihr das sagen soll und wie sie mir und sich selber helfen konnte. Ich selber war nur noch genervt. Ich war müde von all den Auseinandersetzungen, in denen ich sowieso nie zu Wort kam. Ich konnte meinen Eltern noch so oft verdeutlichen, daß ich sie nicht ärgern wolle. Sie glaubten es mir einfach nicht, egal was ich tat.

Meine Mutter hatte inzwischen auch über ihre Bücher einige Kontakte geknüpft. Meist waren es Kartenleger, Wahrsager oder Energiearbeiter. Ich war immer sehr interessiert, wenn diese Menschen bei uns zu Besuch waren, leider aber meist zu schüchtern, um mit ihnen ein Gespräch anzufangen. Aber ich war sehr froh, daß meine

Mutter sich so viel damit beschäftigte. Auf der einen Seite gab sie mir damit zwar das Gefühl, ich sei nicht in Ordnung so, wie ich bin, aber auf der anderen Seite eröffnete sie mir viele Wege.

Das größte Geschenk machte sie mir dann mit dem Seminar.

Meine Mutter ließ mich vor der Reise vollkommen in Ruhe. Sie nörgelte nicht an meinen Klamotten, meinen Haaren oder meinen Sachen herum. Sie war auf einmal ganz anders. Ich denke, das lag zum größten Teil auch daran, daß sie nicht nur wegen mir, sonder auch wegen sich selbst zu diesem Seminar wollte, um etwas über sich selbst in Erfahrung zu bringen. Sie hatte also genug damit zu tun, sich selber auf das Seminar vorzubereiten. Als hätten wir es uns versprochen, gab es während der ganzen Flugreise keinen Streit. Wir ließen einander in Ruhe.

Auf Korfu angekommen, wurden wir vom Seminarleiter empfangen. Er war ein merkwürdiger Mensch. Ich wußte nicht, was ich von ihm halten sollte. Ich wurde von ihm empfangen wie jeder andere, und trotzdem kam es mir erst so vor, als wäre ich nur da, weil meine Mutter mit ihm abgesprochen hätte mich »umzukrempeln«.

Am Abend lernten wir bei einem Abendessen dann die anderen Seminarteilnehmer kennen. Die anderen Teilnehmer waren früher angereist, und kannten einander bereits. Diese anderen waren alle in einem Alter zwischen 29 und 53 Jahren. Wir wurden sehr herzlich empfangen, doch ich merkte, daß ich in dieser Gruppe etwas eingeschüchtert war. Ich hatte Angst davor, einen falschen Eindruck zu hinterlassen – gerade bei dem Seminarleiter. Ich hatte Angst davor, sie würden mich wie all jene Menschen zu Hause behandeln. Ich hatte Angst davor, daß sie mich für naiv halten und mich von der Gruppe ausschließen. Damit stand ich mir nur selbst im Weg. Schnell merkte ich, daß ich wie jeder andere dort behandelt wurde. Es schien, als gäbe es keinen Altersunterschied. Sie lachten und alberten herum wie Kinder. Ich fand es klasse, und so taute ich schnell auf.

Das Verhältnis zwischen meiner Mutter und mir begann sich schon während des ersten Tages zu verändern. Wir waren auf einmal mehr Freundinnen als Mutter und Tochter. Nach und nach offenbarte sich unser Selbst. Mir kam es vor, als wäre mir eine große Last von den Schultern gefallen, als der Seminarleiter uns erklärte, daß wir in unserem Leben nichts falsch gemacht hätten. Er sagte uns auch, daß wir keine Fehler machen könnten, da uns alles, egal was wir tun, schon irgendwohin führen wird. Jeder könne sein Leben selber in vollem Umfang gestalten.

Ich fühlte mich zu dieser Zeit wie eine Blume, die gerade erblüht. Ich sah die Welt mit ganz anderen Augen und fühlte mich mit mir im reinen. Ich erkannte mich kaum wieder. Besonders nach den Energiearbeiten, die wir während der Meditationen machten, trällerte ich den ganzen Tag vor mich hin. Ich war im Paradies. Ich fühlte mich von jedem Menschen angenommen, akzeptiert und geliebt. Ich machte mir keine Gedanken mehr darüber, ob die anderen über mich lachen würden, und so pellte ich mich aus meiner alten Uniform – meiner alten zerrissenen schwarzen Hose und meinen Stiefeln – und kaufte mir fröhliche bunte Kleider. Ich mußte über mich selber lachen. Ich glaube, von allen Teilnehmern habe ich die größte Verwandlung durchgemacht. Jeden Tag der zwei Wochen wuchs ich mehr und mehr.

Auch meine Mutter konnte einiges in dem Seminar für sich verwenden. So hat sie dort z.B. gelernt, mich loszulassen.

Bis heute denke ich voller Dankbarkeit an das Seminar. Es hat meiner Mutter und mir sehr geholfen. Seit dieser Zeit gehe ich ganz anders mit meinem Leben und den Menschen um. Ich trete ihnen viel offener gegenüber. Ich verzeihe ihnen, wenn sie es nicht schaffen, mich wegen meines Alters ernst zu nehmen. Ich habe viel mehr Vertrauen in mich, bin selbstbewußter, gehe nicht mehr so hart mit den Menschen ins Gericht, weil ich sie jetzt besser verstehe. Auch meine Eltern verstehe ich jetzt besser. Ich habe verstanden, daß ich es nicht jedem Menschen recht machen kann. Ich habe viele Seiten an mir entdeckt. So z.B. auch, daß ich – und nur ich – für mein Leben, meine Gefühle und meine Probleme verantwortlich bin.

Leider sind der Alltag und das Vergessen Feinde des Menschen. Das Fundament des Seminars ist zwar noch da, jedoch halten die dort gewonnenen Energien dem Alltag nicht immer stand, und so waren meine Mutter und ich in den darauf folgenden Jahren noch zwei weitere Male dort. Meine Erwartungen wurden leider nicht erfüllt, und ich habe mich damit abgefunden, daß es mir wohl nur als Einstieg helfen sollte. Das ist gut so. Ich bin stets bereit, meinen Horizont zu erweitern.

Ich weiß, daß es für viele Eltern schwer ist, ihre Kinder loszulassen. Ich weiß, daß sie ihren Kindern gerne negative Erfahrungen ersparen würden. Aber Eltern sollten nicht das Leben ihrer Kinder führen, sondern ihnen lediglich als Begleitung, als Beistand, als Ratgeber zur Seite stehen. Sie sollten ihnen z.B. die Natur nahebringen, und das alles mit ganz viel Aufmerksamkeit und Liebe. Auch wenn das nicht immer leicht ist.

M., 21 Jahre, Deutschland

95. *In unserer Familie war die Hölle los*

Meine Tochter ist 15 Jahre alt, wir haben bis vor kurzem nicht gewußt, daß es Indigo-Kinder gibt. Wir haben nur gemerkt, daß sie in vielen Dingen anders ist. Wir haben sie als überdurchschnittlich intelligent erlebt, aber auch als sehr schwierig. Seit ich weiß, daß es eine tatsächlich faßbare Verhaltensweise ist, fühle ich mich etwas entlastet. Ich habe mir vorher viel selbst angelastet, obwohl ich eigentlich immer wußte, daß wir beide, mein Mann und ich, meist liebevolle, aufmerksame und partnerschaftliche Eltern sind.

Aber ihre unglaubliche Dominanz und Herrschsucht haben uns unsere privaten Bedürfnisse ganz zurückstellen lassen, seit sie auf der Welt ist. Letztes Jahr war in unserer Familie die Hölle, es war Kriegszustand, so daß ich, am Ende meiner Kräfte, mir schon überlegt habe zu gehen.

Sie ist sehr intelligent und kann unglaublich gut mir Sprache umgehen. Dadurch kann sie ihre ganze Umgebung manipulieren. Ihr schauspielerisches Talent unterstützt das auch, sie setzt es gezielt ein; dann ist sie zu unglaublichen Leistungen fähig (z.B. Referate, Gedichte, Theater), aber sie setzt es auch negativ ein, um andere zu manipulieren.

Sie ist nicht »bestrafbar«, d.h., Hausarrest oder Taschengeldentzug scheinen ihr nichts auszumachen. Gespräche mit ihr sind immer schwierig, denn die Stimmung kann sofort umschlagen, oder sie reißt Gesprächsteile aus dem Zusammenhang, so daß man oft ganz schön alt aussieht. Wenn sie mit anderen Erwachsenen zusammentrifft, benimmt sie sich meist und hinterläßt einen positiven Eindruck.

Sie ist schon sehr unabhängig. Manchmal ist sie sehr verletzend und dann überhaupt nicht zugänglich für Argumente. Manchmal ist es auch ein Trost, daß sie ihren Weg geht, wobei wir sie natürlich unterstützen, dann kann bei uns wieder Ruhe einkehren. Absprachen funktionieren immer nur kurz oder überhaupt nicht. Eigentlich funktioniert nur, immer wieder das Gespräch zu suchen, auf ein wenig Zugänglichkeit zu hoffen und feste Zeiten zu vereinbaren. Aber selbst wenn etwas funktioniert, ist es immer nur für kurze Zeit.

Bei uns war es schon immer sehr schwierig, aber wir haben geglaubt, es sei alles noch in der Norm. Wir besuchen seit kurzer Zeit eine Erziehungsberatungsstelle. Was aber nichts bringt, denn ich denke, der Psychologe hat noch nie von Indigo-Kindern gehört. Außerdem ist unsere Tochter eine Meisterin der Sprache und des Schauspiels, und sie hat es in der Erziehungsberatungsstelle geschafft, den Psychologen davon zu überzeugen, daß wir sie schlecht behandeln. Außerdem macht sie in dem Gespräch mit dem Psychologen einen so erwachsenen Eindruck, daß der tatsächlich glaubt, sie hätte die Pubertät bereits hinter sich.

Weil ich jetzt weiß, was los ist, werde ich auch ihre starken Seiten mehr fördern können und ihr in der Zukunft mehr zumuten. Die Gespräche mit ihr, gerade im spirituellen Bereich, habe ich immer sehr genossen, allerdings immer mit der Angst, daß sie gleich wieder in die Luft geht. Ich werde jetzt klarere Absprachen treffen, auch über Kleinigkeiten. Ich werde ihr in Zukunft nicht mehr alles abnehmen.

Ich wünsche mir, daß sie einen Weg findet, ihre Fähigkeiten so einzusetzen, daß sie glücklich wird. Ich bin froh, daß sie in der Schule gut ist, denn eine normale Lehre wäre für mich unvorstellbar. Das würde keine drei Tage gutgehen, denn sie würde ihren Ausbildern sagen, wo es langgeht. Aber ein Sozialpädagogikstudium käme für sie in Frage.

Ich wünsche mir auch, daß sie Beziehungen hat, die eine gewisse Stabilität und Struktur in ihr Leben bringen, und ich wünsche mir, daß sie erkennt, daß wir keine schlechten Eltern sind und daß es uns viel an Substanz gekostet hat, immer wieder liebevoll auf sie zuzugehen.

H., Tochter 15 Jahre, Deutschland

96. Die Natur ist meine Tankstelle

Ich weiß schon immer, daß ich anders bin, aber letztlich konnte das meine Mama für mich klären. Sie ist auch ein Indigo. Sie ist einer der ersten und hatte es besonders schwer. Ich weiß, was Leute sagen wollen, bevor sie es sagen. Ich fühle es, ich fühle die Stimmung. Aber es ist ganz einfach, ich muß nur ihre Aura oder ihre Körperhaltung ansehen. Ich kann Musiknoten »sehen«, ohne hinzusehen – ich spiele auch nach Gehör. Die Natur ist meine Tankstelle, und an meinen Hunden liebe ich ihre bedingungslose Liebe. Nachts ist das Malen und Spielen besonders schön. Es so ruhig, die anderen schlafen dann und können mich nicht stören.

Wie es für mich ist, ein Kind der Neuen Zeit zu sein, das weiß ich noch nicht! Ich möchte noch mehr lernen!

Ich mag meine Schule nicht. Alles, was wir dort lernen,

brauchen wir nicht. Anstatt die Pilze im Wald zu studieren, müssen wir sie uns in Büchern ansehen. Musik, Werken und Handarbeit habe ich am liebsten. Deutsch mag ich gar nicht. Ich mag es auch nicht, wenn mich andere Kinder so komisch ansehen. Deswegen sage ich nicht mehr viel im Unterricht. Meine Lehrer in meinen Lieblingsfächern mag ich, die anderen nicht so.

Ich möchte nicht mehr in die Schule gehen, denn was wir dort lernen, hat manchmal nicht viel Sinn. Ich wünschte mir einen Lehrer nur für mich.

Wir sind eine große Familie, meine Mama ist mein bester Freund. Ich würde gerne andere Indigos kennenlernen. Alle Menschen müssen Freunde werden, wir müssen ein »Anderssein« achten, Talente fördern und mehr Vertrauen entwickeln.

Meine Eltern verstehen mich gut und lassen mir sehr viel Freiraum. Aber ich habe einen Rat für alle: Erkennt die Individualität der Indigos, vertraut ihnen, lehrt sie nur das »Lebensgerüst«, vollenden werden wir das selbst.

Früher, als ich klein war – zwei oder drei Jahre –, war mein Zimmer voller Begleiter. Sie waren alle so alt wie ich, wir haben wunderbar gespielt oder Geschichten erzählt. Als ich älter wurde haben sie mich in meinen Träumen besucht und besuchen mich heute noch. Es sind jetzt andere Begleiter, aber ich kenne alle sehr gut.

Die Welt, sie ist laut, hektisch, schnell und unruhig. Ich wünsche mir Verständnis, Ruhe, Gelassenheit. Später werde ich mit meiner Musik viele Menschen glücklich machen.

M., 10 Jahre, Deutschland

*Der Baum wird als ruhiges, beständiges Wesen betrachtet.
Doch steckt nicht auch in jedem Blatt, das wild im Wind tanzt,
der Geist des Baumes?!*

97. Der Gedankenkristall

In meiner gesamten Schulzeit habe ich weder gewußt, daß
ich intelligenter bin als andere, geschweige denn, daß ich
ein Indigo-Kind bin – die Bücher über Indigo-Kinder waren damals noch nicht einmal geschrieben.

Ich schreibe diesen Artikel, da es mir erscheint, als
würde sich in dieser Gesellschaft eine neue Denkweise
verbreiten, die ich mit dem Begriff »Gedankenkristall«
verbinde. Ich nehme mich selbst als Beispiel, weil ich nur
mein eigenes Denken bis in die Einzelheiten verfolgen
kann.

Was ist ein Gedankenkristall?
Wenn das Thema Langeweile zur Sprache kommt, mache
ich oft folgenden Scherz: Langeweile – kenn ich nicht.
Sperr mich drei Tage lang allein in ein vollkommen leeres
Zimmer und ich habe – keine Zeit? Immer wieder sitze
ich für Stunden in meinem Zimmer und tue scheinbar gar
nichts. Dennoch bin ich empört über jede Störung. Ich
gehe der spannendsten Beschäftigung nach, die ich kenne: Ich bastele im Geiste an einer komplexen Struktur, die
ich Gedankenkristall nenne. (Das Wort ist von mir erfunden, da ich in der deutschen Sprache keinen eindeutigen
Begriff dafür kenne).

Ein solcher Gedankenkristall hat unzählige Knotenpunkte, welche Begriffe repräsentieren, und Verbindungen zwischen diesen Knotenpunkten, welche die Beziehungen solcher Begriffe untereinander darstellen. Einfache Gedankenkristalle produziere ich im Alltag so nebenbei. Komplizierte Gedankenkristalle bestehen selbst aus kleineren Gedankenkristallen, und die Verbindungslinien bezeichnen die Beziehungen dieser Gedankenkristalle untereinander. Ein Knotenpunkt in einem komplizierten Gedankenkristall könnte beispielsweise eine Theorie eines Wissenschaftlers mitsamt ihren Begründungen und Beweisen sein. Ein zweiter Knotenpunkt repräsentiert den Erfinder dieser Theorie und seine Persönlichkeit mit allen mir bekannten Charaktereigenschaften und Erfahrungen. Dann gibt es noch andere das Thema betreffende Theorien. Die Verbindungslinien stehen in solchen Fällen beispielsweise für die Begründung, warum der Wissenschaftler die Welt gerade so sieht, wie das seine Theorie zeigt. Ein Gedankenkristall kann mindestens sechs Dimensionen haben. (Die Berechnung, warum ich gerade auf sechs Dimensionen komme, lasse ich hier weg, da ich sie bisher fast niemandem verständlich machen konnte. Interessant ist, daß neue Theorien in der Atomphysik ebenfalls mindestens sechs Dimensionen bedürfen, um das Verhalten der Elementarteilchen erklären zu können.)

Welche Vorteile haben Gedankenkristalle? Es überraschte mich immer wieder, daß andere meine Gedankengänge nicht nachvollziehen konnten, sie unlogisch oder verwirrend fanden oder mir vorwarfen, daß ich mir selbst widersprechen würde.

Es gibt natürlich Sachverhalte, die sich sowohl sprachlich als auch in einem Gedankenkristall verstehen lassen. Und die kann ich auch vermitteln. Manches aber, was ich sage, ist eine Bastelanleitung für einen Gedankenkristall.

Und wenn mein Zuhörer sprachlich denkt, also alles, was ich sage, aufreiht, wie Perlen auf einer Schnur, kann eine Bauanleitung für ein kompliziertes sechsdimensionales Gebilde für ihn nur Wortsalat sein.

Das ist ein weitaus größerer Unterschied als zwischen Ausschneidebögen zum Basteln eines räumlichen Papiermodells und dem fertigen Modell. Wenn ein solches Modell kompliziert genug ist, kann man auch erst erkennen, was es sein soll, wenn es schon fast fertig zusammengeklebt ist. Mein gesamtes bisheriges Wissen ist in einem einzigen Gedankenkristall organisiert. Beim Denken sehe ich immer nur einen Teil davon scharf, aber ich kann die Verbindungslinien zu Themen, die damit in Verbindung stehen, immer verfolgen. Es fällt mir sehr leicht, mir komplizierte Zusammenhänge einzuprägen. Normalerweise verstehe ich sie beim ersten Lesen oder Hören und habe sie dann dauerhaft im Gedächtnis.

Dinge, die als einfach zu lernen gelten, kann ich mir dagegen oft sehr schwer merken. Einmal übte ich stundenlang fünf Jahreszahlen. Am nächsten Tag kannte ich keine einzige mehr. Mit dem Lernen von Vokabellisten habe ich auch Probleme. Für etwa die Hälfte der Vokabeln fallen mir brauchbare Eselsbrücken oder etymologische Ableitungen (Herkunft der Wörter) ein. Den Rest kann ich mir absolut nicht merken. Wenn ich dagegen jedes unbekannte Wort am Rand des Textes übersetze, bleibt es durch den Textzusammenhang in meinem Gedächtnis. Solche Daten haben nur wenige Anknüpfungspunkte, mit denen ich sie mit bestehendem Wissen in Verbindung setzen kann.

Sprachliches Denken
Die meisten Menschen, so erfuhr ich, denken in Wörtern. Sprache hat so erhebliche Nachteile, daß ich sie nicht zum

Denken benutze, es sei denn, ich überlege mir gerade die beste Formulierung, um einen Gedankenkristall in Sprache zu übersetzen. Sprache ist eindimensional, man kann immer nur ein Wort nach dem anderen denken. Die sprachlichen Gedanken sind sozusagen aufgereiht wie Perlen auf einer Schnur. Sprache ist langsam, verglichen mit nichtsprachlichem Denken. Ein Bekannter sagte: »Tiere können nicht denken, aber Menschen können nicht aufhören zu denken.«

Ich war verblüfft, denn in meinem Kopf herrschte oft minutenlang völlige Stille. Eine weitere Überraschung erlebte ich, als ich ein Buch über Zen-Buddhismus las. Dort stand, daß diese Gedankenstille das große Ziel sei und man sie nur nach jahrelangem Meditieren erreichen könne. Menschen, die überwiegend sprachlich denken, können tatsächlich oft nicht aufhören zu denken.

Intuition
Andere Menschen verlassen sich in vielen Fällen auf ihre Intuition. Bei intuitiven Menschen herrscht weitgehend Stille im Bewußtsein. Nur wenn nötig, erscheint das benötigte Wissen als Gefühl oder Bild. Wer intuitiv handelt, kann gewöhnlich nicht erklären, woher sein Wissen stammt. Normalerweise stimmen bei mir die Ergebnisse von Intuition und bewußtem Denken überein. Wenn nicht, ist die Intuition meist zuverlässiger als das bewußte Denken. Wo Intuition und bewußtes Denken zu widersprüchlichen Ergebnissen gekommen sind, suche ich die Ursache. Dabei stelle ich stets fest, daß der Intuition ein Gedankenkristall zugrunde liegt, der im Augenblick der Intuition aber nicht voll bewußt war. Die hohe Zuverlässigkeit der Intuition beruht darauf, daß sie auf mehr Informationsquellen zurückgreift als das bewußte Denken: längst vergessene Erinnerungen, Wahrnehmungen, die

nur unbewußt aufgenommen wurden, Erinnerungen an frühere Leben und telepathische Wahrnehmungen. Fehler einer intuitiven Entscheidung gingen bei mir normalerweise darauf zurück, daß ich zuvor beschlossen hatte, etwas Falsches zu glauben, und das Unterbewußtsein diesen Glaubenssatz als Tatsache behandelt hatte. Mit der Optionsmethode (eine Art Gesprächstherapie) konnte ich diese Fehlerquelle auf nahezu null reduzieren.

Legasthenie und vernetztes Denken

Vester macht in seinem Buch »Leitmotiv vernetztes Denken« klar, daß die Probleme unserer Zeit nur durch vernetztes Denken lösbar wären. Das könnten Menschen eigentlich nicht, aber die rechte Hirnhälfte sei ansatzweise dazu fähig – leider sei sie immer ziemlich inaktiv.

Am besten konnte ich in der Schule aufpassen, wenn ich nebenher malte. Versuchte ich dagegen mitzuschreiben, stand wenig im Heft. Ich konnte nicht gleichzeitig verstehen und schreiben. Um etwas zu verstehen, denke ich in Gedankenkristallen. Um zu schreiben, denke ich sprachlich.

Schreiben konnte ich als Kind noch nicht perfekt. So mußte ich mich auf drei Sachen gleichzeitig konzentrieren. Kein Wunder, daß ich bis zur vierten Klasse in einem Satz oft mehr Fehler als Wörter hatte, also Legasthenikerin war. Inzwischen hat sich das gebessert, weil ich immer sehr viel gelesen und geschrieben habe.

K., 34 Jahre, Deutschland

98. Dimensionssprünge

Ich wurde 1976 in Ungarn geboren. Daß ich Indigo bin, fühlte ich eigentlich schon immer. Schon seit langer Zeit fühlte ich mich, als wäre ich bereits über 60 Jahre alt – als wäre ich nach einem langen, ereignisreichen Leben sehr erschöpft und ausgelaugt. Außer meiner Mutter konnte mich niemand verstehen. Ihr möchte ich an dieser Stelle einen unaussprechlich großen Dank aussprechen. Sie nahm mich schon immer, wie ich war. Ich kann mich bis heute an zwei für mich sehr wichtige Situationen erinnern. Im ersten Fall war ich etwa vier Jahre alt und befand mich im Kindergarten. Für Außenstehende »starrte« ich in die Luft. Aber durch meinen Kopf gingen existentielle Fragen. Ich spürte, daß in meinem Leben noch einiges auf mich zukommen wird, und stellte mich innerlich darauf ein.

Mit etwa fünf Jahren passierte folgendes, woran ich mich bis heute genau erinnern kann. Ich stand in der Tür zum Garten. Es war schon etwas dunkel, weil langsam Wolken aufkamen. Ich schaute zum Himmel hinauf und dachte über die Möglichkeit von Zeit- und Dimensionssprüngen nach. Kann ich zwischen verschiedenen Dimensionen springen und mich selber beobachten? Was würde passieren, wenn meine verschiedenen Ichs aufeinandertreffen? Bringt es dann die Ordnung des Universums durcheinander? Aber eigentlich fällt mir jetzt auf, daß ich damals, mit fünf Jahren, schon den Begriff »Dimension« verwendet habe.

Ich habe solche Erfahrungen immer für mich behalten, weil ich auch bei kleinen Erzählungen gemerkt habe, daß ich als ein phantasiereiches Kind abgestempelt wurde und mich außer meiner Mutter niemand ernst nahm.

Als ich in die Schule kam (vor allem im Gymnasium),

fühlte ich, als würde eine weiße, energiegeladene Kugel circa fünf Zentimeter über meiner linken Handfläche schweben und als könnte ich, wie ich das in Cartoons gesehen habe, mit dieser positiven Energie einen Strahl schießen.

Als ich etwa 17 Jahre alt war, kamen heftige Vorahnungen auf mich zu. Ich habe bis heute gelernt, sie zu kontrollieren und sie nur so weit wahrzunehmen, daß sie mir persönlich nicht schaden können. Ich bin allerdings ein sehr rational denkender und kein wirklich emotionaler Mensch. Ich mag keine Gefühlsausbrüche oder selbsternannte spirituelle Gurus. Es ekelt mich richtig davor.

Als ich etwa 22 Jahre alt war, kam ich einmal von der Arbeit nach Hause und parkte auf meinem Tiefgaragenplatz. Ich habe keine Angst vor Tiefgaragen. Als ich in Richtung Ausgang ging, sah ich mit meinem »inneren Auge«, einen kleinen Jungen von etwa acht bis zehn Jahren direkt vor mir stehen, der »telepathisch« mit mir zu kommunizieren versuchte.

Ein halbes Jahr später ging es mir nicht wirklich gut. An einem Sonntag wachte ich in der Früh auf und sah mit meinem »inneren Auge« wieder diesen Jungen vor mir stehen. Ich lag noch auf meinem Bett und begann zu weinen. Ich »sah«, daß er selber weinte, weil er mir nicht wirklich helfen konnte. Er sagte: »Mama, weine nicht! Ich bin ja hier bei dir!« Ich wollte eigentlich nie Kinder haben. Aber der Wille dieses Jungen war so stark, daß ich schließlich einwilligte und ihm sagte, daß er bei mir geboren werden könne. Er solle sich jedoch noch ein bißchen gedulden, bis ich meine eigene Aufgabe gefunden habe. Er legte sich zu mir und löste sich dann mit einer unglaublichen inneren Ruhe auf. Diese immense unendliche Liebe war so wundervoll.

Meine Eltern sind Opernsänger. Sie waren bis zu meinem 10. Lebensjahr kaum da. Aber es war irgendwie gut so, denn so hatte ich mehr Zeit für das Ordnen meiner Gedanken.

Die Schulzeit selber war nicht wirklich toll. Ich war zwar eine der besten Schülerinnen, aber in der Gegenwart meiner Klassenkameradinnen fühlte ich mich nicht wirklich wohl. Es ist bis heute so, daß ich keine großen Menschenansammlungen mag. Bei flüchtigen Begegnungen mit Menschen mag ich es nicht wirklich, in ihre Augen zu schauen. Es ist so, als würde ich mehr sehen, als ich eigentlich wollte.

Haare waschen war schon immer ein Horror für mich. Besonders, als ich sie allein waschen sollte. Ich traute mich nicht, mich zu bücken, weil ich das Gefühl hatte, daß irgend etwas von oben auf meinen Hals fällt. Meine Mutter mußte fast jedes Mal dabeisein, damit ich mich nicht zu fürchten brauchte.

Meine Eltern wollten, daß ich ebenfalls Opernsängerin werde. Sie richteten meine ganze Ausbildung danach aus. Ich verstehe sie, weil sie mir etwas Schönes und »Sicheres« mitgeben wollten, doch damit haben sie meine eigene innere Entwicklung fast wie in ein Gefängnis gesperrt.

Ich habe später dann auch gesungen, aber meine Eltern, besonders mein Vater, konnten nicht verstehen, daß ich eine andere »Aufgabe« habe, die ich erfüllen muß.

Ich war einige Jahre Angestellte, es war für mich ein täglicher innerer Kampf, den Sie sich gar nicht vorstellen können. Ich eröffne voraussichtlich bald meine eigene »Lern- & Erholungspraxis« (inkl. Magnetfeld-Anwendung).

Durch das private Unterrichten von Kindern, das mich am meisten erfüllt, kam mir vor etwa einer Woche ein

Buch über Indigo-Kinder in die Hände. Bis jetzt fühlte ich mich so, als wäre ich anders, aber ich habe es, so gut es geht, verdrängt, damit ich ein »normales« Leben führen konnte. Mein Leben hat sich insofern geändert, als ich jetzt weiß, daß ich mit diesen Sachen nicht allein und daß ich auf meinem richtigen Lebensweg bin.

T., 28 Jahre, Österreich

Laß uns schweben durchs Leben.
Befreit von Angst und Sorgen,
heute lebend, egal was morgen.
Mein ist dein, dein ist mein.
Tanzend auf den Wolken der Liebe,
getragen vom Atem der Einheit.
Laß unsere Herzen schlagen
im Rhythmus der Freiheit.

Anhang

Beitrag und Aufgabe

> *Die Erde ist ein göttlicher Planet.*
> *Auf ihr schmelzen so viele Realitäten*
> *zusammen und bewegen sich*
> *durch die Milchstraße,*
> *mit dem Ziel,*
> *sich mit den Sternen zu verbinden.*
> Weisheit von Urvölkern

Obwohl ich mich seit meiner Jugend wie ein Indigo fühle, konnte ich vor zwanzig Jahren noch nicht in Worte fassen, was mir in den letzten Jahren immer deutlicher geworden ist.

Während meiner Arbeit in verschiedenen Teilen dieser Welt habe ich sehen können, wie die Indigos und die Ältesten der verschiedenen Urvölker sich auf vielen Ebenen wortlos verstehen. Sie wissen tief im Inneren, wie lebenswichtig Mutter Erde und wie groß die Gefahr ist, daß wir uns weiter in die Materie verstricken und in dem linearen Zeit- und Raumgefühl gefangen bleiben, wenn wir unsere Erde weiter ausnutzen und vergewaltigen.

Beide Gruppen möchten uns einladen, eine neue Zukunft zu gestalten, indem wir uns unserer Vergangenheit, unserer Geschichte stellen, um sie zu heilen und uns des Unsichtbaren, des immer Existierenden bewußter zu werden. Wir leben in totalem Chaos, ohne jegliche Kosmologie, obwohl viele, Jung und Alt, eine Sehnsucht in sich tragen, »nach Hause« zurückzukehren. Es gibt einen großen Mangel an Aufklärung über das Wesentliche zwischen Himmel und Erde.

Der Aussage »Materie folgt dem Gedanken« muß in unserer schnellebigen Zeit eine besonders große Bedeutung beigemessen werden. Wir legen durch unsere Gedanken unsere Zukunft fest. Wir müssen aufhören, unsere Ängste, Sorgen, Machtlosigkeit und Haß in das Kommende zu projizieren, dann ist Fülle und Liebe auf allen Ebenen möglich. Wahre Liebe kann erst dann wirklich fließen, wenn wir neutral werden und mit niemandem mehr eine Rechnung auf der Egoebene begleichen müssen. Genau dies trauen sich die Indigos zu. Macht bedeutet vor allem: »das Allerbeste, was in dir steckt, zu geben und der Welt zu schenken«. Schaffen wir das, dann werden wir zu strahlenden Lichtsäulen und können uns der Pracht und Fülle des Lebens wieder bewußt werden.

Leider unterschätzen wir die enorme Kraft des kollektiven Unbewußten und die Auswirkung, die es auf uns hat. Auch haben wir vergessen zu realisieren, daß das, was wir uns im Inneren nicht anschauen, schließlich unser Leben beherrschen wird. Was wir nicht untersuchen, macht uns krank und erschwert uns das Leben. Schauen wir uns die Indigo-Kinder, -Jugendlichen und -Twens an, dann sehen wir, daß sie oft mit unglaublicher Präzision ihre Finger auf die offenen Wunden anderer legen und damit zeigen, wie nötig es ist, sich die inneren Blockaden und falschen Glaubensüberzeugungen anzuschauen und zu heilen. Statt sie zu unterdrücken, sollten wir die Indigos lieber bitten, uns stärker zu unterstützen!

Das Buch, das Sie in Ihren Händen halten, möchte die momentane Situation der Indigos verdeutlichen. Die Geschichten, die Sie hier vorfinden, zeigen, daß die Indigos gute, nachvollziehbare Lösungen anbieten, die das Zusammenleben von allen Gruppen erheblich vereinfachen.

Es freut mich, daß immer mehr Menschen sich dem Thema »Indigo-Phänomen« widmen. Im Grunde geht es alle etwas an, da wir alle Eltern und Kinder sind. Wir können uns jeden Tag aufs neue dafür entscheiden, Lösungen zu suchen, die der Liebe und dem Wohl der ganzen Menschheit dienen.

Der Ansturm

Die vielen E-Mails und Telefonate zeigten mir, daß der Hilfeschrei von Jung und Alt nicht zu übersehen ist. Ich bekam regelmäßig über 300 E-Mails und 80 Anrufe am Tag. Zeitlich war es mir nicht immer möglich, alle so zu beantworten, wie ich es mir im Herzen gewünscht hätte. Diesen Ansturm zu bewältigen war vollkommen unmöglich. Um alle Fragen, Anforderungen und Wünsche beantworten zu können, hätte es eines größeren Teams bedurft, das sich täglich um Post, E-Mails und Anrufe kümmerte. Das war zu diesem Zeitpunkt nicht möglich.

Es war schwierig, übersichtliche Listen von Therapeuten, Schulen, Instanzen u.a. zusammenzustellen, da das Thema Indigo-Phänomen sehr neu und unbekannt war.

Deswegen gründete ich den Indigo-Kinder-Lichtring mit einer Website, um möglichst viele Menschen erreichen zu können. Die Webseite ermöglicht, daß sich die Menschen neutral und ohne Druck informieren können. Anfang 2004 spürte ich, daß sich allmählich eine Dezentralisierung vollzieht, da sich auch immer mehr Therapeuten, Ärzte, Heilpraktiker, Lehrer dem Thema des Indigo-Phänomens widmeten.

An dieser Stelle möchte ich all denjenigen, die mit mir in Kontakt getreten sind, danken. Jeder hat mit seinem »Commitment« und Suchen auf ganz spezielle Art und Weise einen kleinen Lichtstrahl auf der Erde verankert und wurde somit Teil der »Pionierbewegung«.

Länderliste

Fragebogenformulare wurden mir per E-Mail oder Post aus folgenden Ländern zugesandt:

Argentinien, Australien, Bahamas, Belgien, Botswana, Brasilien, Bulgarien, Chile, Curaçao, Dänemark, Deutschland, Dominikanische Republik, England, Equador, Frankreich, Guatemala, Griechenland, Holland, Indonesien, Island, Israel, Italien, Japan, Kanada, Kroatien, Liechtenstein, Litauen, Malaysia, Malawi, Mexiko, Neuseeland, Norwegen, Österreich, Peru, Polen, Portugal, Puerto Rico, Rumänien, Schottland, Schweden, Schweiz, Slowenien, Spanien, Sri Lanka, Südafrika, Türkei, Ungarn, USA, Venezuela, Zimbabwe, Zypern.

Über die Autorin und den Indigo-Kinder-Lichtring

Der Indigo-Kinder-Lichtring wurde 1999 von Carolina Hehenkamp gegründet. Er möchte vor allem über das Thema »Kinder der Neuen Zeit« aufklären. Auf seinen Websites www.indigokinder.de und www.indigochild.net sammelt der Lichtring nationale und internationale Informationen und verlinkt viele Websites.

Der Indigo-Kinder-Lichtring will zum Nach- und Umdenken anregen und möchte Eltern, soziale Einrichtungen, und Menschen aus pädagogischen und therapeutischen Berufen unterstützen, indem er neue Einsichten und andere Sichtweisen in die Eigenschaften, Verhaltensweisen und Probleme der Neuen Indigo- und Kristall-Generation bietet.

Einführungsseminare & Vorträge

Möchten Sie verschiedene Übungen für/mit Indigo-Kindern in einer Gruppe durchführen? Auf der Indigo-Kinder-Lichtring-Website finden Sie Adressen von Beratern und Therapeuten. Falls Sie an Reisen oder Trainings interessiert sind, wenden Sie sich bitte an den Indigo-Kinder-Lichtring:

Tel: 049 (0) 700-55332211
E-Mail: chehenkamp@indigokinder.de

Das Lichtarbeiter-Training

Dieses praxisorientierte Training wendet sich an Menschen, die Familien und Indigo-Kinder zu innerem Frieden, Heilung und neuer Lebensfreude begleiten möchten, an Eltern von Indigo-Kindern und Menschen, die therapeutisch mit den Indigo-Kindern und deren Eltern arbeiten möchten. Die »Menschen der Neuen Zeit« brauchen sie sogar dringend!

Die Zeit des Trainings (ca. 22 Tage) werden Sie intensiv erfahren, da körperliche und emotionale Blockaden an die Oberfläche gespült werden. Ihre erhöhte Energie- und der erweiterte Bewußtseinszustand machen es möglich, diese Blockaden zu lösen. Im Mittelpunkt des Trainings steht die Entwicklung des einzelnen Teilnehmers zu einem kraftvollen Wesen, das auf tiefster Ebene die Indigos versteht. Dazu gibt es Übungen für Indigo-Kinder, es werden viele praktische Heilmethoden und Beratungstechniken für die Arbeit und den Umgang mit Indigo-Kindern vermittelt – anwendbar sowohl in der eigenen Familie als auch im Beruf.

Erlebnisreisen mit Inhalt

Carolina Hehenkamp organisiert und begleitet Erlebnisreisen zu Kraftorten, wie z.B. Maui (Schwimmen mit Walen und Delphinen) oder Mexiko (Pyramiden und Mayakultur).

Glossar

ADS: Aufmerksamkeits-Defizit-Störung

ADHS: Aufmerksamkeits-Defizit-Hyperaktivitätsstörung, krankhafte Störung der Aufmerksamkeit, motorische Unruhe

Astralreise: Die außerkörperliche Erfahrung beschreibt einen Zustand, bei dem man das Gefühl hat, mit seinem Bewußtsein als »Seelenwesen« außerhalb des eigenen Körpers zu existieren und sich frei durch den Raum (das Jenseits) und die Zeit (Vergangenheit, Gegenwart und Zukunft) zu bewegen.

Aufstieg: der Aufstieg in höhere Energiedimensionen. Die Bewußtseinsverschiebung von der Dualität*, durch die verschiedenen Ebenen, in die Einheit.

Auge, 3.: das »psychische Auge« zwischen den Augenbrauen, der Ort des 6. Chakras. Das innere Auge Gottes. Eine Verbindung mit spirituellen Ebenen, die durch Meditation oder Bewußtsein aktiviert werden kann, ein Ort für außergewöhnliche Wahrnehmung.

Aura: elektro-magnetisches Feld, das den physischen Körper umgibt und sich durch Farbe ausdrückt. Es ist abhängig von den Chakren, was seine Vitalität betrifft, und nimmt den Raum um den Körper herum ein.

Biofeedback: Biofeedback ist eine wissenschaftliche Methode und ein Trainingsprozeß, durch den Menschen willentliche Kontrolle über ihr physiologisches System erlernen können. Durch Verstärkung und audiovisuelle Rückmeldung (Feedback) werden diese Funktionen (z.B. Pulsfrequenz, Schweißsekretion, Muskeltonus, Atem,...) der bewußten Wahrnehmung zugänglich gemacht. Das Ziel des Biofeedback-Trainings ist, Kontrolle über Körperfunktionen zu erlangen.

Carbamazipin: Antiepileptikum

Carlos Castaneda: geboren um 1925 in der peruanischen Provinz Cajamarca; gestorben am 27. April 1998 in Los Angeles, war ein amerikanischer Anthropologe und Schriftsteller. Er studierte Anthropologie an der Universität von Kalifornien. Er behauptete, er hätte im Rahmen seiner Dissertation und anschließenden Studien über die Indianer Mexikos Don Juan Matus, einen Medizinmann und Zauberer der Yaqui-Indianer kennengelernt und in den folgenden Jahren die Kunst Don Juans als *Wissender* erlernt.

Chakra: gleicht einem Energiewirbel. Es gibt verschiedene dieser Zentren im ätherischen Körper, davon sieben Hauptzentren. Jedes dieser 7 Chakren schwingt auf der Frequenz von einer der sieben Farben des Regenbogens, die vereint das Licht kreieren.

Channeln: das Empfangen von verbalen oder auch nonverbalen Botschaften durch nicht körperliche Energien. Beim Channeln öffnet man sich bewußt verschiedenen Verständnisebenen und integriert sie. Multidimensionale Informationen werden empfangen und in Wort, Bild, Musik u.a. umgesetzt und weitergegeben.

Déjà-vu: als Déjà-vu-Erlebnis (franz. schon gesehen; auch Erinnerungstäuschung) bezeichnet man ein psychologisches Phänomen, das sich in dem Gefühl äußert, eine an sich völlig neue Situation schon einmal exakt so erlebt, gesehen oder geträumt zu haben.

Dreadlocks: (von engl. *dread*, d.h. (Gottes-) Furcht) werden Strähnen verfilzter Haare bezeichnet. Diese traditionelle Frisur der jamaikanischen Rastafaris ist mittlerweile auch Ausdruck für die Zugehörigkeit zu einer bestimmten Jugendkultur, die stark vom Reggae beeinflußt ist.

Dualität: die Voraussetzungen für die Dualität sind unter anderem Zeit, Raum, Polaritäten, Trennung, Begrenzung und Karma.

Energiefeld: eine Zone geladen mit elektromagnetischer Energie, die ein Wesen oder ein Objekt umgibt. Es kann positiv oder negativ geladen sein oder beides.

Esoterik: ein Sammelbegriff für Lebensanschauungen, die die Existenz von Kräften und Einflüssen außerhalb des naturwissenschaftlichen Weltbilds annehmen, aber keine Religionen im engeren Sinn sind. Wichtige Quellen esoterischer Ansichten sind Religion, Okkultismus und Mystik.

Geomantie: bedeutet ursprünglich *Weissagung aus der Erde* (von griech. gaia = Erde, manteia = Weissagung). Sie beschäftigt sich damit, »natürliche Energieströme« und »Energiezentren« auf der Erdoberfläche auszumachen und in landschaftsgestalterische Maßnahmen einzubeziehen. In der Geomantik wird der Lebensraum als ein vernetztes System aus Energien, Informationen und Beziehungen zueinander gesehen.

Heidol: Beruhigungsmittel

Heilung: Die beste Definition von Heilung ist, sich an einen Platz großen Wohlbefindens zu begeben – wir würden es als Wachsen, Ausdehnen bezeichnen. Anderen dabei zu helfen, ihre Vitalität und Spannkraft so zu intensivieren, wie sie es niemals zuvor erfahren haben oder sich vorstellen konnten, damit ihr Leben von immer höheren Ebenen aus arbeitet.

Illuminaten: Geheimgesellschaft. Die Illuminaten hatten explizit politische Ziele. Welt-Elite, die die Welt im Hintergrund regiert.

Karma & Karmische Belastungen: das Gesetz von Ursache und Wirkung. »Was man aussendet, bekommt man irgendwann zurück.« Karma wird auch so definiert: physische, mentale und spirituelle Lehren, die in vielen Leben wiederkehren und die der Seele Gelegenheit zum Wachsen bieten.

Lichtwesen/Lichtgestalt: Wesen des Göttlichen Lichtes. Ein Licht, das uns als Gestalt (z.B. Engel) erscheinen kann. Höchste Weisheit aus dem Licht.

Lichtarbeiter: ein Mensch, der sich bewußt dem Licht widmet und entschlossen auf dem Weg zur spirituellen Entfaltung geht und anderen hilft, ihn zu gehen.

Lichtkörper: der elektromagnetische Körper eines Wesens, wie er im Ätherischen existiert. Es ist der wahre Körper, der die Blaupause für den physischen Körper liefert und interdimensionale Kommunikation ermöglicht. Wenn man mit seinem Lichtkörper arbeitet, verfügt man über die Mittel, Materie und Energie so zu verbinden, daß man neue, höhere Perspektiven gewinnt.

LRS: Lese-Rechtschreib-Schwäche

Mandala: In vielen Kulturen (besonders in Indien und Tibet) wird es zu religiösen Zwecken benutzt. Die Symbolik des Mandalas zielt direkt auf das Unbewußte, so daß durch bestimmte Farben und Formen bestimmte Bereiche der Psyche stimuliert werden. Sowohl abstrakte Formen als auch Darstellungen von Tieren sind in Mandalas enthalten, ebenso alle möglichen Symbole aus Religion oder Psychologie.

Maya: Die Maya lebten in Mittelamerika. Sie haben einen Kalender und Wissen über die Zeit hinterlassen. Weisheit und Wissen um die Gesetze der Zeit der 3. und 4. Dimension. Die Maya konnten ein Datum genau einem bestimmten Tag innerhalb einer Periode von über 5000 Jahren zuordnen. Der »Tzolkin« wird oft als heiliger Kalender der Maya bezeichnet und umfaßt 260 Tage.

Meister, aufgestiegenen: Lehrer und Führer innerhalb der Dualität, die von der Erdebene zu höheren Ebenen auf der Evolutionsspirale aufgestiegen sind.

Mobbing: wird umgangssprachlich häufig statt Schikane verwendet. Das Wort kommt aus dem Englischen. Mob bedeutet dort Meute, to mob anpöbeln, über jemanden herfallen. Der Soziologe Peter-Paul Heinemann übernahm 1974 den Begriff aus dem Tierreich von Konrad Lorenz und verwendete ihn für das Phänomen, daß Gruppen eine sich von der Norm abweichend verhaltende Person attackieren.

Neuro-Linguistische Programmierung – NLP: befaßt sich mit Kommunikation und versteht sich selbst als Teilbereich der Psychologie.

Paranormalität: außergewöhnliche Wahrnehmung; paranormale Erscheinungen, wie Hellsichtigkeit, Hellfühligkeit, Telepathie.

Pott: Marihuana

Psilocybin-Pilze: psychoaktive Pilze. Psychoaktive Pilze zählen zu den ältesten Drogen der Menschheit und wurden von den Urvölkern zumeist bei spirituellen Zeremonien verwendet.

Radiästhesie: Strahlenfühligkeit oder -empfindlichkeit. Eine seit dem 18. Jahrhundert bekannte Grenzwissenschaft, die sich mit der Untersuchung geopathogener Störzonen wie Wasseradern und Erdstrahlen mittels Wünschelruten und Pendeln beschäftigt.

Rekontextualisierung: der Versuch, einen Begriff in einen (möglicherweise manipulierten oder fiktiven) Kontext einzuordnen.

Reiki: der Begriff stammt von den japanischen Worten rei (Kosmos/Universum) und ki (Energie/Lebensenergie). Harmonisieren durch Handauflegung.

Reinkarnation: (lat. Wiederfleischwerdung) bezeichnet die Idee, daß die menschliche Seele nach dem Tod auf dieser Erde oder in anderen Existenzbereichen wieder als empfindendes Wesen geboren (inkarniert) wird. Auch als Wiedergeburt oder Seelenwanderung bezeichnet.

Rispedal: Beruhigungsmittel

Ritalin: das Medikament Ritalin wird zur Therapie des Aufmerksamkeitsdefizit-Syndroms und der Narkolepsie angewandt.

Satori-Erlebnis: indem der Übende alle seine Gedanken zur Ruhe bringt, ermöglicht er die mystische Erfahrung der Erleuchtung (Satori).

Schamanismus: traditionelle Stammestechnik, die Wissen über das Erreichen transzendentaler Bewußtseinszustände durch Tranceinduktion mit Hilfe von Rhythmen, Tanz, Mantras, psychoaktiven Substanzen kultiviert.

Seele: Die Seele ist ein Teil unseres Menschseins, der göttlich und ewig ist. Sie repräsentiert einen Teil unseres Höheren Selbst. Die Seele weiß alles und ist vollkommen. Sie teilt Informationen dauernd und ist in einem interaktiven Zustand mit Wesen, die sie umgeben.

Seelenfamilien/Seelenverwandte: Gruppen von Wesen derselben Essenz, die sich miteinander verbunden fühlen und miteinander aus einer größeren Gruppenseele kommen. Seelengruppen inkarnieren zusammen.

Shit: Marihuana

Spiritualität: in Kontakt sein mit den geistigen, feinstofflichen Ebenen. Das Wissen um die verschiedenen Dimensionen der Existenz.

Schwingung: Jeder Mensch hat eine bestimmte Energiefrequenz. Dazu kommt, daß die Menschheit oder die verschiedenen Kulturgruppen eine bestimmte kollektive Energiefrequenz haben. Die Indigo-Kinder haben als Gruppe eine hohe Energiefrequenz. D.h., sie schwingen schnell und sind weniger erdgebunden.

Tai-Chi: Tai-Chi wird oft als Kurzform für die Kampfkunst Taijiquan verwendet.

Tantra: Das hinduistische Tantra basiert auf Shakti, der göttlichen Energie und Schöpfungskraft. Diese wird hauptsächlich als weibliche Seite oder Form des Shiva gesehen, der zusammen mit seiner Shakti den Androgyn bildet und das kosmische Bewußtsein darstellt. Buddhistisches Tantra: umfaßt alle esoterischen Methoden (Visualisierung/Meditation), die als Geheimlehre weitergegeben wurden. Darunter befinden sich Methoden, bei denen die körperlichen Energien in Energiebahnen und Knoten (Chakras) durch Stimulierung dazu benutzt werden, Erleuchtung zu erlangen.

Telekinese: nennt man das Bewegen von Gegenständen mittels des Geistes ohne andere Einflüsse. Es ist die Fähigkeit, allein durch Gedanken Einfluß auf die physikalische Wirklichkeit zu nehmen.

Truxal: Antidepressivum

Under Achiever: dabei handelt es sich um einen Menschen, dessen Leistung weit unter seinen Möglichkeiten liegen.

Waldorfschule: Alle Schüler und Schülerinnen durchlaufen ohne Sitzenbleiben 12 Schuljahre. Der Lehrplan der Waldorfschulen ist auf die Weite der in den Kindern liegenden seelischen und geistigen Veranlagungen und Begabungen ausgerichtet. Deshalb tritt vom 1. Schuljahr an neben die mehr sachbezogenen Unterrichtsgebiete ein vielseitiger künstlerischer Unterricht. Durch diesen werden die für den einzelnen Menschen wie für die Gesellschaft wichtigen schöpferischen Fähigkeiten und Erlebniskräfte gefördert.

Wicca: eine heidnische Religion oder Hexenreligion.

Weitere Titel von Carolina Hehenkamp:

Erscheint im Februar 2006 als Taschenbuch

Carolina Hehenkamp
Das INDIGO-Phänomen
Kinder einer Neuen Zeit
Das Geschenk der Indigo-Kinder
ISBN 3-89767-089-5

- Bedeutung, Eigenschaften und Erkennungsmerkmale von Indigo-Kindern
- Tips für den Umgang mit Indigo-Kindern
- Erfahrungen mit Indigo-Kindern
- Übungen, Meditationen, Spiele für Indigo-Kinder

Erscheint im März 2006 als Taschenbuch

Carolina Hehenkamp
Der INDIGO-Ratgeber
*Tips und Übungen für einen entspannten Umgang
mit Indigo-Kindern*
ISBN 3-89767-116-6

- Praktische, leicht durchführbare Übungen zur Unterstützung und Motivation der eigenen Familie
- Hintergrundwissen für ein tieferes Verständnis der Ursachen bestimmter Verhaltensweisen von Indigo-Kindern
- Erfahrungsberichte von Eltern und von mittlerweile erwachsenen Indigo-Kindern